जीवन लक्ष्य

जीवन लक्ष्य

कमलिनी कौल

वाणी प्रकाशन

वाणी प्रकाशन

4695, 21-ए, दरियागंज, नयी दिल्ली 110 002

शाखा

अशोक राजपथ, पटना 800 004

फ़ोन: +91 11 23273167 फ़ैक्स: +91 11 23275710

www.vaniprakashan.in
vaniprakashan@gmail.com

JEEVAN LAKSHYA
by Kamlini Kaul

ISBN : 978-93-5000-746-4
Collection of Short Stories

प्रथम संस्करण

मूल्य : ₹ 375

आर. टेक ऑफ़सेट, दिल्ली-110095 में मुद्रित

वाणी प्रकाशन का लोगो मक़बूल फ़िदा हुसेन की कूची से

जनकगृह की खट्टी-मीठी
स्मृतियों को
सस्नेह समर्पित

अनुक्रम

जीवन लक्ष्य

"आपका विवाह हो गया?" तूलिका ने पूछा।

क्षणांश के लिए रुककर उसने उत्तर दिया, "नहीं।"

तूलिका के नेत्रों में प्रश्नचिह्न देखकर उसने नयन झुका लिये। सम्भवतः वार्तालाप के लिए दोनों कोई सूत्र नहीं पकड़ पा रही थीं। अतः उसने मन्द स्वर में कहा, "अब मैं जाती हूँ।"

तूलिका नगर निगम की एक पाठशाला में अध्यापिका थी। उसका जन्म एक मध्यमवर्गीय परिवार में हुआ था। सरस्वती की उस पर विशेष अनुकम्पा थी। कुशाग्र बुद्धि होने के कारण सदा प्रथम श्रेणी में उत्तीर्ण होती रही। वह साहित्यिक अभिरुचिपूर्ण संवेदनशील महिला थी। जीवन के चालीस वसन्त देख चुकी थी। उसके पति मितभाषी, यथार्थवादी व परिश्रमी थे। वह कृषि-भवन में सह-निदेशक थे। दो वर्ष हुए जैसे-तैसे ऋण लेकर व पत्नी के आभूषण बेचकर चित्रक ने अपने घर का निर्माण करवाया था। धीरे-धीरे प्रथम खण्ड के किराये से वह ऋण चुका रहा था। कुछ दिन हुए उसके घर का प्रथम खण्ड एक नवीन कम्पनी ने किराये पर ले लिया था। घर एक महत्त्वपूर्ण पथ पर बना हुआ था। कम्पनी के अधिकारीगण को चित्रक का घर व्यावसायिक दृष्टि से अत्यधिक सुविधा व लाभजनक लगा। अतः उन्होंने निर्णय करने में तनिक भी विलम्ब न किया। ज्योत्स्ना उसी कम्पनी में पब्लिक रिलेशन ऑफिसर थी। कम्पनी के स्वयं के दूरभाष का अभी प्रबन्ध नहीं हुआ था। अतः वह कम्पनी से सम्बद्ध किसी-न-किसी कार्य के लिए दूरभाष का प्रयोग करने तूलिका के पास आती थी। तूलिका एक बजे अपनी पाठशाला से घर आ जाती थी और फिर उसे सम्पूर्ण दिन एकाकी काटना असहनीय लगता था। ज्योत्स्ना की मित्रता भीषण गर्मी में पुरवइया के झोंके के सदृश उसके मन को प्रफुल्लित करती थी। वह ज्योत्स्ना को आग्रहपूर्वक स्वयं के साथ भोजन करने के लिए आमन्त्रित करती। अतः एक मास पुरातन मित्रता ने कब अन्तरंगता का बाना पहन लिया, दोनों जान ही न सकीं। एक दिन ज्योत्स्ना ने पूछा, "दीदी, तुम्हारा मायका कहाँ है?"

"कालका जी।" तूलिका ने कहा।

ज्योत्स्ना ने अस्फुटित स्वर में कहा, ''कालका जी!'' पलाश के लिए दामिनी-सी उसके नयनों में दमक गयी। तूलिका के नेत्रों से उसकी दमक छिपी न रह सकी। सम्भवतः अतीत की प्रिय या अप्रिय स्मृतियाँ ज्योत्स्ना के मर्म को विकल कर रही थीं। तूलिका के अनुभवी नेत्र यह सत्य जान चुके थे, परन्तु कुछ भी कहना उसने उचित नहीं समझा।

धीरे-धीरे एक मास और व्यतीत हो गया। पाठशाला में ग्रीष्मकालीन अवकाश हो चुका था। अतः तूलिका अब घर पर ही रहती थी।

''ज्योत्स्ना, तू कल क्यों नहीं आयी?'' तूलिका ने जिज्ञासावश पूछा।

''कालका जी गयी थी।'' ज्योत्स्ना ने शान्त स्वर में उत्तर दिया।

''कालका जी, ऐसा कौन-सा कार्य अटका पड़ा था, जिसके लिए तुझे अवकाश लेकर कालका जी जाना पड़ा?'' तूलिका की दृष्टि ज्योत्स्ना के अन्तर्मन को भेद रही थी।

''मुझे किटी पार्टी में जाना था।'' ज्योत्स्ना ने नेत्र झुकाते हुए उत्तर दिया। तूलिका को आश्चर्य हुआ कि उच्चवर्गीय, अति सम्पन्न परिवार से सम्बन्धित ज्योत्स्ना कालका जी जाकर किटी पार्टी में क्यों सम्मिलित हुई, परन्तु उसने मौन रहना ही श्रेयस्कर समझा। ज्योत्स्ना ने उसे बताया था कि उसके पिता हीरालाल इंजीनियर थे। दुबई से अपार धनराशि अर्जित कर के दस वर्ष पहले भारत लौटे थे। पितामह का मथुरा रोड पर विशाल बँगला था, जिसे बेचकर हीरालाल ने महारानी बाग में एक अति सुन्दर भवन बनवाया था। भवन का संगमरमरी स्वीमिंग पूल व हरा-भरा लॉन स्वामी की परिमार्जित अभिरुचि का परिचय देते थे। तीन बहनों में ज्योत्स्ना द्वितीय स्थान पर थी। दोनों भाई प्रसिद्ध शल्य-चिकित्सक थे। कभी-कभी तो तूलिका को आश्चर्य होता कि इतने सम्पन्न परिवार की लड़की को नौकरी की आवश्यकता ही क्या थी? एक दिन ज्योत्स्ना ने स्वयं ही अपने रहस्यात्मक अतीत का सूत्र तूलिका को थमा दिया।

ज्योत्स्ना ने बताया, ''दीदी, आठ वर्ष पूर्व मेरा विवाह हुआ था।''

''क्या कह रही हो ज्योत्स्ना?'' तूलिका ने चकित दृष्टि से ज्योत्स्ना को निहारते हुए कहा।

''मैं सत्य कह रही हूँ, दीदी, आठ वर्ष पूर्व मेरा विवाह हुआ था।'' ज्योत्स्ना ने निर्लिप्त भाव से उत्तर दिया।

''तुम्हारे पति कहाँ हैं?'' तूलिका ने पूछा।

''वह कालका जी में रहते हैं।'' ज्योत्स्ना ने कहा।

''क्या उसने तुझे...?'' तूलिका ने पूछा।

ज्योत्स्ना ने तूलिका को रोकते हुए कहा, ''नहीं, मैंने उसे छोड़ दिया है।''

''क्यों? ऐसी कौन-सी घटना हो गयी कि तू उसका परित्याग करने पर विवश

हो गयी?'' तूलिका ने आहत स्वर में पूछा।

"यह पूछो दीदी कि क्या घटित नहीं हुआ था? उस नराधम का परित्याग मैंने किसी विवशता से नहीं, अपितु स्वेच्छा से किया था। आज स्वयं पर क्रोध आता है कि मैं इतनी विवश, इतनी असहाय क्यों थी? क्यों न तोड़ सकी अर्थहीन बन्धन? क्यों नर्क के दावानल में तिल-तिल कर के भस्म होते देखती रही स्वयं के अस्तित्व को? आठ वर्ष पूर्व सात फरवरी को उठी थी मेरी डोली। यद्यपि मेरे जन्मदाता रूढ़िवादी नहीं हैं, तो भी भाई-बन्धुओं का मान रखने को सदा विवश रहते हैं। मेरे पिता जी चार भाई हैं और एक उनकी लाड़ली बहन है। बुआ के चचिया ससुर के सुपुत्र के संग हुआ था मेरा विवाह। क्या सुपात्र जुटाया था बुआ ने मेरे लिए? यहाँ भी चतुर बुआ ने अँगूठा दिखा दिया मेरे निरीह माता-पिता को। चन्दन ने सिविल इंजीनियरिंग में डिप्लोमा लिया था, परन्तु उन्हें बताया गया, लड़का प्रथम श्रेणी में इंजीनियरिंग में स्नातक था। चलो, यह सब तो छोड़ो। घर से विदा होते समय ताई-चाची सब नातेदारों ने वही बलिदानी सीख दी। अगर समय आये तो स्वयं की आहुति देने से तनिक भी विचलित मत होना। क्या भाग्य-विडम्बना है नारी की? वह तो स्वयं को विवाह के हवन कुण्ड में जलाकर भस्म कर दे, परन्तु नर जो कि जीवनपर्यन्त नारी का सहचर बनने का वचन देता है, सुदूर क्षितिज तक बन्धन मुक्त है। असीम है उसके अधिकारों की सीमा। समाज के नियम भी तो उसने स्वयं की सुविधा हेतु निर्मित किए हैं।'' ज्योत्स्ना इतना कहकर शून्य में निहारने लगी। कुछ पलों के लिए वहाँ असीम निस्तब्धता व्याप्त हो गयी।

तूलिका उठकर चाय बना लायी। चाय पीते समय ज्योत्स्ना ने पुनः अपनी व्यथा-कथा को आगे बढ़ाया, ''नयनों में इन्द्रधनुषी स्वप्न लिये, जब मधु-यामिनी आयी तो जैसे पलांश में मैं गगन से धरा पर गिरा दी गयी। चन्दन का अतिशय शुष्क स्वर गूँज उठा, 'देखो, मैं बहुत सख्त आदमी हूँ। एक तो तुझे मेरी माँ की हर इच्छा पूर्ण करनी होगी, दूसरे मैं ना सुनने का अभ्यस्त नहीं हूँ। अगर आधी रात को भी मैं खाना बनाने को कहूँ, तो तुझे बनाना होगा। अगर मेरी माँ तुझे चिलचिलाती धूप में भी खड़ा रहने को कहे, तो तुझे निःशब्द उनकी आज्ञा का पालन करना होगा।' हृदय दर्पण की टूटी किरचों से सम्पूर्ण काया अथाह वेदना से विकल हो उठी। अभी मैं सँभल भी नहीं पायी थी कि वह क्षुधातुर नर-व्याघ्र मेरे ऊपर टूट पड़ा। विवाहोपरान्त जो बलात्कार नारी पर होते हैं, उनकी सुनवाई कहाँ होती है? सम्भवतः इस अक्षम्य अपराध का कोई दण्ड नहीं लिखा है विधाता ने। आज भी मेरुदण्ड में शीत-लहर दौड़ जाती है उस पति रूपी नर-भक्षक की वह मुखाकृति स्मरण कर। मदिरापान से कपाल तक चढ़े हुए जवाकुसुम से रक्तिम नेत्र, दुर्गन्धमय श्वास तथा मुख से निकलता हुआ झाग। मैं लुटी-पिटी विस्फारित नेत्रों से अपना सर्वनाश देखती रही। पति नामी वह क्रूर पुरुष अपनी पिपासा

शान्त कर मुख फेर, शैया पर किसी वृषभ-सा सो गया। उसने एक बार, केवल एक बार भी यह देखने का कष्ट नहीं किया कि मेरी क्या दशा थी? कितना आहत हुआ तन व मन! परन्तु स्वयं की व्यथा मुझे नीलकण्ठ-सी पीनी पड़ी। रुपहले स्वप्न तो कभी के छिन्न-भिन्न हो चुके थे। ओ माँ जगदम्बा! कितना क्रूर था मेरा भाग्य। उस रात्रि से जो त्रास-चक्र आरम्भ हुआ तो निरन्तर आठ वर्ष तक पिसती रही उसमें।" अतीत की भयावह स्मृतियों के स्मरण मात्र से ही पीताभ हो गया ज्योत्स्ना का मुखारविन्द।

"क्या तुम्हारे पापा ने कुछ नहीं कहा तुम्हारी बुआ को?" तूलिका ने ज्योत्स्ना के पीताभ मुख को निहारते हुए कहा।

"बुआ तो सौगन्ध खाती थी अपने एक मात्र पुत्र की, परन्तु अन्य नातेदारों ने संकेत दिए थे माँ को कि ससुराल में मान पाने की स्वार्थ सिद्धि के लिए बुआ ने जान-बूझ कर नर्क-कुण्ड में धकेला था भतीजी को। बुआ का एक मात्र सुपुत्र जो बी.ए. में निरन्तर कई वर्षों तक फेल होने के पश्चात् विश्वविद्यालय में अपनी मान-मर्यादा के झण्डे गाड़ चुका था व सम्मान सहित विश्वविद्यालय से निकाल दिया गया था। मेरे जेठ जी के पास बम्बई में उनके कपड़े के व्यवसाय की देखभाल करता था। अतः बुआ ने अपने सुपुत्र के भविष्य के लिए मेरी आहुति सहर्ष देना स्वीकार कर ली। यह रहस्य विवाह के दो वर्ष पश्चात् खुला कि चन्दन की गिद्ध-दृष्टि मुझ पर एक विवाह-समारोह में पड़ी थी। अतः बुआ को उसकी इच्छापूर्ति करनी पड़ी।" ज्योत्स्ना अपनी व्यथा-कथा यहाँ तक ही कह पायी थी कि उसका भैया उसे लेने आ गया। अतः विवश हो उसे जाना पड़ा।

रात्रि भोजनोपरान्त जब तूलिका अपनी शैया पर लेटी, तो चित्रक अपने कार्यालय से लाया हुआ कार्य समाप्त करने में व्यस्त था। दोनों बच्चे भी सो चुके थे। वातायन से प्रकाश की क्षीण रेखा तिमिराच्छादित अमावस की रात्रि का अन्धकार दूर करने की असफल चेष्टा कर रही थी। तूलिका ज्योत्स्ना के विषय में सोच रही थी, कैसा भाग्य लेकर जन्म लिया है इस लड़की ने। यहीं तो परीक्षा लेता है विधाता मानव की, उसके धैर्य की। मानव तो वही है, जो विपरीत परिस्थितियों में भी धैर्य व विवेक के साथ जीवन-पथ पर अग्रसर होता रहे। मैं धीरज बधाऊँगी इस भग्न-हृदय लड़की को। मैं सहायता करूँगी उसकी, ताकि उसका शेष जीवन आनन्दमय हो सके। न जाने क्या-क्या संकल्प करते हुए तूलिका निद्रादेवी की शरण में चली गयी।

शनिवार को ज्योत्स्ना का ऑफिस एक बजे बन्द हो जाता था। वह कभी-कभी तूलिका के पास ठहर जाती थी। ऑफिस बन्द होने के पश्चात् वह तूलिका के पास आ गयी। दोनों सखियों ने मिलकर भोजन किया तथा भोजनोपरान्त वे दोनों वार्तालाप में मग्न हो गयीं। तूलिका के आग्रह पर ज्योत्स्ना अपनी शेष व्यथा-कथा

सुनाने लगी, ''विवाह के एक सप्ताह पश्चात् वह मुझे कलकत्ता ले गया। दो कमरे का छोटा-सा फ्लैट था। मैंने दृढ़ निश्चय किया था कि मैं चन्दन को अपना हृदय परिवर्तित करने के लिए विवश कर दूँगी। अपनी सेवा, निष्ठा, मधुर व्यवहार तथा प्रेम में आकण्ठ डुबो दूँगी उस पाषाण-हृदय पुरुष को। मैं पूर्ण मनोयोग से उसकी रुचि के खाद्य पदार्थ बनाती, घर सजाती। स्वयं उसकी रुचि के अनुसार शृंगार करती, परन्तु वह पुरुष न जाने किस माटी का बना हुआ था कि घर आते ही निर्लिप्त भाव से एक बार चारों ओर निहारता और फिर मदिरापान करने बैठ जाता। मदिरापान करने के पश्चात् एक के बाद एक खाद्य पदार्थ कचर-कचर करके भकोसता जाता। प्रशंसा का एक शब्द तो कहना दूर, वह कभी भूले से यह भी न पूछता कि मैंने खाना खाया है या नहीं? मेरा सम्पूर्ण दिन कैसे व्यतीत होता है? कई बार बिना भोजन किए मैं रसोई समेट कर कमरे में आती, तो बेसुरे खर्राटों की कर्णकटु स्वर-लहरी निद्रादेवी को कोसों दूर भगा देती और अगर उसकी पलकें खुल जातीं, तो डकारते हुए आरम्भ होता उसका देह-पल्लवी को नोचने का त्रास-चक्र।''

शेष कथा भी कोई सुखदायी नहीं थी। ज्योत्स्ना ने परिस्थितियों के अनुकूल स्वयं को ढालने का बहुत प्रयत्न किया। एक दिन चन्दन कहता, मुझे फूलदार कपड़े प्रिय हैं, तो वह फूलदार साड़ी पहनती। शैया पर फूलदार बिछौना बिछाती तो वह दहाड़ता, 'तू हीरा के लाल की लाड़ली, चाहती है मैं जुकाम से मर जाऊँ।' और एक झन्नाटेदार थप्पड़ रक्तिम कर जाता ज्योत्स्ना के श्वेत पड़े हुए कपोल को। अगर वह सादा साड़ी पहनती तो वह व्यंग्य पूर्वक विष बुझे बाण मारता, 'आज क्या यार के मरने का मातम मना रही है?' ज्योत्स्ना भयभीत मृगी-सी विवशता के अश्रु पीकर रह जाती। वह हर कार्य चन्दन की इच्छानुरूप करने का प्रयत्न करती, परन्तु दम्भी पुरुष उसकी हर चेष्टा निष्फल कर देता, मानो उसका जीवन-लक्ष्य ज्योत्स्ना को अपमानित व हतोत्साहित करना हो। तीन वर्ष में वह केवल एक बार ही अपने पितृ गृह जा पायी। वहाँ भी वह छाया-सा हर समय ज्योत्स्ना के संग डोलता रहता। उसकी कठोर मुख-मुद्रा को देख कर तथा अवज्ञापूर्ण कर्कश स्वर को सुन हर प्राणी बतियाना भूल जाता। अगर ज्योत्स्ना पल भर के लिए भी माँ या बहनों के संग बैठती, तो चन्दन शयन कक्ष में जाकर लेट जाता और वहाँ से उच्च स्वर में लगभग चिल्लाते हुए बोलता, 'ज्योत्स्ना, इधर आओ!' ज्योत्स्ना नयन झुकाती हुई वहाँ से निःशब्द उठ जाती। ज्योत्स्ना की माँ ने एक-दो बार चन्दन के अशिष्ट व्यवहार का संकेत उसकी माँ को दिया, तो वह कहने लगती, ''तेरी बेटी में ही कमी है, जिसने मेरे चन्दन को फूल-शैया के स्थान पर कंटक-शैया दी है।''

चार वर्ष उपरान्त चन्दन का स्थानान्तरण दिल्ली हो गया, परन्तु उज्ज्वल भविष्य की कल्पना केवल स्वप्न मात्र बन कर रह गयी। त्रास-चक्र अत्यधिक तीव्र

गति से चलने लगा। अब ज्योत्स्ना को पति के अत्याचारों के साथ सास के अत्याचार भी सहन करने पड़ते। चन्दन की माँ कई बार ज्योत्स्ना को ऐसे-ऐसे अपशब्द कहती थी कि उसकी मांस-मज्जा तक दग्ध हो जाती। कभी कहती थी, ''बुढ़िया मुझे देखकर जलती है। मैं अभी भी जवान हूँ न!'' पारदर्शी नाइटी में जब चन्दन की माँ षोड्शी बनी घर भर में घूमती, तो ज्योत्स्ना लज्जा से नेत्र झुका लेती। प्रतिवेशी का पुत्र, जो कैशोर्य के द्वार की ओर पग बढ़ा रहा था, जब खिड़की में खड़ा होकर भद्दे गीत गाने लगता, तो चन्दन की माँ गर्व से ज्योत्स्ना की ओर देखते हुए कहती, ''देखा बुढ़िया, अभी भी लड़के मरते हैं मुझ पर।'' सनकी सास का अभद्र व्यवहार सहन करने के अतिरिक्त कर ही क्या सकती थी निरुपाय ज्योत्स्ना।

विषाक्त जीवन के तपते दिवस व तिमिराच्छादित रात्रि दोनों ही अन्तहीन थे। पहले तो मनोरंजन का कोई स्थान ही न था उसके जीवन में, फिर भी अगर कभी भूले-भटके चन्दन ज्योत्स्ना को हाट-बाजार ले जाता, तो बस में चढ़ते हुए या मार्ग चलते हुए दोनों हाथों से उसे यूँ बचा-बचा कर चलता कि राह चलते पथिक उसे चकित दृष्टि से निहारने लगते। ज्योत्स्ना उसके हास्यास्पद व शक्की स्वभाव के कारण हर स्थान पर उपहास का पात्र बनती। अगर अनजाने में किसी से उसका आँचल छू भी जाता, तो चन्दन वहीं चीखना-चिल्लाना आरम्भ कर देता, 'दीदे फूट गये हैं तेरे, देख कर नहीं चल सकती। तेरी हरकतें मैं अच्छी तरह जानता हूँ।' उस समय जल बिन मीन सदृश छटपटा कर रह जाती ज्योत्स्ना। हीरालाल ज्योत्स्ना को अधिक-से-अधिक कीमती वस्तुएं व धन देने का प्रयत्न करते, ताकि लड़की किसी तरह सुखी रह सके, परन्तु हर बार चन्दन व उसकी माँ नाक मुँह सिकोड़, उपेक्षा से 'हुँह' कह ज्योत्स्ना पर मानो उपकार करते हुए हर वस्तु रख लेते। किसी भी समारोह में ज्योत्स्ना को जाने की आज्ञा नहीं थी और अगर चन्दन लक्ष-लक्ष उपालम्भों से उसे बेंधता हुआ ले भी जाता, तो ज्योत्स्ना को किसी के साथ बात करने की भी आज्ञा नहीं थी। जब भी कोई बन्धु-बान्धव ज्योत्स्ना के साथ बात करने की धृष्टता करने का प्रयत्न करता, तो चन्दन के आग बरसाते नयनों को देख, मैदान छोड़कर भाग खड़ा होता। ज्योत्स्ना से बात करने वाले धृष्ट या दुस्साहसी चन्दन के नेत्रों में शल्य से चुभने लगते।

यहाँ तक ही गरल पान करना पड़ता, तो ज्योत्स्ना ने वह भी किया होता, परन्तु उस निर्दयी निर्मम ने तो उसे कहीं का नहीं छोड़ा। ज्योत्स्ना ने अश्रुपूर्ण नेत्रों से तूलिका को बताया, "तब दीदी, मैं प्रथम बार गर्भवती हुई, तो हृदय अति प्रसन्न था। अपने आँगन में महकने वाले पुष्प की महक में हर कष्ट भूल जाऊँगी, मैं ऐसा सोचती थी, परन्तु जब मैंने प्रसन्नचित्त होकर चन्दन को यह सूचना दी, तो उसने मुझे गुर्राते हुए कहा था, 'बत्तीसी काहे को दिखा रही है? क्या कभी कोई

पिल्ला नहीं देखा? अभी तो मेरी स्वयं की ही क्या आयु है? मेरे खाने-खेलने के दिन हैं। कल ही मेरे साथ चल डॉक्टर के पास। हुँ, बड़ी आयी माँ बनने वाली।' उसी समय मेरी आकांक्षाओं पर तुषारापात हो गया था। इस वज्रपात ने कोई आकांक्षा शेष नहीं रहने दी मेरे हृदय में और फिर गर्भपात का ऐसा चक्कर चला कि सात वर्षों में आठ गर्भपात करवाए। कभी चन्दन स्वयं मेरे साथ मेरी आकांक्षाओं की आहुति दिलवाने जाता, तो कभी उसकी माता, जिसे विधाता ने न जाने मातृत्व के गरिमापूर्ण पद पर क्यों बैठाया था? जब अंतिम बार मैं डॉक्टर के पास गयी, तो फिर मृत्यु-द्वार तक पहुँचकर अपनी कोख की आहुति देकर वापस लौटी।" ज्योत्स्ना के नयनों से झर-झर अश्रु बह निकले।

कुछ शान्त होने पर उसने पुनः आगे कहा, "मेरे जनकगण को न मेरे घर आने की अनुमति थी, न ही फोन करने की आज्ञा थी। यहाँ तक कि मेरे माँ जाये भाई को भी अपमानित कर चन्दन ने अपने द्वार से बाहर निकाल दिया। मेरे अनुरोध करने पर मेरे माता-पिता ने मेरे घर में कोई भी मध्यस्थता करनी बन्द कर दी।

"दिन-प्रतिदिन मैं ससुराल नामक यम नगरी में कष्ट भोगती रही। किसी दयालु प्रतिवेशी ने मेरे जनकगण को मेरी दयनीय दशा की सूचना दे दी। मेरे माता-पिता व सब भाई-बहन व्याकुल हो मेरे द्वार पर भागते आये, परन्तु वे मेरे दुर्भाग्य को कैसे टाल सकते थे?

'चन्दन ने विषैली हँसी हँसते हुए कहा, "ले जाओ अपनी बाँझ लड़की को यहाँ से। मुझे इस ठूँठ की कोई आवश्यकता नहीं है।" उसके इन जलते हुए शब्दों को सुनकर मेरा सम्पूर्ण नारीत्व विद्रोह की ज्वाला में जल उठा। मेरे अन्तर्मन की अग्नि प्रचण्ड रूप से प्रज्वलित हो चुकी थी।

"मैं तो उसे कारागार की रोटी अवश्य खिलाती, परन्तु ऐसे में वही बुआ नाम धारिणी नारी फिर मार्ग अवरुद्ध कर खड़ी हो गयी। वह मेरे सब चाचा-ताऊ को लेकर मेरे पिता के द्वार आ बैठी। तब गुरुजनों का मान रखते हुए चन्दन को दण्डित किए बिना ही छोड़ दिया गया। त्रास-चक्र की अतिशय लम्बी तिमिराच्छादित रात्रि समाप्त हो गयी। अब सात मास हो चुके हैं विधिवत तलाक हुए।" इतना कहकर ज्योत्स्ना शून्य दृष्टि से विस्तृत नीलाम्बर को निहारने लगी।

"हे जगन्नाथ! यह किन अपराधों का दण्ड भोगा है तूने ज्योत्स्ना?" तूलिका ने मार्मिक स्वर में कहा।

"कोख की आहुति दे मैं विक्षिप्त सी-हो गयी थी, दीदी, पिता जी के समझाने पर मैंने यह नौकरी स्वीकार की। वह चाहते हैं कि मैं कुछ ऐसा करूँ, जिससे मुझ में आत्मविश्वास जाग्रत हो जाए और शेष जीवन-पथ पर मैं निर्भय होकर चल सकूँ।" ज्योत्स्ना ने बताया।

"क्या कभी अतीत की स्मृतियाँ बाधा नहीं डालतीं तेरे जीवन में?" तूलिका ने पूछा।

"वे तो अब उस विषैले धुएँ के सदृश हैं, जिसमें श्वास लेना भी कठिन प्रतीत होता है। मानव को परिस्थितियों के संग समझौता करना ही पड़ता है। मैंने अपनी एक भतीजी गोद ले ली है। क्या यह उचित है?" ज्योत्स्ना ने जिज्ञासापूर्ण नेत्रों से तूलिका पर दृष्टिपात करते हुए कहा।

"क्या तुम उसे विधिवत गोद ले चुकी हो? अगर नहीं, तो मैं एक परामर्श...।" तूलिका ने वाक्य अधूरा छोड़ते हुए कहा।

"दीदी, आप तनिक भी संकोच न करें। मैं आपको निकटतम प्रियजनों में समझती हूँ। तभी तो अपना सम्पूर्ण अतीत अक्षरशः आपके सामने रख दिया है। कालका जी की कोई स्मृति शेष नहीं रखना चाहती। न जाने किन उन्मादी क्षणों में माँ-बेटे ने मुझे किटी पार्टी में जाने की आज्ञा दे दी थी, परन्तु अब मैं वहाँ किसी से कोई सम्पर्क भी नहीं रखना चाहती।" ज्योत्स्ना ने गम्भीर स्वर में कहा।

"देखो, ज्योत्स्ना, तुम्हारी भतीजी सम्पन्न परिवार से सम्बन्धित है। तुम उसे लाख अपना बनाओ, परन्तु वह रहेगी अपने माता-पिता की ही बेटी।" तूलिका ने समझाते हुए कहा।

"तो मैं क्या करूँ दीदी? हृदय में कभी-कभी असीम शून्य व्याप्त हो जाता है। मैं स्वयं का प्रतिरूप देखना चाहती थी, किसी मानव-मूर्ति में। कितना रिक्त है मेरा जीवन और मैं।" ज्योत्स्ना ने घोर निराशा में घिरते हुए कहा।

"क्यों हृदय हारती है, ज्योत्स्ना? तू अभी भी अपना प्रतिरूप देख सकती है किसी मानव-मूर्ति में।" तूलिका ने मधुर स्वर में कहा।

"यह कैसे सम्भव है? दीदी, आप तो जानती हो कि मैं...।" ज्योत्स्ना ने आश्चर्यपूर्ण स्वर में कहा।

"क्या अपना प्रतिरूप स्वयं की जाई सन्तान में ही दिखाई देता है? ज्योत्स्ना, स्वयं के लगाये पौधों को तो हर प्राणी सींचने की चेष्टा करता है, परन्तु वास्तविक आनन्द तो पतझड़ से परिपूर्ण उपवन के पौधों को सींचने में है। तू किसी अनाथ को गोद ले ले। तेरी शिक्षा, तेरे विचार, तेरा लालन-पालन उसके जीवन में तेरा महकता हुआ रूप प्रतिबिम्बित कर देगा। अच्छे कर्म करके अच्छे फल की आशा कर सकता है मानव। आज जब भी कबीर की जीवनी स्मरण की जाती है, तो नीरू और नीमा को हर कोई स्मरण करता है। कबीर के जन्मदाता भर्त्सना के पात्र ही बनते हैं। अतः सब कुछ सार्थक हो उठता है असमय मुर्झाते हुए पुष्पों को नया जीवन-सन्देश देकर। जीवन-लक्ष्य केवल स्वयं की जाई हुई सन्तान को पालने तक ही सीमित नहीं है, अपितु साधनहीन अनचाहे पुष्पों को महकाने में भी निहित है।" तूलिका के इतना कहते ही मानो एक नवीन प्रभात ज्योतिर्मय किरणें

बिखेरता हुआ उदित हो गया ज्योत्स्ना के सम्मुख।

आज इस बात को सोलह वर्ष व्यतीत हो चुके हैं। ज्योत्स्ना और तूलिका संसार सागर की बहती रेती में विलीन हो चुकी थीं। एक दिन अकस्मात दोनों कनॉट प्लेस में मिल गयीं। ज्योत्स्ना के साथ एक किशोर व एक किशोरी थे। तूलिका ने ज्योत्स्ना की कुशल-क्षेम पूछने के पश्चात् बच्चों पर प्रश्नसूचक दृष्टि डाली।

ज्योत्स्ना ने गर्व पूर्ण मुस्कान बच्चों पर डालते हुए मधुर स्वर में कहा, "मेरे बच्चों से मिलो दीदी, मेरे बेटे का नाम प्रभात है और यह इस वर्ष रुड़की इंजीनियरिंग कॉलेज में गया है और यह मेरी बेटी उषा जो मेडिकल कॉलेज में गई है इन दोनों बच्चों के कारण उषा ने लालिमा बिखेरते हुए नया प्रभात उदित कर दिया है मेरे जीवन में।"

दोनों बच्चे सुन्दर सभ्य व शिष्ट थे। दोनों ने शिष्टतापूर्वक झुकते हुए तूलिका को करबद्ध नमस्कार किया। कुछ समय के लिए दिशाकाल को भूल दोनों सखियाँ सड़क पर खड़ी वार्तालाप में लीन हो गयी। तत्पश्चात् तूलिका ने ज्योत्स्ना को किसी कॉफी हाउस में चल कर बैठने का अनुरोध किया, तो ज्योत्स्ना ने प्रभात को चाबियाँ देते हुए कहा, "दोनों भाई-बहन गाड़ी में जाकर बैठो।" तत्पश्चात् तूलिका के चरण स्पर्श करते हुए ज्योत्स्ना भावपूर्ण स्वर में बोली, "आज नहीं दीदी, मैं फिर कभी आपके घर आऊँगी। अब तो मैं दिल्ली में ही रहती हूँ। मैं मन-प्राण से आपकी आभारी हूँ। उचित समय पर मार्गदर्शन कर जो जीवन-लक्ष्य प्राप्त करने की प्रेरणा आपने मुझे दी, उसी के कारण मेरा घर-आँगन महकते हुए पुष्पों की महक से गमक उठा है। दोनों बच्चे भी मेरे प्रति असीम स्नेह रखते हैं और मैं... मैं तो उनकी माँ ही हूँ ना। एक दिन मेरी महकती हुई बगिया को देखने अवश्य आना। मैं पुनः कहती हूँ, अगर मेरे जैसी अन्य बहनें या निःसन्तान दम्पती समाज के इन ठुकराए हुए पुष्पों को लू के उष्ण झोंकों से बचा लें, तो ये धूल-धूसरित पुष्प तो खिल ही उठेंगे, उनका स्वयं का जीवन भी अकथनीय आनन्दानुभूति से पुलक उठेगा और इसमें देश व समाज दोनों का भी कल्याण होगा।"

तूलिका स्नेहिल दृष्टि से ज्योत्स्ना की गाड़ी को पथ से उस पार विलीन होते हुए देखती रही।

नीड़ कहाँ है?

कंचन भान द्रुत गति से गाड़ी चलाती हुई टंगमर्ग से श्रीनगर की ओर आ रही थी। दूर से नवीन टिन की ढालू छतें, जो दिवाकर की उपस्थिति में चमक-चमक कर प्रातः के समय नयनों में चकाचौंध उत्पन्न कर रही थीं, अब शनैः-शनैः प्रगाढ़ होती हुई कालिमा में धूमिल पड़ती जा रही थीं। तुंग हिमालय श्रेणियों पर भी प्रतिपल अन्धकार का साम्राज्य फैलता जा रहा था। गगनचुम्बी वृक्ष निशाचर से प्रतीत हो रहे थे। एक अनोखी भयावहता चतुर्दिक व्याप्त थी। सम्भवतः उसी में सहमकर वृक्षों की पत्तियाँ हिलना भूल गयीं थीं। पथिक विहीन पथ पर गाड़ी दौड़ाते हुए कंचन का हृदय किसी अनिष्ट की कल्पना से ही सिहरा जा रहा था। एकाएक भागती हुई गाड़ी हिचकोले लेकर रुक गयी। अगर कंचन दक्षता से गाड़ी न सँभालती तो निश्चय ही गाड़ी फिसल कर खाई के विशाल उदर में समा जाती। भय से कंचन का मुख पीताभ हो गया। अथक प्रयत्न करने के पश्चात् भी गाड़ी में क्या खराबी आ गयी है, वह न जान पायी। वह असहाय-सी खड़ी थी कि एक श्वेत फियेट कार उसके पास आकर रुक गयी।

"क्या मैं आपकी कोई सहायता कर सकता हूँ?" बगुले के पंखों-सा उज्ज्वल सफारी सूट धारण किए एक युवक फियेट से बाहर निकला।

"मेरी गाड़ी एकाएक रुक गयी है। प्लीज, आप मेरी सहायता कीजिए।" कंचन ने बौखलाये स्वर में उत्तर दिया। आने वाला उसे अरण्य की प्रतिक्षण बढ़ती हुई भयावहता में किसी देवदूत से कम प्रतीत नहीं हो रहा था।

सुदर्शन व्यक्तित्व के स्वामी युवक ने एक क्षण नष्ट किए बिना गाड़ी को देखना आरम्भ किया। कुछ क्षण पश्चात् कंचन उसके उन्मुक्त ठहाके से भयभीत मृगी-सी सहम गयी, "देखिए मैडम, आपकी गाड़ी में कोई खराबी नहीं है। वास्तव में पेट्रोल की टंकी खाली हो गयी है। अब इस प्रतिपल घनीभूत होती रात्रि में इस समस्या का समाधान एक ही है कि आप मेरी गाड़ी में चलें। आप जहाँ कहेंगी, मैं आपको वहीं छोड़ दूँगा।"

क्षणांश के लिए कंचन दुविधा में पड़ गयी। यदि वह उसके साथ नहीं जाती, तो घर कैसे पहुँचेगी। अन्धकार तीव्रता से चतुर्दिक व्याप्त होता जा रहा है। ऐसे में

किसी भी क्षण कोई भी भालू कहीं से आकर या किसी वृक्ष की ओट से निकलकर उसकी सौन्दर्यमय कंचन काया को रात्रि-भोज बना सकता है। भालू की उदरपूर्ति से तो श्रेयस्कर है, इस युवक के साथ अपने घर जाना। अन्ततः यह निर्णय लेते हुए कंचन भान ने अपनी कार को सावधानीपूर्वक बन्द किया और उस सुदर्शन पुरुष ने कंचन की गाड़ी को ठेल-ठाल कर एक ओर खड़ा कर दिया। कंचन ने सोचा, कार प्रातः ड्राइवर को भेज कर मँगवा लेगी। ऐसा सोचते हुए कंचन उस युवक की गाड़ी का पिछला द्वार खोल कर बैठने लगी, तो वह बोला," देखिए मैडम, मैं कार चालक नहीं हूँ। कृपया आप आगे आकर बैठें।'' निःशब्द कंचन द्वार खोल कर आगे की सीट पर बैठ गयी। गाड़ी चालक युवक सिद्धहस्त था। हर मोड़ पर गाड़ी बहुत कुशलता से मोड़ रहा था। सम्भवतः युवक वाचाल भी था। वह कंचन से पूछने लगा, ''क्या आप कहीं जा रही थीं या कहीं से आ रही हैं?''

''आ रही हूँ।'' कंचन ने संक्षिप्त-सा उत्तर दिया।

''आपका शुभ नाम पूछने की धृष्टता कर सकता हूँ?'' युवक ने उत्सुकता पूर्वक पूछा।

''कंचन भान'' कंचन ने मानो पीछा छुड़ाते हुए उत्तर दिया।

''क्या आप पढ़ती हैं? क्या पढ़ रही हैं?"

प्रश्नों के उत्तर कंचन अन्यमनस्क-सी हाँ या ना में देती रही। कंचन की उदासीनता देख वाचाल पुरुष चुप हो गया।

गाड़ी श्रीनगर में प्रवेश कर चुकी थी। सड़कों पर व्याप्त झिलमिलाते प्रकाश में कंचन ने ध्यानपूर्वक कार चालक को देखा। युवक आभिजात्य वर्ग का प्रतीत हो रहा था। इस समय वह पूर्ण मनोयोग से गाड़ी चला रहा था। उन्नत ललाट पर एक केशगुच्छ मंदगति से बहती बयार संग लहरा रहा था। इस समय न जाने किस अन्तरिक्ष में वाचालता विलीन हो चुकी थी। वह हर वस्तु के प्रति उदासीन प्रतीत हो रहा था। ऐसा लगता था, जैसे गाड़ी में एक युवती विद्यमान है, इसका भी उसे ध्यान नहीं था। अकस्मात अपनी उज्ज्वल दन्त-पंक्तियों की छटा दिखाते हुए उसने मधुर स्वर में कंचन से पूछा, ''श्रीनगर में कहाँ है आपका घर?''

''शिवपुरा में'' कंचन ने भी कोमल स्वर में उत्तर दिया। युवक की निर्दोष भाव-भंगिमा ने जहाँ कंचन को पूर्णतया आश्वस्त कर दिया था, वहाँ उसके स्निग्ध अनुरागमय दृष्टिपात को सहयात्री ने दक्ष पुलिसाधिकारी सम पकड़ लिया था। झेंप मिटाने के लिए कंचन दूसरी ओर देखने लगी। कुछ समय पश्चात् गाड़ी कंचन के विशाल भवन के समकक्ष खड़ी थी। गाड़ी से उतरते हुए कंचन ने उदार सहायक के प्रति आभार प्रदर्शित किया और तत्क्षण मुड़ कर गेट से अन्दर चली गयी।

कंचन के पिता नीलकण्ठ भान चीफ कंजरवेटर ऑफ फॉरेस्ट थे। जहाँ शिव स्वयं गरल पीकर नीलकण्ठ कहलाए, वहां दिन-रात दोनों हाथों से लक्ष्मी बटोरते

हुए नीलकण्ठ देश रूपी वृक्ष को विष से सींच रहे थे। देश के इस शत्रु की अपकीर्ति जम्मू-कश्मीर के सम्पूर्ण प्रान्त में फैली हुई थी। अपनी चंडाल चौकड़ी के साथ मिलकर वह अटूट सम्पत्ति बटोरते हुए असीम औदार्य से सम्पूर्ण विभाग को अपदस्थ करने में लगा हुआ था। अतः कागज की नाव को एक न एक दिन तो डूबना ही था, पर उस दुस्साहसी ने अपने केस से सम्बन्धित समस्त अधिकारियों को लक्ष्मी की ऐसी घुट्टी पिलाई कि उन निर्बल चरित्रों को भ्रष्ट होते हुए तनिक भी समय नहीं लगा। नीलकंठ से सम्बन्धित समस्त फाइलों का अस्तित्व ही शून्य में विलीन हो गया। नीलकण्ठ जेलयात्रा से तो बच गया, पर अपनी कामधेनु-सी नौकरी न बचा पाया। तो भी अधिक दुःख न था। इतनी धन-सम्पदा बटोर चुका था कि दोनों मुक्त हाथों से लुटाता, तो भी उसका वैभवशाली कोष समाप्त न होता। इस पर एकमात्र सन्तान होने के कारण अपने पिता की सम्पूर्ण चल-अचल सम्पत्ति भी उसे उत्तराधिकार में मिली थी। नीलकण्ठ के पिता ने अपने जीवन काल में जम्मू-कश्मीर में विशाल भवन बनवाए थे, जो अब नीलकण्ठ के पास थे। नीलकण्ठ की तीन सन्तानों में पुत्री कंचन व एक पुत्र मुकुल तथा दूसरा मुनीश था। डॉ. मुकुल उच्च शिक्षा ग्रहण कर विदेश में ही बस गया था। वह अमेरिकन रूपसी के अनुराग में आकण्ठ डूबा वहीं का होकर रह गया था। सुनने में आया था कि उसकी पत्नी लूसी एक कसाई की बेटी थी व अधिक शिक्षित भी नहीं थी, पर उस रसवन्ती के पास सौन्दर्य की कमी न थी। विधाता ने उसे रूपमती बनाने में तनिक भी अकृपणता नहीं दिखाई थी। अतः मुकुल पर रति के तीर ऐसे चले कि वह अमेरिकन गोरी के भूरे कुन्तलों की छाँव में थम कर रह गया। नीलकण्ठ का छोटा बेटा मुनीश कालीनों का व्यवसाय करता था। रूपमती सुघड़ गृहिणी थी उसकी पत्नी मंजुला और सबसे छोटी थी कंचन जो यथानाम तथागुण उक्ति को चरितार्थ करती थी। वह नवनीत-सी सुचिक्कन देहयष्टि की स्वामिनी थी। श्यामल कटे हुए केश गुच्छ उसके किताबी चेहरे की सुन्दरता को द्विगुणित कर देते थे। मोरनी सी ग्रीवा, पलाश सम अधर, सेब से दमकते कपोल, मृगलोचन व बालिश्त भर की क्षीण कटि। उन्मुक्त औदार्य से जगदाता ने उसे सौन्दर्य प्रदान किया था। जैसी अनुकम्पा उस पर रूप की देवी की थी वैसी ही सरस्वती की भी थी। सदा-सर्वदा कक्षा में प्रथम पद पर आसीन होती आयी थी कंचन। उसका कान्वेंटी अंग्रेजी का त्रुटिहीन उच्चारण, उसकी उठने-बैठने की शालीन शैली देखकर सभी मुग्ध हो जाते थे। वह कश्मीर विश्वविद्यालय से अंग्रेजी में एम.ए. कर रही थी। अत्यधिक गर्व था नीलकण्ठ को अपनी इस गुणवती पुत्री पर। उसने अपनी इस पुत्री को एक अलग गाड़ी लेकर दी हुई थी। कंचन की हर इच्छा की पूर्ति भान परिवार में देवाज्ञा समझ कर पूर्ण की जाती थी। हर सुविधा कंचन को करतल पर उपलब्ध थी।

वातावरण में कुछ-कुछ शीतलता व्याप्त थी। कंचन एक चिनार के वृक्ष की छाया तले अलसायी-सी अधमुँदे नेत्र लिये बैठी थी। आज अंग्रेजी के एक नवीन प्रवक्ता आ रहे थे। कंचन के अन्य सहपाठी में से कुछ कैन्टीन में चाय पीने चले गये थे और कुछ मखमली दूब पर समूहों में बैठे वार्तालाप में मग्न थे। केवल कंचन ही निपट एकाकी दूर चिनार की छाया तले बैठी थी। उसे ये कोलाहल, ये गहमागहमी तनिक भी नहीं सुहाते थे। वह अपने में ही मग्न मन बैठी थी कि एक कण्ठ-स्वर ने उसे चौंका दिया, "आपने दूसरे दिन क्या अपनी गाड़ी मँगवा ली थी?"

कंचन ने जैसे ही अधमुँदे नेत्र खोले तो देखा, उस दिन लिफ्ट देने वाला सहायक उसके सम्मुख खड़ा था। उसके प्रश्न के उत्तर में कंचन केवल, "जी, जी... ।" कहकर मौन हो गयी।

कंचन को मौन देखकर उसने कहा, "अच्छा, मैं जा रहा हूँ।"

एकाएक कंचन ने मौन भंग करके कहा, "क्या आप भी यहाँ पढ़ते हैं?" उसकी जिज्ञासा शान्त किये बिना वह युवक स्मित हास्य बिखेरता हुआ वहाँ से चला गया। इतने में कंचन को कृष्ण, गिरिजा, ओंकार इत्यादि सहपाठी बुलाने आ गये। सब विद्यार्थी उन्मुक्त हास्य बिखेरते कक्षा में आ बैठे। जैसे ही नवीन प्रवक्ता ने कक्षा में प्रवेश किया तो कंचन के नेत्र आश्चर्य से और अधिक विशाल हो गये व रक्तिम अधर खुल गये। नवीन प्रवक्ता के संग प्रधानाचार्य जी भी थे। उन्होंने अंग्रेजी के इस नवीन प्रवक्ता का परिचय देते हुए कहा, "यह हैं प्रोफेसर अनूप खन्ना। चार वर्षों पश्चात् विदेश से लौटे हैं। वहाँ यह लिटरेचर पढ़ाते थे। आशा है आप इन्हें पूर्ण सहयोग देंगे।"

कश्मीर विश्वविद्यालय में प्रथम मिलन चिनार के वृक्ष तले तन-मन विभोर कर गया था। तत्पश्चात दिन सप्ताह में, सप्ताह मास में पलक झपकते विलीन होने लगे। कंचन व अनूप खन्ना एक-दूसरे के आकर्षण में ऐसे बँधे कि उन्हें दिशा-काल का ध्यान ही न रहा। सुदर्शन व्यक्तित्व का स्वामी अनूप खन्ना हर वस्तुस्थिति से अनभिज्ञ अपनी ही लौ में जीवन व्यतीत करता आ रहा था। किसी भी मेनका के मोहपाश में वह अभी तक नहीं बँधा था। यद्यपि उसके तस्कर पिता की अपकीर्ति सर्वत्र फैली हुई थी, तो भी बिरादरी के कुछ परिवार इस सुदर्शन युवक से बहुत प्रभावित थे, पर कुशल नायक की तरह एक-से-एक बढ़ कर बहाने गढ़ता, वह घिस्सा देता आया था इन बिरादरी वाले विवाह योग्य पुत्रियों के जनकगणों को। संयमी जीवन के कारण अनूप चालीस वर्ष की आयु में भी तीस वर्ष से ऊपर नहीं लगता था। कंचन व अनूप अन्तर्मन से एक-दूसरे की कामना करते थे। प्रेमी युगल गाड़ी के रंगीन शीशे चढ़ा कर दूर-दूर तक घूमने निकल जाते। मुग्ध नायिका-सी कंचन कभी लिदर नदी के किनारे एकान्त स्थलों में अनूप के संग घूमती, तो कभी अरबल जैसे दूर दर्शनीय स्थलों पर। कई रसिक शंकालु

चक्षुओं की चाबुक सम दृष्टि को अनदेखा कर अभी तक बचता आया था यह प्रणयी युगल। यद्यपि उनके घूमने का क्षेत्र विस्तृत होता था और वहाँ परिचितों के मिलने की शंका भी कम थी, तो भी श्रीनगर जैसे पर्वतीय स्थल पर कैसे छिपी रहती यह प्रणय-गाथा। अतः नीलकण्ठ को भी कुछ-कुछ आभास हो गया था पुत्री के इस प्रणय का, पर वह चतुर व्यक्ति यहीं मात खा गया था। कन्या पर अत्यधिक विश्वास ने ही मानो उसे तुंग हिमालय शृंग से गहरी खाई में धकेल दिया। वह प्रथम श्रेणी में उत्तीर्ण कंचन की तीक्ष्ण बुद्धि का गुणगान बिरादरी वालों को चाय पिलाते हुए कर रहा था कि प्रतिवेशी सोहन लाल का पुत्र मांस-मज्जा दग्ध करने वाला समाचार लेकर आया। कंचन समस्त मोह माया की डोर तोड़ स्वयं ही अनूप खन्ना के संग विवाह कर चुकी थी, क्योंकि कंचन जानती थी कि इस तस्कर-पुत्र के साथ उसका पिता उसका विवाह कभी भी नहीं करेगा। अनूप का पिता बलवन्त राय खन्ना एक कुख्यात तस्कर था और उस पर उसके सम्बन्ध पाकिस्तान से आने वाले संदिग्ध लोगों के साथ भी थे। अतः कश्मीरी बिरादरी उसे हेय दृष्टि से देखती थी। गुणी पुत्र भी पिता की अपकीर्ति नहीं मिटा पाया था। दूसरा आज से बीस वर्ष पूर्व कश्मीरी बिरादरी से बाहर विवाह करना मानो स्वयं को अपदस्थ करना था। इसलिए ही कंचन ने स्वयं पग बढ़ा कर अनूप का वरण कर लिया था। नीलकण्ठ को अपनी गुणवती पुत्री से यह आशा कदापि नहीं थी। पुत्री के इस अविवेकी निर्णय ने नीलकण्ठ को समाज की भर्त्सना का लक्ष्य बना दिया। जिस बिरादरी को वह चाय पिलाते हुए पुत्री की गुण गाथा सुना रहा था, उसी की महान विभूतियाँ नयनों से ज्वाला बरसाती हुई, हाथों के कप प्लेटों में रख वहाँ से निःशब्द चली गयीं।

कंचन की जननी शोभा देवी इस आघात से चेतना शून्य होकर धरती पर गिर पड़ी। नीलकण्ठ ने तत्परता के साथ पत्नी को धरती से उठा कर शैया पर लिटा दिया। मुनीश तो पहले से ही जम्मू में था। तत्क्षण नीलकण्ठ ने पीछे मुड़ कर नहीं देखा। पुत्री की प्रणय गाथा सुनने का अब न उसके पास समय था, न धैर्य। शोभा की चेतना लौटते ही उसने आवश्यक वस्तुएँ गाड़ी में रखीं व रातों-रात श्रीनगर त्याग दिया, पर पुत्री की कथा नीलकण्ठ से पूर्व ही जम्मू में पहुँच चुकी थी। प्रश्नात्मक नयनों के सम्मुख जाने की क्षमता उसमें शेष नहीं थी। अतः निरुपाय भान दम्पति ने घर से निकलना ही प्रायः छोड़ दिया तथा विशाल कोठी के प्रांगण में पुत्र, पुत्रवधू व पौत्रों के संग आजीवन कारावास का दण्ड सहन करने लगे। अन्ततः येन-केन कमाये गये वैभव का अन्त यही होना था। श्रीनगर की बिरादरी तो क्रुद्ध वनकेसरी-सी गर्जन-तर्जन कर चुप बैठ चुकी थी। कोई कुछ नहीं कर सकता था। कंचन बालिग थी और हर बालिग मन-भावन सहचर चुनने के लिए स्वतन्त्र होता है।

एक मास प्रणयी युगल ने भारत के विभिन्न दर्शनीय स्थलों का भ्रमण करते हुए व्यतीत किया। सोने के दिन व चाँदी की रातें पंख फैला कर उड़ते जाते थे। स्वप्निल संसार से धरा पर पग धरते ही कंचन को झटका-सा प्रतीत हुआ। यद्यपि अनूप तो विवाह से अति प्रसन्न था, तो भी अनूप की माँ शान्ति देवी, जो कि ठीक अपने नाम के विपरीत स्वभाव से दुष्टप्रकृति की स्त्री थी, अपनी वक्र दृष्टि से कंचन को बींधने लगी। ऊपर से अग्नि को प्रज्वलित करती प्रतिवेशनी कुटिल स्वभाव की ताड़का सम राजो ताई शुरू हो जाती, "अरी बहू, क्या मिला दहेज में तुझे? निगोड़ी सुन्दरी मेम साहब!... हिश!... ऐसी सुन्दरियाँ तो पानी भरती हैं हमारे सोने से अनूप का। क्या लायी है बड़े बाप की बेटी?" राजो ताई के विष बुझे व्यंग्य-बाण बेध के रख देते कंचन के अन्तर्मन को। छटपटा उठती वह मर्मान्तक पीड़ा से। शान्ति देवी का सिर उलटा घूमने लगता और वह प्रत्यंचा पर चढ़ा कर एक-से-एक विष बुझे बाण से हताहत करने लगती कंचन के मस्तिष्क को। अनूप के पिता ने तो कंचन के हाथ का बना भोजन करना ही बन्द कर दिया था। वह भी अनूप रूपी चेक को दहेज के बैंक में भुनाना चाहता था, इसलिए रिक्त करों से आयी हुई कंचन खन्ना दम्पति के हृदय में शल्य-सी चुभती थी।

कल ही राजो ताई सूचना लेकर आयी थी कि बेली राम की जिस कन्या का रिश्ता अनूप को आ रहा था, वह सत्तर तोले सोना व पचास हजार धनराशि तथा अन्य बहुमूल्य सामान सहित अपने दहेज में लेकर गयी है। कुटिल राजो ताई सूखे भूसे में चिंगारी छोड़ कर जा चुकी थी। झंझावात आने से पूर्व की शान्ति व्याप्त थी खन्ना-गृह में। कंचन का हृदय आशंका से सूखे पत्ते सदृश कम्पित हो रहा था। इधर जनकगण की कर्ण कटु बातें अनूप को अमृत सम लगने लगी थीं। वह भी कंचन से खिंचा-खिंचा रहने लगा। अन्ततः शान्ति ने पूर्ण गृह में अशान्ति का साम्राज्य स्थापित कर दिया। इसी तरह व्यंग्य बाण सहते हुए कंचन के विवाह को दो वर्ष व्यतीत हो गये।

कहते हैं, जब विपत्ति आती है, तो एकाकी नहीं आती। सो कंचन का दुर्भाग्य भी हितेश कुमार के रूप में आ पहुँचा। हितेश कुमार अनूप के मामा का लड़का था। वह एक महीने के लिए दिल्ली से कश्मीर घूमने आया था। रसिक प्रकृति के युवक हितेश को रूपसी कंचन भा गयी। सो वह हर समय कंचन रूपी रत्नगर्भा मजूंषा के चहुँ ओर चतुर प्रणयी-सा मँडराने लगा। एक दिन अनूप किसी कार्य हेतु अनन्तनाग गया हुआ था। हितेश ने कंचन को चाय पिलाने का अनुरोध किया। गहरे लाल रंग के सूट में कंचन का रूप-लावण्य द्विगुणित लग रहा था। प्रातः अनूप ने भी कंचन को अनुरागपूर्ण नेत्रों से निहारते हुए सन्ध्या समय डल झील में नौका-विहार का वचन दिया था। सो आज कंचन का मन दूर-अति दूर क्षितिज के उस पार उड़ा जा रहा था। अनूप के जनकगण भी एक दिन पहले काजीकुण्ड गये

थे। अतः कंचन आज हर तनाव से मुक्त थी। कंचन व हितेश चाय पी रहे थे। हितेश के किसी परिहास पर कंचन मुक्त कण्ठ से हँस पड़ी और इस मुक्त हास्य के मध्य कब कंचन का आँचल फिसल कर नीचे गिरता हुआ असीम औदार्य से उसके रूप की छटा बिखेर रहा था, कंचन जान ही न पायी। हितेश कंचन की रूप-राशि को मन्त्र मुग्ध-सा निहार रहा था कि एक कर्कश स्वर ने उसकी तन्द्रा भंग कर दी। कंचन ने आँचल सँभालते हुए देखा कि नेत्रों से ज्वाला बरसाते हुए उसकी सास विष वमन करने को तत्पर थी।

शान्ति ने हाथ नचाते हुए कहा, "अरी कलमुँही, एक को तो फँसा चुकी है, क्या अब दूसरे को फाँस रही है? तुझे शर्म नहीं आती। जा कहीं और जाकर मुँह काला कर।"

इससे अधिक कंचन और न सुन सकी। अपने कक्ष में जाकर शैया पर गिर कर रोने लगी। आज उसके करुण क्रन्दन को सुनने वाला कोई न था। उसके शत-शत अश्रु पोंछने वाला भी कोई नहीं था। आज वह पूर्ण रूप से खन्ना परिवार पर निर्भर थी। शंकालु प्रकृति के अनूप ने उसे नौकरी भी नहीं करने दी थी। वह सोचता, क्या मालूम, मेरी तरह ही किसी और युवक के साथ मित्रता कर घूमने-फिरने लगे। अनूप की मौलिक विचारधारा पर कंचन के उसके गृह में प्रवेश करते ही शान्ति देवी ने ऐसा प्रभाव डाला था कि अनूप कंचन को अपने घर से बाहर अकेले कभी भी नहीं जाने देता था। उधर अनूप के गृह-प्रवेश करते ही शान्ति ने क्रुद्ध नागिन-तुल्य फुंकारते हुए सम्पूर्ण विष अनूप के कानों में उँड़ेल दिया। अब इस कलमुँही की खैर नहीं। इस पैशाचिक सुख से शान्ति अभिभूत हुई जा रही थी। अविवेकी अनूप ने कंचन को केशों से पकड़ कर धरा पर पटक कर नगाड़े-सा पीट डाला। उस दिन से जो अनूप का हाथ उठा, तो उठता ही चला गया। मृगलोचनी कंचन के नयनों में अब अंजन के स्थान पर सावन-भादों की झड़ी लगी रहती थी।

हितेश दिल्ली जा चुका था, पर शंका का जो बीज उस दिन अनूप के हृदय में प्रस्फुटित हुआ, उसे वट वृक्ष का रूप धारण करने में शान्ति देवी ने मन-प्राण से सहायता दी। यह कंचन का असीम दुर्भाग्य ही था कि वह जिन दिनों हितेश वहाँ था, उन दिनों ही गर्भवती हुई। उसका विचार था कि आने वाली सन्तान के विषय में अनूप सुनकर आनन्दित हो उठेगा, पर विद्युतवाहिनी के आकस्मिक वज्रपात से झुलस कर रह गये वृक्ष तुल्य उसका पूर्ण अस्तित्व झुलस कर रह गया। जब रक्तिम नेत्रों से घृणा व क्रोध के अग्निबाण बरसाते हुए अनूप ने विषाक्त स्वर में कहा, "क्यों हरामी पैदा करने का विचार है?" भाग्य की इस शिला वृष्टि को कंचन सहन ही नहीं कर पा रही थी। कहाँ गया उसका वह आतुर प्रेम-विकल प्रेमी और कहाँ गये उसके अन्तर्मन को आनन्दित करने वाले मधुर बोल? यौवन की देहरी पर कितना घातक घाव लगवा बैठी वह अविवेकी छोकरी। ज्यों-ज्यों प्रसव का

समय निकट आता जाता त्यों-त्यों अनूप व शान्ति के हृदय का दावानल धधकता जाता। अनूप के पिता स्वयं के कर्मों के कारण उन दिनों जेल में थे। अब हताश कंचन ने भी इस नरक कुण्ड से छुटकारा पाना ही श्रेयस्कर समझा। अतः अनूप और कंचन ने आपसी सहयोग से एक-दूसरे से छुटकारा पा लिया। सर्वप्रथम कंचन अपनी भूली-बिसरी दयामयी मौसी के द्वार पर जा खड़ी हुई। मौसी के घर कंचन ने एक पुत्र को जन्म दिया और दो मास पश्चात् करुणामयी मौसी ने कंचन के जम्मू जाने के लिए टैक्सी का प्रबन्ध करवा दिया। कंचन का अबोध शिशु सोनू माँ की गोद में पड़ा स्वप्नलोक में विचरण कर रहा था। कंचन चेतना शून्य-सी भागते हुए दीर्घकाय सफेदे के वृक्षों को देख रही थी। स्मृति दंश उसे व्याकुल कर रहे थे, पर बलपूर्वक कंचन ने अतीत की स्मृतियों को अतीत में ही धकेल दिया।

लगभग तीन वर्ष पश्चात् कंचन आज पुत्र को गोद में लिये पितृ गृह के आँगन में खड़ी थी। इतने में उसकी माँ शोभा देवी श्रीहीन मुख लिये व श्वेत वस्त्र धारण किए हुए बाहर निकली। पुत्री को आँगन में खड़ा देखकर ममतामयी जननी कगार टूटी नदी सम कंचन की ओर बढ़ी और उसे आलिंगनबद्ध कर करुण स्वर में रोने लगी। ममतामयी जननी के सुखद आलिंगन में चेष्टावश दबाया गया कंचन का रुदन पर्वतीय नदी समान बह निकला। सोनू इस आकस्मिक मिलन में शोभा देवी को तपती रेत के टीलों में शीतल छाया सदृश लगा। नाती को हृदय से लगा शोभा उन्मादिनी उसके कपोलों पर स्नेह-चिह्न अंकित करने लगी। मुनीश के नेत्रों का ज्वालामुखी दामिनी की गति-सा तरल स्निग्धता में परिवर्तित हो चुका था। कंचन के रिक्त नयन व म्लान मुख स्वयं ही उसकी आपबीती बता रहे थे। अतः माँ का असीम स्नेह देखते हुए मुनीश ने भी भगिनी को क्षमा कर दिया था। मुनीश माँ को किसी भी मूल्य पर रुष्ट नहीं करना चाहता था। विशाल सम्पत्ति का मोह उससे कुछ भी करवा सकता था। भगिनी के मुख से उसकी पूर्ण दुर्भाग्य-गाथा सुन वह सिंह-सा दहाड़ उठा, "देख लूँगा मैं उस तस्कर-पुत्र को जो एक शिक्षित गँवार है। तू दुःखी मत हो बहन, अभी तेरा भाई जिन्दा है। तू आराम से यहाँ रह।"

"इस नन्हे-मुन्ने का क्या नाम है?" मुनीश ने स्नेहिल स्वर में पूछा। "स्वर्ण कुमार... भैया, पिता जी को क्या हुआ था?"

कंचन ने प्रश्न का उत्तर देकर प्रश्न कर दिया। अब मुनीश भगिनी को क्या बताता कि उसी का आचरण नीलकण्ठ के लिए प्राणलेवा सिद्ध हुआ था, पर प्रत्यक्ष में बोला, "हृदय रोग ही उनके प्राण हर ले गया।"

कश्मीरी बिरादरी में पुनः भर्त्सना के स्वर गूँजने लगे। कंचन की तीव्र आलोचना होने लगी। समाज के कर्णधारों ने कंचन का श्वास तक लेना कठिन

कर दिया। उनकी दृष्टि में कंचन ने अक्षम्य अपराध किया था जिसे किसी भी मूल्य पर क्षमा नहीं किया जा सकता था। कुछ आत्मीय स्वजन तो पहले ही मोह की डोर निर्ममतापूर्वक काट चुके थे। नीलकण्ठ का परिवार भी एकाकी जीवन व्यतीत करता आ रहा था कि परित्यक्ता कंचन के आने से उनके जीवन में भूकम्प-सा आ गया। कुछ सहृदय प्रतिवेशियों के जो द्वार अभी तक खुले थे, वे भी बन्द हो गये। चतुर्दिक तिमिराच्छादित भविष्य सुरसा-सा मुख फाड़े खड़ा था। तन-मन से क्लान्त कंचन पश्चात्ताप की असहनीय ज्वाला में जल रही थी कि मन-प्राण को महकाता शीतल पवन का झोंका आया। अभिषेक गंजू ने प्रथम श्रेणी में लॉ पास किया था। उसने भान परिवार के सम्मुख कंचन से विवाह करने का प्रस्ताव रखा। वह तेजस्वी युवक कश्मीरी बिरादरी की अग्निगर्भा दृष्टि की अवहेलना कर कंचन के प्राण उबारने आगे बढ़ा। उसे आत्मीय स्वजनों के उपदेश, माता-पिता की चिरौरी, भगिनी के अश्रु सिक्त नयन तनिक भी न हटा पाए अपने निश्चय से। कंचन के संग उसने आर्य समाज मन्दिर में जाकर विवाह कर लिया। नयनहीन को क्या चाहिए? दो नयन। भान परिवार को ये ज्योतिपूर्ण नयन प्रदान किए अभिषेक ने कंचन के संग विवाह करके। शोभा सन्तुष्ट थी कि पुत्री का भविष्य सुरक्षित हो गया। मुनीश सन्तुष्ट था कि सम्पूर्ण सम्पत्ति का अब वही मालिक होगा। कंचन सन्तुष्ठ था उज्ज्वल प्रभात खड़ा मुस्करा रहा था। शोभा ने कंचन का आँचल लक्ष्मी से भर दिया। नन्हे स्वर्ण को शोभा देवी ने अपने पास रख लिया।

अभिषेक तो आनन्दी स्वभाव का प्राणी था, पर अभिशप्त अतीत के साये व बन्धुजनों की घृणा से दग्ध हो-हो जाता था कंचन का मन कई बार। अतः अभिषेक ने दो महीने के लिए विदेश जाना ही श्रेयस्कर समझा। इस गंजू दम्पति के विदेश गमन पर शोभा व मुनीश ने भाव-भीनी विदाई दी।

दो महीने के स्थान पर दो वर्ष व्यतीत कर गंजू दम्पति जम्मू लौट आये। नन्हा स्वर्ण ज़िसे स्नेह वश सब सोनू ही कहते थे, अब बोलता भी था और चलता भी था। देखते-ही-देखते दो वर्ष और व्यतीत हो गये। सोनू पाठशाला जाने लगा था। कान्वेंट स्कूल की शिक्षा ने उसे कान्वेंटी रंग में रँगना आरम्भ कर दिया था। शोभा देवी का असीम लाड़-प्यार शनैः-शनैः सोनू को उद्दण्ड बनाता चला गया। मुनीश व्यवसाय के कारण अधिकतर जम्मू से बाहर ही रहता था। उसकी सुघड़ गृहिणी-सी पत्नी सास के किसी भी क्रियाकलाप में बाधा नहीं डालती थी। अतः दस वर्ष का होते-होते सोनू अपनी आयु से चार वर्ष और आगे निकल गया। माँ का पुनः विवाह कर उसे नानी के पास छोड़ जाना उसके सुकुमार हृदय पर स्वार्थी माँ के प्रति उदासीनता व घृणा की अमिट छाप छोड़ गया। नानी के दुर्बल चित्त को तो वह अपनी बाल बुद्धि से ही पहचान चुका था। अब वह न नानी का आदर करता था, न माँ का। नानी वह है, जिसने उसे माँ से पृथक किया। माँ वह है,

जिसने अपने स्वार्थ के लिए, अपने सुख के लिए उसे दूसरे के द्वार पर छोड़ा। अतः सोनू ऐसे एक भी पल को व्यर्थ नहीं गँवाता, जिसमें उसे अपने अन्तर्मन का लावा फेंकने का अवसर मिले। कंचन उसके परिवर्तित होते हुए रूप को देखकर अति चिन्तित थी, तो भी वह अपने मन को धैर्य बँधाती थी कि अपने घर ले जाकर इस नन्हे पौधे को स्नेह के जल से ऐसा सींचेगी कि उसकी सूखी जड़ें तक लहलहा उठेंगी।

अभी तक तो कंचन कभी ससुराल में और कभी पितृ-गृह में समय व्यतीत कर रही थी। अस्थायी पदों पर कई बार कार्य भी कर चुकी थी, पर अब उसे लग रहा था कि उसका स्वयं का घर होना चाहिए। अतः वह मन-प्राण से नवीन नीड़ के निर्माण में व्यस्त हो गयी। संयमी जीवन और अल्पाहार के कारण वह अभी भी किसी नवयौवना से कम दिखाई नहीं देती थी। उसका वार्तालाप का ढंग भी अति मधुर व आकर्षक था। इसलिए दिल्ली के एक पाँच तारा होटल में उसे एक उच्च पद पर नौकरी मिल गयी। कंचन अभिषेक व सोनू के साथ दिल्ली आकर नौकरी करने लगी। एक मध्यवर्गीय परिवार में रहने के लिए एक छोटा फ्लैट भी मिल गया और इस तरह आवास की समस्या भी सुलझ गयी।

कंचन अभिषेक के नवीन रूप से तो विवाह के शीघ्र पश्चात् ही परिचित हो चुकी थी। अभिषेक ने न कभी अपने कर्तव्य का पालन किया था और न कभी नौकरी ढूँढ़ने की चिन्ता ही की थी। पहले पिता द्वारा अर्जित धन से जीवन व्यतीत करता था और अब कंचन द्वारा अर्जित धन से। वह हर समय दार्शनिकता बघारता व अलमस्त वृषभ-सा घर में पड़ा रहता। सोनू का जीवन बने या बिगड़े, उसके लिए यह सोचना भी अर्थहीन था। यदि कंचन अधिक क्रोधित होती, तो वह दो-दो, तीन-तीन दिनों तक घर से गायब हो जाता। कंचन के सब प्रयत्न व्यर्थ गये। अभिषेक के राजसी दृष्टिकोण में कोई अन्तर नहीं आया। सोनू स्कूल से घर आने के पश्चात् आवारा लड़कों में बैठने-उठने लगा। उसे चोरी करना, झूठ बोलना और धूम्रपान इत्यादि कुटेबों ने घेर लिया।

हर ओर से टूटी कंचन स्वयं भी विद्रोही-सी हो उठी। वह भी घर से बाहर जीवन के सुख ढूँढ़ने लगी। स्वर्णिम प्रभात अपनी तनिक-सी छटा दिखा कर सदा-सर्वदा के लिए दूर क्षितिज के उस पार अति घनीभूत अन्धकार में विलीन हो चुका था। विक्टर जो विपत्ति की मारी हुई रूपसियों को अपने वाक् चातुर्य से अपने जाल में फँसाने के लिए प्रसिद्ध था, कंचन के पुरुष-मित्रों में अग्रगण्य था। कंचन जैसे स्वयं का नीड़ नष्ट करने के लिए कटिबद्ध हो चुकी थी। विक्टर एक निर्धन परिवार का सदस्य था। मेधावी होने के कारण सदा कक्षा में प्रथम आता था। स्वयं के बाहुबल से उसने इस होटल में यह उच्च पद प्राप्त किया था। इस उच्च पद व दिल्ली के उच्चवर्गीय रहन-सहन ने उसका कायाकल्प कर दिया था।

वह विवाह के पक्ष में नहीं था। रसलोलुप भ्रमर नित नये प्रसूनों के रसास्वादन में विश्वास रखता था। वह लपट कंचन पर भी रीझ गया। वाक्पटु विक्टर ने सोनू को भी प्रभावित कर लिया। सोनू की जिह्वा उसे अंकल, अंकल कहते नहीं अघाती थी। अभिषेक हर ओर से उदासीन निर्लिप्त भाव से अपनी ही दिनचर्या में व्यस्त रहता था। कहा जाता है कि हर अति का एक दिन अन्त होता है। वैसा ही एक दिन आया अभिषेक के जीवन में। दिन-भर निरुद्देश्य विचरण करने के पश्चात् वह रात्रि को लगभग दस बजे घर वापस आया, तो कंचन के तिक्त स्वर ने उसका हृदय छलनी कर दिया। कंचन विक्टर को कह रही थी, "क्या बताऊँ विक्टर, किस पुरुष के पल्ले पड़ गयी हूँ मैं। वर्षों से एक पैसा भी कमा कर कभी हथेली पर नहीं रखा। मेरे ही टुकड़े खाता है और मुझे ही आँखें दिखाता है। इसके कारण कई बार बुरी तरह से अपदस्थ होना पड़ता है मुझे समाज में। जब लोग पूछते हैं कि तुम्हारे पति क्या काम करते हैं, तो उनके स्वर में छिपी विद्रूपता तन-मन आहत कर जाती है मेरा। विवश हो आँसू पीने पड़ते हैं मुझे।"

"ओह, कंचन, पीछा क्यों नहीं छुड़वा लेतीं तुम उस भडुवे से? पर छोड़ो इस समय उस मनहूस की चर्चा। इन मधुर क्षणों में विष न घोलो डार्लिंग।" विक्टर ने झुँझलाते हुए कहा।

अभिषेक अकस्मात उनके सन्मुख जाकर खड़ा हो गया। विक्टर पलँग पर अधलेटा धूम्रपान कर रहा था। कंचन मन्त्र मुग्ध-सी उसे निहार रही थी। नीचे शीतल पाटी पर सोनू सोया हुआ था। अभिषेक के रक्तिम नेत्र और तमतमाया मुख देखकर विक्टर उठकर बैठ गया। कंचन विस्फारित नेत्रों से पति का नवीन रूप देखने लगी। अभिषेक ने गम्भीर वाणी में कहा, "कंचन, मैं अभी जा रहा हूँ। तुम्हें मेरे कारण अपदस्थ होने की आवश्यकता नहीं है। हाँ, जीवन की सन्ध्या में कभी मेरी आवश्यकता पड़े, तो निःसंकोच चली आना। सुबह का भूला यदि शाम को घर वापस आ जाए तो उसे भूला नहीं कहते। मेरे द्वार सदैव तुम्हारे लिए खुले रहेंगे।" यह कहकर ऐसे निर्लिप्त भाव से अभिषेक सीढ़ियाँ उतर गया, जैसे गृह और पत्नी का त्याग कर नहीं, अपितु किसी रैनबसेरे से विमुख होकर जा रहा हो।

आगे की कथा संक्षिप्त है। शोभा के प्राण मधुमेह की बीमारी ने ले लिये। मुनीश अपनी सारी सम्पत्ति जुए में हार गया और पथ का भिखारी बन गया, तो मंजुला के भाई ने दया दिखाकर उसे अपने पास कनाडा बुला लिया और किसी नौकरी का भी जुगाड़ कर दिया। वरना भविष्य तो अन्धकारमय हो ही चुका था। इधर रस-पिपासु विक्टर रस की अन्तिम बूँद तक गटक अपना स्थानान्तरण करवा बम्बई चला गया था। चौदह वर्ष में कंचन की काया राख का ढेर बन गयी। राजरोग राहु-सा निरन्तर उसके अस्तित्व को निगल रहा था। सोनू स्मैक पीने लगा था। एक दिन आवारा लड़कों के साथ उसने इतने नशीले पदार्थ खाये कि दूसरे दिन पुलिस ने

उनके मृत शरीर ही उठाये। कंचन की अस्वस्थ काया ने उसकी नौकरी और फ्लैट हर लिया और अब उसके पास रह गया था केवल पश्चात्ताप। अवश्यंभावी अवश्य होता है। नहीं तो दो-दो बार वह अपना सर्वनाश क्यों करती? वह अपने पति को अपदस्थ करने और उसका परिहास करने के स्थान पर बुद्धिपूर्वक, यत्नपूर्वक उसे राह पर ला सकती थी। आज उसके जीवन की रिक्तता कितनी असहनीय थी। कितनी स्मृतियों के दंश उसे उन्मादी-सा बना रहे थे। कहाँ गयीं उसकी गर्वोक्तियाँ? उसका अस्तित्व स्वयं ही उसकी दृष्टि में व्यर्थ हो गया। दो वर्ष पूर्व उसने सुना था कि अभिषेक विदेश से अत्यधिक धन अर्जित करके लौटा था। दीर्घ श्वास लेकर कंचन क्लान्त तन व व्यथित मन लिये जम्मू की ओर चल पड़ी। अपना सोने का अन्तिम कंगन बेच उसने किराये की व्यवस्था की थी। अश्रुपूर्ण नेत्रों से उसने दिल्ली से विदाई ले ली थी।

वातावरण में पर्याप्त शीतलता थी, तो भी वह पसीने से भीग गयी। वह काँपते पैरों से ससुराल की देहरी पर आ खड़ी हुई। द्वार खोला किसी चपल चंचल सुन्दरी ने।

"मुझे मिस्टर अभिषेक गंजू से मिलना है।" कंचन ने क्लान्त स्वर में कहा।

"अरे, आओ-आओ बहन, अन्दर आओ! मैं उनकी पत्नी शारदा हूँ। वह किसी कार्य से भद्रवा गये हैं। सन्ध्या तक आ जाएँगे।" वह एक ही साँस में कंचन के भविष्य का निर्णय कर गयी। कंचन के हृदय में एक शूल-सा चुभता प्रतीत हुआ। नयनों के सम्मुख अन्धकार छाने लगा। वह द्वार पकड़कर वहीं बैठ गयीं, "क्या एक गिलास पानी मिलेगा?" कंचन ने मर्मान्तक वेदना से विकल होकर कहा।

"अरे-अरे, बाहर क्यों बैठती हो? अन्दर चलो, पानी भी दूँगी और चाय भी पिलाऊँगी। क्या कोई रिश्तेदार हो उनकी? उन्होंने आपके विषय में कभी कुछ नहीं बताया।" शारदा पुनः वाणी-दंश से दग्ध कर गयी उसका हृदय। अब वह क्या परिचय दे अपना? कंचन सोचने लगी। शारदा ने सहारा देकर कंचन को उठाने के लिए ज्यों ही हाथ बढ़ाये कि अन्दर से एक शिशु के रुदन का स्वर सुनाई दिया जिसने उसे चौंका दिया। "मैं अभी आयी बहन, मेरा बेटा अनुराग रो रहा है। तुम द्वार पकड़कर अंदर चली आओ" कहते हुए शारदा अन्दर की ओर भागी। जब कुछ क्षण तक कंचन अन्दर नहीं आयी, तो वह पुत्र को गोद में लिये हुए बाहर आयी। कंचन को वहाँ न पाकर वह चकित रह गयी, "पता नहीं कोई पगली थी क्या?" वह स्वतः बड़बड़ाती अन्दर चली गयी।

कंचन चकित दृष्टि से स्टेशन के कोलाहलपूर्ण जनसमुदाय को निहार रही थी। अन्तरात्मा को दुत्कार उसे स्मृति भ्रष्टा बनाने पर तुली थी, पर वह उस भीड़ भरे स्टेशन पर खड़ी हो अभिषेक के कहे अन्तिम शब्दों को स्मृति पटल पर बरबस खींच-खींच कर ला रही थी, यदि सुबह का भूला शाम को घर वापस आ जाए, तो उसे भूला नहीं कहते। अब सुबह का भूला तो शाम को घर वापस आ गया है, पर वह नीड़ कहाँ है, जहाँ तन-मन से क्लान्त पथिक विश्राम पा सके?

अच्छ गाश

"भैया, बधाई हो! घर में लक्ष्मी पधारी हैं।" पूनम ने आवेशपूर्ण स्वर में कहा।

"हैं! लड़की हुई तो क्या तीर मारा है। भागवन्ती ही जनती है बेटे। ये सा..." शेष शब्द मुख में ही चबाते हुए श्यामबिहारी ने दीर्घ श्वास लिया।

"भैया, दिल छोटा न करो। जयेष्ठ सन्तान तो पुत्र ही है न।" पूनम ने सान्त्वना देते हुए भाई को कहा।

"क्या खाक दिल रखूँ। पहला लड़का अवश्य हुआ। फिर दो लड़कियाँ यमराजपुरी पहुँचीं। अब तीसरी कलमुँही पधारी है, छाती पर मूँग दलने के लिए।" कुण्ठा के मारे श्यामबिहारी पत्नी व पुत्री का मुख देखने भी नहीं गये। वह अपनी सन्ध्यावेला की मित्र मण्डली में बैठने चल दिये।

यह तो स्वागत हुआ साधारण भारतीय परिवार में आज से लगभग चालीस वर्ष पूर्व जन्मी कमला-विमला सदृश कन्या का। श्यामबिहारी तीन पीढ़ियों से श्रीनगर कश्मीर में रह रहे थे। वहाँ उनका निजी विशाल भवन था जो कि उनके पितामह ने बनवाया था और लाल चौक में थी कश्मीरी कपड़ों की दुकान। गृहस्थी की गाड़ी सुचारु रूप से चल रही थी। पुत्र का नाम था अवतारकृष्ण और पुत्री का नाम रखा कृष्णकली। कृष्णकली को घर में कली पुकारा जाता था। उससे छोटी भगिनी थी निशा और तत्पश्चात् चार भ्रातागण—मोतीलाल, हीरालाल, जवाहरलाल और रामनाथ। उनकी पत्नी पतिगृह में भी वही उपेक्षाएँ सहन करती रही जो पितागृह में मिली थीं। जब श्यामबिहारी की माता जी का स्वर्गवास हो गया तो एक समय से मूक बधिर दुलारी अकस्मात् कर्कशस्वरा बन गयी। पाँच-पाँच पुत्रों के जन्म ने उसे अत्यधिक अभिमानी बना दिया। छोटी पुत्री निशा को तो वह भी स्नेह करती थी। पर कृष्णकली जनकगण की आँख की किरकिरी बनकर रह गयी। श्यामबिहारी बहुधा कहते, "अगर ये दोनों लड़कियाँ न होकर लड़के होतीं तो व्यापार में हाथ बँटातीं।" माता-पिता का स्नेह क्या होता है। यह कली कभी भी न जान पायी। अभी वह तीसरी कक्षा में ही पढ़ती थी कि भाई ने जन्म लिया। दुलारी के कर्कश स्वभाव के कारण कोई भी सेवक घर में ठहर नहीं पाता था। सो कली के हाथ में

झाड़ू थमा कर उसे गृहस्थी की अग्नि में झोंक दिया गया। अब आरम्भ होती है कली के त्रासचक्र की कथा।

"ओ कली की बच्ची! कहाँ मर गयी? अभी तक घर में झाड़ू नहीं लगाया। ना ही पानी भरा है और जलपान कौन तैयार करेगा, तेरा बाप!" दुलारी सप्तम स्वर में चिल्लाकर बोली। श्यामबिहारी के घर में न रहने से दुलारी की जिह्वा कैंची से भी तीव्र गति से चलती थी।

"ओ कली, मुझे चाय चाहिए!" निशा भी आदेशपूर्ण स्वर में कहती।

"कली, मेरे कपड़े ला दे। मुझे स्नान करना है।" अवतारकृष्ण तनिक स्नेहिल स्वर में भगिनी से कहता।

"अभी लाती हूँ, भैया!" कली फिरकनी बनी घर भर में घूमती हुई एक के पश्चात् एक कार्य सम्पन्न करती जाती। उसे निपट एकाकी ही सारा कार्य करना पड़ता। कभी माँ के उपालम्भ सुनती व कभी पिता की भर्त्सना सहन करती। घर भर की सेवा-टहल में प्रायः प्रतिदिन पाठशाला पहुँचने में देर हो जाती। कभी नन्हे करतल पर अध्यापिका 'रूलर' से चित्र उभार देती व कभी कर्ण-मर्दन करती हुई कक्षा के बाहर खड़ा कर देती। नतमुखी कली निःशब्द धैर्यपूर्वक दण्ड सहन करती। एक दिन तो अध्यापिका कली को प्रधानाध्यापिका के सम्मुख पकड़कर ले गयी तथा बोली, "बहिन जी, मैं इस लड़की से बहुत तंग आ गयी हूँ। हर रोज लेट आती है।"

"तू क्यों हर रोज लेट आती है?" प्रधानाध्यापिका ने रोषपूर्ण स्वर में पूछा।

"बहिन जी, मुझे घण्टी नहीं सुनाई देती।" कली के उत्तर को सुन दोनों अध्यापिकाओं के मुक्त हास्य से कक्ष गूँज उठा और कली की उस दिन जान बच गयी।

पाँचवीं कक्षा तक पहुँचते-पहुँचते कली पाक-कला में इतनी निपुण हो गयी कि हर भाई-बन्धु को कली के पकाये हुए खाद्य पदार्थों में षट्रस भोजन का स्वाद मिलता। अभी विभावरी ने अपना आँचल भी नहीं समेटा होता कि कली उठ जाती। घर भर को बुहारती, भाई व अभिमानी भगिनी के लिए कपड़े निकालती, जलपान तैयार करती व उन्हें खिलाती। जनकगण के लिए अलग से भाग-दौड़ करती। तत्पश्चात् प्रायः भागते हुए पाठशाला पहुँचती। कभी पाठशाला में देर से जाने का दण्ड भोगती और कभी घर में गृहकार्य पूर्ण न करने के कारण दण्ड मिलता। उसका शैशव मित्रगणों के साथ खेलने के लिए टूट-टूट जाता। पर कहे किससे? माँ दोपहर को सोती और कली की गोद में होता एक न एक भाई। यदि भूलवश शिशु को धरती पर बैठा देती तो सहन करना पड़ता माँ का पद-प्रहार का उपहार। उसके

नयन मित्र-मण्डली की क्रीड़ा देख-देख कर स्वयं की विवशता पर लक्ष-लक्ष अश्रु बहाते। वैसे तो मित्र-मण्डली को मित्र कहना ही अनुचित है, क्योंकि वे मित्र न होकर अपरिचित अधिक थे। ये प्रतिवेशियों के बालगण कली को एक सेविका से अधिक कुछ नहीं समझते थे। सन्ध्या व रात्रि को अन्य दैनिक कार्य निबटाने के पश्चात् कली में न पढ़ने का बल ही रह जाता और न ही उत्साह तो भी वह यथाशक्ति स्वयं को चाबुक मार-मार कर पढ़ने के लिए विवश करती और कक्षा में योग्यता प्राप्त करने का प्रयत्न भी।

शनैः-शनैः कालचक्र घूमता गया और शैशव काल विदा लेकर चलता बना। यौवन दुस्साहसी दस्यु-सा आ खड़ा हुआ। कृष्णकली की साँवली रंगत में एक असामान्य-सा चुम्बकीय आकर्षण था। अथाह गहराई लिये भयभीत मृगी-सदृश विशाल लोचन। भूरे असल रेशम तुल्य कुंतल, क्षीण कटि, सामान्य कद व दुर्बल देहयष्टि। जब हँसती तो धवल दन्त-पंक्तियाँ मुख को एक अनुपम रूप-छटा प्रदान करतीं। पलाश सम अधर जब खोलती तो लगता कोई गीत मुखरित होने वाला है। मुखमण्डल की निर्दोष चावनी प्रथम बार में ही देखने वाले का मन मोह लेती। अपरिचित थे तो कली के परिवार वाले और स्वयं कली की अपनी इस रूप-सम्पदा से। यदि कभी कोई दुस्साहसी स्वप्न नयनों में लहरा भी जाता तो तत्काल ही माँ का कर्कश स्वर उसे पंख कटे पक्षी समकक्ष धरा पर ला पटकता। इसी प्रकार प्रातः से रात्रि तक रजनी बाला के तारों जड़ी चुन्नट फैलाने के पश्चात् भी, कभी-कभी तो अर्द्धरात्रि तक कली को गृहकार्य करने पड़ते। पर कभी भी किसी के अधर इस उपेक्षिता किशोरी की प्रशंसा के लिए नहीं खुलते। अतिथिगण भी कम नहीं आते थे। उनका आदर-सत्कार करते हुए कली का तन-मन क्लान्त हो जाता। पर नातेदारों ने तो सन्तुष्ट न होने की सौगन्ध खा रखी थी। जननी अपने पीहर वालों की प्रशंसा में धरती-आकाश एक किये रहती और जनक अपने पुत्र, भाई तथा भतीजों की गुणगाथा में। जिस समय दुलारी के नातेदार आते, न जाने कहाँ से दुलारी की जिह्वा तीन तार की चाशनी में गोता लगा आती। जिस जिह्वा से कली को 'नरकवासिनी', 'कलमुँही' जैसे अलंकारों से अलंकृत करती थी, उसी से मधु-पगे स्वर गूँज उठते, "जा बेटी कली, मामा के लिए गर्म-गर्म चाय व पनीर तल ला।" यदि कभी कली उठने में भी देर कर देती तो माँ सप्तम स्वर में चिल्ला उठती, "अरी बड़ी, तेरी अर्थी उठे! मेरे भाई तेरे को फूटी आँख भी नहीं सुहाते।" भाई के मना करने के पश्चात् भी दुलारी कली की चोटी उमेठकर रख देती। विवश कली अश्रु पी काम में जुट जाती। उसे विस्मय होता कि कहाँ गया माँ के स्वर का माधुर्य।

भोजन बनाते समय स्मृति-दंश ने कली को विकल करके रख दिया। सम्भवतः उस समय कली दस वर्ष की रही होगी। एक दिन दुलारी ने भोजन करते हुए

कहा, ''कली, मेरे लिए पानी ला।''

''अभी लायी, माँ!'' कहते हुए कली पानी लेने चली गयी। पुनः जननी ने जल लाने की आज्ञा दी तो कली ने पुस्तक पढ़ते हुए कहा, ''माँ, कल परीक्षा है। मैं पढ़ रही हूँ।''

''पढ़कर क्या मेरे लिए कमाई करके लायेगी? जाकर पहले पानी ला।'' दुलारी ने कठोर स्वर में कहा।

''मैं पढ़ रही हूँ। कली ने दो-टूक उत्तर दिया।

''मैं निकालती हूँ'', तेरी पढ़ाई!'' कहते हुए दुलारी ने आवेश में पीतल का गिलास कली के सर पर दे मारा। उष्ण रक्त की बूँदें कली का मुख भिगो गयी। उस समय चिल्लाते हुए कली धरती पर बैठ गयी। उस समय एक ही विचार मन को मथने लगा– सम्भवतः यह सौतेली माँ है, यह मेरी माँ नहीं! क्या ऐसी माँ भी होती है! सम्भवतः होती हैं और इसी युग में होती हैं।

कली की अनुजा जो व्यंग्यबाणों की भण्डार थी, येन-केन-प्रकारेण जननी को प्रसन्न रखने का प्रयत्न करती। दुलारी की हर उचित-अनुचित इच्छा को सर्वोपरि मानती। कली यह नहीं कर सकती थी। अतः निशा जननी की लाडली थी व कली की शत्रु। वह भगिनी को जब-तब अपनी वक्रदृष्टि तथा विषपगी जिह्वा से बेध-बेध कर रख देती। क्या ऐसी बहन भी होती है? सम्भवतः होती है और इसी युग में होती है।

तब कली तेरह वर्ष की रही होगी। शरद् ऋतु का आगमन हो चुका था। तन-मन को पुलकित करने वाली मनभावन शीत पड़ने लगी थी। श्यामबिहारी रात के भोजन में गुशताबा (मांस-निर्मित व्यंजन) बनाने को कह गये थे। दुलारी भुन भुनाती हुई मांस धो रही थी, ''ओ बड़ी, दूध कहाँ रखा है?'' दुलारी ने चिल्लाते हुए कहा।

''माँ, मैं दूध लाना भूल गयी।'' कली ने कम्पित स्वर में उत्तर दिया।

''भूल गयी या पी गयी? कलमुँही, जरा-सा भी काम नहीं कर सकती। आज तो मैं तेरा फैसला करके ही रहूँगी।'' यह कहते हुए दुलारी ने उन्मादी दशा में जलती हुई लकड़ी कली के सर पर दे मारी। कली की चीत्कार से मानो चहुँ दिशाएँ गूँज उठीं। उसकी श्वेत कमीज रक्तिम चित्रकारी से सुसज्जित हो उठी। पलांश के लिए दुलारी स्तब्ध रह गयी। तत्क्षण कली को पकड़ने आगे बढ़ी तो पीड़ा से विकल कली भयभीत मृगी सदृश कुलांचे मारती घर से निकल गली में भाग खड़ी हुई। इस पर भी विधाता ने सन्तोष नहीं किया। तीव्र गति से गली में आते हुए ताँगे के एक ओर टकराने से वह चेतनाशून्य हो गली में गिर पड़ी।

सम्भवतः पूर्वजन्म के कुछ सुकर्म शेष थे कि इन विषम परिस्थितियों में भी कली के प्राण बच गये। दुलारी के नेत्र अभी भी कुछ मुँदे हुए ही थे। मुँहलगी

निशा घर का कुछ विशेष काम-काज नहीं करती थी। सूर्योदय से पूर्व उठकर और विभावरी के आँचल फैलाने के पश्चात् ही विश्राम करना भाग्य में लिखा होता। दुलारी सोचती कि कली कैसे इतने काम करती थी? यहाँ तो दिन भर काम करने से शरीर का पोर-पोर दुखने लगता है। क्या वह स्वयं एक लड़की नहीं थी? क्या लड़की के रूप में जन्म लेना अक्षम्य अपराध है? उसके स्वयं के साथ भी क्या हुआ? जनकगृह की उपेक्षा तथा पतिगृह का निरादर अन्तर्मन तक बेध के रख देते थे। सासू माँ के विष-बाण मांस-मज्जा तक दग्ध कर-कर जाते थे। काम व व्यंग्य-बाणों के बोझ तले उसका सम्पूर्ण व्यक्तित्व पंगु बन कर रह गया। उसके अन्दर की नारी स्वयं ही मर गयी और फिर पाँच-पाँच पुत्रों के जन्म से पति का सम्पूर्ण प्रेम तथा सासू माँ की मृत्यु ने उसे अभिमानी, हठी व हृदयहीन नारी बना दिया। अन्य स्त्रियाँ तो पुत्रवधू से प्रतिशोध लेती होंगी। वह स्वयं की जाई से ही हर रूप में प्रतिशोध लेने लगी। बित्ते भर की छोकरी से कितना विशाल परिवार सँभलवाया उसने। क्या वह स्वयं अब सँभाल पा रही है? ना कोई घर में सेवक टिकता था, ना सेविका! आग लगे! मेरी इस जिह्वा को। हे गणपति! हे भवानी! अब क्षमा कर दो। लड़की को बचा लो! अब कभी उसे नहीं सताऊँगी। यह सोचते हुए दुलारी ने पीतमुखी कुम्हलाई कली की ओर निहारा।

पर दुलारी की सोच तप्त तवे पर तुषारकण-ही प्रतीत हुई। कली के स्वस्थ होने के दो महीने पश्चात वह फिर अपने पुरातन रूप में प्रकट होने लगी। निशा तो अपने वाक्-चातुर्य और धूर्त बुद्धि के कारण अपना जीवन निर्बाध गति से सुखपूर्वक बिता रही थी पर कली जीवन-रूपी बोझ को खर सदृश ढो रही थी। दुलारी के कुछ कहते ही निशा ऐसे-ऐसे मीठे बोल सुनाती कि दुलारी से बोलते न बनता। ऐसी क्षमता कली में कहाँ?

शनैः-शनैः ऋतुचक्र घूमता गया। अमानवीय धैर्य के साथ हर परिस्थिति का सामना करते हुए कली एक सरकारी पाठशाला में अध्यापिका बन गयी। अन्ततः श्यामबिहारी को कली का विवाह करना पड़ा। कली के लिए नूतन प्रभात स्मित हास्य बिखेरता खड़ा था। उसके पति कपिल मोहन एक प्रतिष्ठित व्यावसायिक फर्म में कार्यरत थे। छोटा व सुखी परिवार कली सदृश वधू पा और सुखी हो उठा। निशा व कली के तीन भाइयों का भी विवाह हो चुका था। दोनों छोटे भाई पढ़ रहे थे। श्यामबिहारी अभी भी पूर्ण रूप से स्वस्थ थे व अपने बड़े तीनों बेटों के साथ अपना व्यापार सुचारु रूप से चला रहे थे। दुलारी की जिह्वा अब भी वैसे तीक्ष्ण बोल ही बोलती थी। बड़ी बहू तो किसी तरह निभाये ही जा रही थी, अन्य दोनों पृथक घर लेकर अपनी स्वतन्त्र गृहस्थी जमा बैठी थीं। सतरंगी सन्ध्या व उनींदे प्रभात तीव्र गति से व्यतीत होने लगे। रूप के मधुमास भी शनैः-शनैः धूमिल पड़ने लगे। हर्ष-विषाद के क्षण विस्मृति के गर्त में गिरने लगे। जीवन अपनी गिरगिटी

रूप-छटा दिखाता अबाध गति से व्यतीत हो रहा था कि सम्पूर्ण कश्मीर धू-धू करके जल उठा। भारत माँ के स्वयं के सपूत उसके वक्ष में बाण मारने लगे। मानव मानव के रक्त का पिपासु हो उठा। भाई भाई का अस्तित्व मिटाने लगा। भारत माँ का अंग-अंग स्वयं की सन्तान के विश्वासघात की पीड़ा से पीड़ित हो उठा। कहाँ-कहाँ, किस-किस घर पर गाज गिरी। किसका घर जला कर स्वयं के ही भाइयों ने मल्हार गाया। इसका कोई ओर-छोर नहीं, ब्यौरा नहीं और न ही इस समय मेरे लेखन का विषय यह है। मैं तो कहानी लिख रही हूँ एक कमला-विमला समकक्ष कन्या की। आज से चालीस वर्ष पूर्व जन्मी भारतीय कन्या की।

कपिल मोहन अत्यधिक भाग्यशाली था कि उसका स्थानान्तरण दिल्ली हो गया था। मित व मृदुभाषी चुम्बकीय व्यक्तित्व के स्वामी कपिल ने अपने अथक परिश्रम व कर्तव्यनिष्ठा के कारण ही अपनी फर्म में उच्च पद प्राप्त कर लिया था। कली की केन्द्रीय पाठशाला में नियुक्ति हो गयी थी। देवकन्याओं-सी दो कन्याओं की कली माँ बन चुकी थी। कपिल व कली में प्रणय, प्रणय की हर सीमा से बढ़ कर था। शशि की ज्योत्स्ना की शीतलता से, दिवाकर की उष्णता से, नीलाभ की विशालता से, उदधि की गहराई से व धरा की सहनशीलता से बढ़ कर अनुराग था। मानो वे दोनों एक-दूसरे के निमित्त ही जन्मे थे, पर मैं पुनः विषय परिवर्तित करने लगी हूँ। कश्मीर में चहुँओर त्राहि-त्राहि मच गई। हर गली-कूचे में बम फटने लगे। भाइयों के ही हाथ बहिनों के आँचल की ओर बढ़ने लगे। दानवता का तांडव-नृत्य अपने पूर्ण यौवन पर था। विवश मानव, अश्रुपूर्ण नेत्रों व भग्न हृदय से कश्मीर की वे सोंधी मिट्टी छोड़ने पर विवश हो गये जिसमें कि वे जन्मे-पले थे और अब उनके आगे खड़ा था तिमिराच्छादित भविष्य। हजारों लोगों ने जम्मू के शरणार्थी स्थलों पर शरण ली। कई शरणार्थी स्थल जो कि तम्बुओं में थे, वहाँ कई असहाय कश्मीरी शरणार्थी विषधरों का भोजन बन गये। भाई बहन से, माँ बेटे से, पति पत्नी से, पिता पुत्र से, शत-शत शिशु, नवयुवक-नवयुवतियाँ, वयस्क व वृद्ध या तो कुपोषण के कारण या भीषण गर्मी के कारण मृत्यु के ग्रास बन गये। जिन कश्मीरी शरणार्थियों का कोई भी सम्बन्धी भारत में अन्यत्र नहीं था, वे इन शरणार्थी स्थलों पर रहने के लिए विवश थे। इस घोर विपत्ति की वेला में जब निराशा पिचाशिनी सम अपना भयंकर मुख खोले पूर्ण वेग से भाग रही थी तो जिन कश्मीरी परिवारों के बन्धुजन भारत में अन्यत्र रहते थे, उनके लिए ये सम्बल संजीवनी सदृश जीवनदायी सिद्ध हुए। यथाशक्ति हर बन्धु-बान्धव ने अपने इन विपत्ति के मारे हुए नातेदारों की सहायता मन, वाणी, तन व धन से की। जब चारों ओर झंझा झकोर के गर्जन से चहुँ दिशाएँ धूमिल पड़ती जा रही थीं तो श्यामबिहारी भी अपने परिवार के साथ कश्मीर छोड़ने पर विवश हो गये। उनके ब्याहता बड़े दोनों पुत्र तो अपने श्वसुरगृह के नातेदारों के पास लखनऊ चले गये व निशा

जम्मू। शेष तीन पुत्रों, पुत्रवधुओं व पत्नी सहित श्यामबिहारी अपनी उस कन्या के द्वार पर आ खड़े हुए जिसे कलमुँही, नरकवासिनी इत्यादि अलंकारों से अलंकृत किया जाता था और जिसके जन्म पर उन्होंने शत-शत उपालम्भों से दुलारी को चीर कर रख दिया था और दुलारी ने सम्पूर्ण उपेक्षा, अवज्ञा, भर्त्सना व उपालम्भों का मूल्य चुकाया निरीह कली पर मनचाहे अत्याचार करके। आज उसी के द्वार पर याचक बने खड़े थे वे पुत्र-पूजक अभिमानी दम्पति।

उदारहृदया कली ने विपत्ति की इस वेला में सम्पूर्ण सहयोग दिया अपने इन पितृगृह वालों को। कपिल मोहन ने भी पग-पग पर कली को सम्पूर्ण योगदान दिया। अनाथ कपिल मोहन का शैशव व्यतीत हुआ था अनाथालयों में। अथक परिश्रम के बल पर ही सफलता के सोपान चढ़ता कपिल मोहन इस स्थान पर पहुँचा था। अपनों का स्नेह क्या होता है, वह जान ही नहीं पाया था अतः कली के बन्धु-बान्धव ही वह अब स्वयं के नातेदार मानता था। अन्ततः कली ने निःसंकोच अपने आभूषण बेच दिये और ऋण लेकर पिता को एक छोटी दुकान ले दी। श्यामबिहारी व उनका तीसरा ब्याहता पुत्र कपड़े की दुकान करने लगे व शेष दोनों अनुज कश्मीरी शाल व अन्य कश्मीरी कपड़ों की दिल्ली की गलियों में फेरी लगाने लगे। कली ने एक अच्छा घर भी कम किराये पर दिलवा दिया। तिमिराच्छादित विभावरी शनैः-शनैः अपना अस्तित्व खोने लगी। जीवन पुनः व्यवस्थित होने लगा। ऐसे में कभी-कभी श्यामबिहारी व दुलारी कन्या की स्तुति शिव-स्तुतितुल्य करने लगे और भावविह्वल होकर कह उठते, "तू कली संजीवनी है, तू कली हमारी अच्छ गाश (नयनों की ज्योति) है।"

स्वप्न साकार करो

अनुराधा को सम्पूर्ण विश्व घूमता हुआ प्रतीत हो रहा था। स्वयं के जाये सुपुत्र के विष बुझे शब्दों ने उसके सर्वांग को दग्ध करके रख दिया था। सम्भवतः रात्रि का प्रथम पहर व्यतीत हुआ था। अनुराधा लघुशंका निवारण निमित्त उठी। वह धीरे-धीरे पग रखती शौचालय की ओर जा रही थी कि सपूत का कर्कश स्वर सुनाई दिया—"अरे रानी, मेरी दिलरुबा, बुढ़िया के लिए चिन्ता छोड़, हर समय खों-खों करती रहती है। शीघ्र ही रामप्यारी बन जाएगी।" मद्यान्ध तजेश्वर ने कहा।

"अभी क्यों नहीं पीछा छुड़ाते इस खों-खों की बीमारी से मेरा।" कदली स्तम्भ जैसी पुष्ट देह की स्वामिनी तजेश्वर की काली भुजंग पत्नी ने तीक्ष्ण स्वर में उत्तर दिया।

कहाँ छोड़कर आऊँ इसे अभी?" हताश स्वर में तजेश्वर बोला।

"थोड़े अनाथाश्रम व वृद्धाश्रम हैं।" "कहीं भी पटक आओ इस जी के जंजाल को। काम की न काज की दुश्मन अनाज की।" नागिन सी फुंकार उठी यथा नाम तथा गुण को चरितार्थ करती हुई रिपुदमन। सास तथा गुरुजन तो उसके रिपु ही रिपु थे ना।

इससे आगे न सुन सकी वह हताश नारी। सपूत के शयनकक्ष के सम्मुख ही बैठ गयी। ना जाने कितने समय पश्चात् उसकी चेतना लौटी। दिग्भ्रान्त सी वह अपनी शैया पर आकर कटे वृक्ष सम गिर गयी। सम्पूर्ण अतीत चलचित्र समक्ष उसके सम्मुख घूम गया। वह देख रही थी तिमिरआच्छादित अतीत की एक-एक झाँकी।

कभी वह भी कामनाओं-आकांक्षाओं से परिपूर्ण अठारह वर्षीय चंचल गति सुर-सरिता तुल्य चपल चंचल रूपसी थी। विधाता ने अपनी तूलिका से समस्त रंग इस प्रतिभा को चित्रित करने के लिए भर दिये थे। पर कदाचित् भाग्य देना उसे स्मरण न रहा। अनुराधा एक राजकीय संस्थान में लिपिक के पद पर कार्यरत थी। धूमकेतु सदृश बजेश्वर उसके जीवन रूपी आकाश पर उदय हुआ। वैभवशाली व्यवसायी के संग, अनुराधा के जनकगण उसका गठबन्धन कर, स्वयं को इस लोक

के भाग्यशाली माता-पिता समझ रहे थे। मृगनयनी अनुराधा रुपहले स्वप्न लिये पतिगृह के द्वार पर जा पहुँची।

"बिरजू, रानी जी के बड़े नखरे हैं। इसे कह गाड़ी से उतरकर जमीन पर पैर रखे।"

पान चबाती स्थूलकाय सास ने वज्रभृकुटी अनुराधा पर डाल, हाथ नचाते हुए कहा।

"अब उतर भी आओ ना ओ राजे की बेटी।" बजेश्वर ने बाँस जैसे फटे स्वर में पत्नी को धकेलते हुए कहा। यद्यपि बजेश्वर कुटिल खलकामी घमण्डी जो कुछ भी था पर वह मातृभक्ति में अद्वितीय था। माँ चाबुक सदृश दृष्टिपात कर सपूत को उठाती बैठाती थी। तृप्ता दर्प पूर्ण स्वर में प्रतिवेशियों को हाथ नचा-नचाकर सुनाती रहती थीं, "अब धनिक का बेटा तनिक शराब पी लेगा तो क्या वह शराबी हो जाएगा? किसी छोरी के रूप की बड़ाई कर दी तो क्या वह आवारा हो जाएगा। हूँ! किसकी छाती में दम है जो मेरे सपूत की बुराई करे। अरे! अपने बाप की कमाई हुई दौलत से पीता है किसी के बाप के पैसे से नहीं। कंगले का बेटा थोड़ी है जो क्या पहनेगा, क्या तो निचोड़ेगा।" साक्षात् यमराज की अग्रजा सदृश रूपधारिणी तृप्ता को, जो सदैव ही अतृप्त रहती थी, प्रतिवेशी कुछ कहने का साहस नहीं रखते थे। वह एक पागल का प्रलाप समझ तृप्ता के कथन पर ध्यान ही नहीं देते थे।

स्वयं में समाती हुई अनुराधा गाड़ी से उतरकर धरा पर, ठोस धरा पर खड़ी हो गयी। स्वप्न धूल-धूसरित हो चुके थे। एक अनचीन्हे भय से हृदय कम्पित था। सास के मधुर बैन तो वह आते ही सुन चुकी थी। शनैः-शनैः पग धरते उसने पति व सास के पीछे-पीछे गृह प्रवेश किया। दम्भी नारी, तृप्ता के मन में था—पुत्रवधू को पहले ही दिन इतना सहमा दो कि वह जीवनपर्यन्त नेत्र न उठा सके। यही शिक्षा पुत्र को उसने घुट्टी में दी थी कि सम्मुख खड़े प्राणी को जिह्वा के प्रहार से इतना भयभीत कर दो कि उसे कोई कूल-किनारा ही दृष्टि-गोचर न हो।

सम्पूर्ण जीवन पति को उँगलियों पर नचाया था कर्कशस्वरा ने। दो वर्ष पूर्व ही वह निर्दोष प्राणी इस लोक से नाता तोड़ जा चुका था। अपार धन सम्पदा को मनभावन ढंग से लुटा रही थी विवेक विहीन नारी। अनुचित लाड़-प्यार ने बजेश्वर में समस्त अवगुण भर दिये। वो तो कर्तव्यनिष्ठ मुनीम जी थे। जो व्यवसाय सुचारु रूप से चल रहा था। पर कब तक चलती कागज की नाव। जब मुसाफिर ही अन्धा हो, कब तक बचाता उसे माँझी। छल कपट विहीन अनु के जनकगण न जान सके वैभवशाली युवक के अन्तर्मन में छिपे राक्षस को।

सास के मांस-मज्जा को दग्ध करने वाले बोल सुन-सुनकर व पति का नीरस शुष्क व्यवहार सहन कर व्यतीत होने लगे अनु के साँझ व सवेरे। अकथनीय

परिश्रम ने व अल्पाहार ने अनु पर मज्जा की एक भी पर्त न चढ़ने दी। अपने मधुर व्यवहार व हाड़तोड़ सेवा से भी वह सास व पति का हृदय न जीत सकी। सास की क्या यह अनुकम्पा कम थी कि उसने अनु को नौकरी करने दी। विवाह उपरान्त पुत्र होने से अनु और भी अधिक व्यस्त हो गयी। न तेजू ने माँ का एक भी गुण ग्रहण किया न पितामह का। किया तो दादी माँ का व पिता का। पूत के पाँव पालने में ही दृष्टिगोचर होने लगे। बजेश्वर राग रंग की महफिलों में पुत्र को भी साथ ले जाता। मधुशाला की मधुबालाएँ वैभवशाली की सन्तान को करतल पर रखतीं।

मुनीम जी के स्वर्ग सिधारते ही जिसके हाथ जो लगा उसने वह दबा लिया। विलासी बजेश्वर अपनी समस्त सम्पत्ति मद्य के प्याले में घोलकर पी गया। देखते ही देखते लक्षाधीश कंगाल बन गया। तृप्ता से यह आघात सहन न हुआ। एक अमावसी रात्रि में वह वधू पर चण्डी बन इतना दहाड़ी कि तत्काल हृदय पकड़ धरा पर ऐसी बैठी कि पुनः उसे कोई शक्ति न उठा सकी। एक मास पश्चात् बजेश्वर पी-पी कर इतना मतवाला हुआ कि वह भी माँ का अनुसरण कर उस लोक में जा पहुँचा। हाँ जाने से पूर्व दादी माँ बीस वर्षीय तजेश्वर को गुण व स्वभाव में अपनी प्रतिछाया कुरूपसी वधू अवश्य जुटा गयी। वैभवशाली गृह की बिगड़ैल पुत्री को नकेल डाल नचाने के लिए एक पति रूपी अनुचर चाहिए था। सो उसके पिता ने मोती के दाने भर दादी व पौत्र सबका मुख बन्द कर दिया। अनु विस्फारित नेत्रों से समस्त क्रियाकलाप देखती रही। वह थी किस खेत की मूली। जो उससे कुछ पूछा जाता, जाना जाता।

अनु के जीवन में कुछ विशेष अन्तर न आया। पहले सास के इशारों पर उठती बैठती थी अब बहू के इशारों पर। शनैः-शनैः उसका स्वास्थ्य गिरने लगा तो उसने नौकरी से त्यागपत्र दे दिया। काक चेष्टा से रिपु ने सम्पूर्ण स्थिति जान ली। अकस्मात् कलकल की कर्कशस्वरा वधू कोकिलकण्ठी बन गयी। येन केन प्रकारेण सास का सम्पूर्ण धन, राशि हथिया लिया उस दुष्ट नारी ने और अब अल्पकालिनी "मम्मी जी" पुनः बुढ़िया बन गयी। अब अनुराधा को समझ आया कि क्यों कुछ दिनों पश्चात् रिपु पुनः शुष्क व्यवहार करने लगी। समस्त सुख सुविधा से पूर्ण जीवन व्यतीत करने वाली रिपु को क्या आवश्यकता थी सास के धन की। सम्भवतः ऐसी नारियाँ अपनी पाशविक मनोवृत्ति शान्त करने के लिए किसी भी प्राणी को असीम दुःख व कष्ट देकर अति प्रसन्न होती हैं। अविरल अश्रु की धारा से सिक्त हो गया अनु का आँचल। इतनी दीन हीन तो कभी नहीं पाया था उसने स्वयं को अपने आज तक के जीवन में। सहसा निकट के चर्च में घड़ियाल ने चार बजाये। अनुराधा की तन्द्रा भंग हुई। वह एक मात्र सौ का नोट करतल में भींच कर निकल पड़ी, विस्तृत व्योम के तले नवीन नीड़ की खोज में।

"कहाँ की टिकट दूँ बहिन जी" टिकट क्लर्क के स्वर से चौंक उठी वह। दिग्भ्रान्त सी अनु के सम्मुख अकस्मात् ही अनिता चौधरी का आनन्दी मुख घूम गया। दामिनी से दमके अनिता के मुख ने संजीवनी भर दी अनु के मन प्राणों में।

"दिल्ली की दे दो भैया।" अनु के मुख से निकला।

गाड़ी में बैठकर पुनः अतीत की स्मृतियों में विलीन हो गयी अनु। मस्तक झटककर उसने हृदय के कपाट बन्द किये। "हे महादेव! मुझे हर झंझावात से निपटने की शक्ति दो प्रभु!" अस्फुटित स्वर में अनु बोली। गृहत्याग करते समय वह एक पंक्ति लिखकर छोड़ आयी थी उसे ढूँढ़ने का प्रयत्न न किया जाये। वह स्वयं अपनी इच्छानुसार गृहत्याग कर रही है। वहाँ कौन नयन बिछाये बैठा उसका पथ निहार रहा था? जब पूत ही कपूत बन गया तो परायी बेटी से क्या अपेक्षा? आज उसे अनिता के कहे शब्द स्मरण हो आये। "याद रख अनु, यह पुत्र तेरा कभी भी नहीं बनेगा। कभी भी मोहवश इस पर विश्वास न करना।" ममतामयी माँ को ये शब्द तब तक्षक के विष के तुल्य लगे थे। और आज उसी सपूत ने चहुँदिक् फैले तिमिर का आँचल ओढ़ा, माँ को धकेल दिया असहाय प्राणी सम विशाल संसार सागर में। आज अनु को अपने इन शब्दों पर पश्चात्ताप हो रहा था, "नहीं, अनिता, तजेश्वर बड़ा होकर ध्यान रखेगा मेरा।"

अनिता अनु की बाल्यावस्था की सखी थी। जीवन के सोलह वसन्त दोनों सखियों ने संग-संग व्यतीत किए थे। तत्पश्चात् साहब का स्थानान्तरण देहली हो गया और मित्रता पत्रों तक सीमित होकर भी असीम थी। अनिता का विवाह सेना के अति सुशील मेजर मिस्टर उदय तोमर के साथ हुआ था। पर विधि का विधान कुछ और ही था। एक वर्ष पश्चात् अनिता ने एक कार दुर्घटना में अपना पति ही नहीं अपितु कोख भी खो दी। तब से आनन्दी अनिता जीवन की प्रत्येक कालिमा को धो-पोंछ अपने विधुर पिता के संग दक्षिण देहली के अपने विशाल बँगले में स्वामिभक्त सेवक रामदीन के साथ रहती थी। भूतल पर पिता पुत्री ने एक अंग्रेजी माध्यम विद्यालय खोल दिया था जो अनिता के मधुर स्वभाव, अथक परिश्रम, लगन व सूझबूझ के कारण देहली के नामी विद्यालयों में गिना जाने लगा था। यही परिचय था अनिता चौधरी का। कोख की आहुति देकर वर्षा व उत्तम नामक एक बालिका व बालक दत्तक सन्तान के रूप में अनिता ने देहली के अनाथाश्रम से ले लिये अतः अब जीवन में आनन्द ही आनन्द था। कठिनाइयों को अँगूठा दिखा दिया था दृढ़ निश्चय नारी ने।

जब अनुराधा अनिता के द्वार पर पहुँची तो उसकी चेतना लुप्तप्राय थी। अनिता उसे सहारा दे अपने शयनकक्ष में ले गयी। नयनों से बहती अविरल अश्रुधारा ने समस्त कथा स्वयं ही कह दी। अनु ने बोलने का प्रयत्न किया तो अनिता ने अपने करतल से उसका मुख बन्द कर दिया। अवरुद्ध कण्ठ से बोली,

"नहीं अनु, कुछ मत बोल। तुझे आराम की अति आवश्यकता है।"

अनुराधा को स्वस्थ होने में लगभग दो महीने लग गये। "जीवन अमूल्य है। वह धरोहर विधाता की धरोहर है। इसे नष्ट करने का अधिकार किसी प्राणी को भी नहीं दिया विधाता ने। यदि स्वयं के लिए नहीं जी सकते तो औरों के लिए जीओ। तब तुम पाओगे कि तुम्हारा रोम-रोम पुलकित है। जीवन रूपी उषा लाल चूनर ओढ़े कैसे चारों ओर लालिमा पूर्ण उजाला फैला रही है तुम्हारे जीवन में।" अनिता हर समय यही वशीकरण मंत्र फूँकती थी अनु के कानों में। अनु तन मन दोनों से स्वस्थ होने लगी। जीवन की लालसा पुनः उत्पन्न हो गयी उस काया में।

अनुराधा ने हिन्दी साहित्य में एम.ए. कर लिया था। आज वह उसके काम आया। पत्राचार से बी.एड. के लिए उसे धन की आवश्यकता थी जब एक बार बजेश्वर को नवोढ़ा पत्नी पर लाड़ आया था तो उसके नाम बीस हजार की धन राशि उसने 'फिक्स डिपाजिट' करवा दी थी। वह अलग बात थी कि दूसरी रात्रि ही उसी पत्नी को नगाड़े सा पीट डाला उसने। हाँ, यह एक परम संयोग ही था कि वह विवेकहीन पुरुष इस धन राशि को भूल गया था। सखी से आज्ञा लेकर एक दिन अनु जैसे चुपचाप देहरादून गयी थी वैसे ही धन निकलवाकर वापस लौट आयी। अनु के मन में कपूत के विषय में कुछ भी जानने के लिए अब कोई इच्छा शेष नहीं थी। उस धन राशि से अनु ने देहली के निकट एक प्लाट खरीद लिया। ऋण लेकर उस पर छोटा सा पर सुरुचिपूर्ण घर बनवाया। स्वयं का एक विद्यालय खोल लिया जो कि प्रयत्न करने पर भली प्रकार चल निकला। आज की पैंतालिस वर्षीय अनुराधा को देखकर कोई यह अनुमान नहीं लगा सकता था कि यह वही पाँच वर्ष पूर्व की दीन-हीन भीरु प्रकृति की नारी थी। वह जीवन से परिपूर्ण सजग स्वस्थ व कर्तव्यनिष्ठ नारी थी।

'नर के मन में कुछ और है नारायण के और।' अनु को अभी जीवन में और भी परीक्षाएँ देनी थीं। कोयल सी कूकती हुई उल्लासमय वातावरण में, बीस किशोरियों को लेकर दो अध्यापक व अनुराधा एक बस से नैनीताल के लिए विद्यालय से गये। कौन जानता था। कोकिल कण्ठी स्वर व लय आर्तनाद में विलीन हो जाएँगे। बस दुर्घटना में सत्रह अर्ध विक्षिप्त आहत किशोरियाँ व बची आहत अनुराधा। देखते ही देखते अनुराधा व उसका विद्यालय दोनों ही अशुभ माने जाने लगे। जहाँ शत-शत कोयलें कूकती थीं वहाँ असीम निस्तब्धता का साम्राज्य फैल गया। क्लान्त तन-मन लिये अनुराधा ने वह घर बेच दिया। संयोगवश घर महत्त्वपूर्ण स्थान पर था अतः अनुराधा को उचित धन मिल गया।

अनिता को जीवन की डगर पर चलते-चलते एक सज्जन पुरुष समीर खन्ना मिल गये। समीर की स्वयं की सिल्क फैक्टरी थी। प्रकृति से वह शान्त सौम्य स्वभाव का पुरुष था। वह मानकर चलता था कि आशा-निराशा दोनों कालचक्र के

घूमने के साथ-साथ जीवन में आती जाती रहती हैं। मानव वह है जो हर परिस्थिति में संयम से काम ले। समीर ने जीवन में देना ही सीखा था। जनकगण के द्वारा जाये अनुज सन्तोष, सुकेश व अग्रजा भंगिनी सुरमी के भविष्य निर्माण में कब प्रौढ़ता की धूप जीवन पर छाने लगी वह जान ही न सका। अनिता और समीर को विवाह बन्धन में बाँधा उनके बन्धु-बान्धवों ने। वर्षा व उत्तम के संग अनिता व समीर सुखमय गृहस्थी सुसज्जित करके हर्ष व उल्लास से परिपूर्ण दिन व्यतीत करने लगे।

अनिता अनु के हर सुख-दुःख की भागीदार थी। अनु का अप्रत्यक्ष रूप से टूट कर बिखरता हृदय व्याकुल कर रहा था उसको। अनु को वह अपने साथ ही रखना चाहती थी पर अनु ने उसके इस प्रस्ताव को अस्वीकार कर दिया। विचार-विमर्श के पश्चात् अनु ने एक छोटा सा फ्लैट कैलाश हिल दक्षिणी दिल्ली में ले लिया। यद्यपि फ्लैट छोटा था पर हर सुख-सुविधा से पूर्ण द्वितीय तल पर बना हुआ था। गृह के प्रथम तल पर डा. पीयूष चर्म रोग विशेषज्ञ रहते थे व भूतल किसी कम्पनी के पास था। अनु अपनी सेविका चन्द्राबाई के संग रहती थी। शनैः-शनैः प्रतिवेशियों के कुछ बच्चे उसके पास ट्यूशन पढ़ने आने लगे। जैसे-तैसे जीवन के शेष दिन व्यतीत होने लगे। बहुधा अनु को रात्रि के समय निद्रादेवी को मनाना पड़ता पर वह किसी हठी बालिका सदृश उसके समीप न जाती। नयनों से स्वयं ही जल की धारा बहने लगती, "हे देव! मैंने कौन सा जघन्य अपराध कर जन्म लिया था कि मेरे जीवन की तिमिराच्छादित निशा का कोई अन्त ही नहीं है।" पितृगृह में जो सुखमय दिन बीत गये सो बीत गये। पति का स्मरण होते वह जूड़ी व्याधि के रोगी तुल्य काँपने लगती। सास का एकछत्र साम्राज्य, जहाँ वह अपनी इच्छानुसार श्वास भी नहीं ले सकती थी और पति का क्रूर कठोर उपेक्षित व्यवहार यही कड़वी कसैली स्मृतियाँ तो शेष हैं जीवन में। पुत्र व पुत्रवधू के स्मरण मात्र से ही उसकी मांस-मज्जा दग्ध होने लगी। क्या नहीं किया उनके सुख के लिए उसने। कुपथगामी पुत्र को कितना सुधारना चाहती थी वह। तजेश्वर को एक सामान्य मानव बनाना चाहती थी पर उसकी सुनता ही कौन था। क्या बिसात थी उसकी उन दिग्भ्रान्त पशु मानवों के गृह में? अनिता ने एक बार उसे बताया था कि पुत्र तो माँ का श्राद्ध भी कर चुका था। और घर बाहर बेचकर वैभवशाली श्वसुर गृह में रहने लगा था। विरक्ति से भर उठता था अनु का मन, 'क्या यही जीवन है? क्या एकमात्र लक्ष्य मृत्यु की प्रतीक्षा में जीवन व्यतीत करो?' अन्त में मानव का ध्येय रह जाता है। नहीं नहीं मेरे देव। मैं जीना चाहती हूँ स्मित हास्य बिखेरता हुआ जीवन। सुगन्धित पुष्प सम महकता जीवन। उन्मुक्त नीलाम्बर में स्वछन्द पक्षी सी उड़ान भरता हुआ जीवन! मन्थर गतिसम बहती हुई सरिता सम जीवन। अन्तर्मन में असंख्य स्वप्न झिलमिला कर टूटने बिखरने लगते अनु के।

कालचक्र अपनी गति से घूम रहा था। अनु जीवन के पचास वसन्त व्यतीत कर चुकी थी। एक दिन सन्ध्या समय वह अतिथिकक्ष से उठकर अपने शयनकक्ष में जाने लगी तो कटे वृक्ष सम वहीं शीतल पाटी पर गिर पड़ी। चन्द्रा ने शीतल जल के छींटें भी मारे अनु के मुख पर ताकि उसकी चेतना लौट आये पर व्यर्थ। चन्द्रा विवेक शून्य होने लगी। उसे समझ में नहीं आ रहा था कि वह क्या करे। तत्काल उसे पीयूष का स्मरण हो आया। तत्क्षण वह पीयूष को ऊपर बुला लायी। पीयूष अपनी गाड़ी में अनु को अस्पताल ले गया। चन्द्रा भी उसके साथ गयी।

अनिता के पिता का स्वर्गवास हो गया था। वह अपने पति व दोनों बच्चों के संग हरिद्वार गयी हुई थी। निराशा व कुंठाओं ने अनु को मर्मान्तक पीड़ा पहुँचाई थी। तन-मन को स्वस्थ होने में लगभग तीन मास लग गये। अस्पताल से तो वह दो सप्ताह पश्चात ही घर आ गयी थी। पीयूष ने उसकी अस्पताल व घर में हर सम्भव सेवा की। चन्द्रा की उचित देखभाल ने भी अनु के स्वास्थ्य लाभ में पूर्ण योगदान दिया।

एक सन्ध्या समय जब अनु चन्द्रा के संग बाजार गयी हुई थी तो अनिता ने डा. पीयूष को अनु की दुर्भाग्यपूर्ण जीवन कथा सुनायी। पीयूष का मन द्रवित हो उठा। अनिता बहुत बार पीयूष से अनु के घर मिल चुकी थी अतः वह उसके साथ निःसंकोच बात करती थी। अनु की विषादपूर्ण अतीत गाथा सुन पीयूष ने दीर्घ-श्वास छोड़ा– "अनिता जी नारी को बहुबार अन्धकारमय जीवन व्यतीत करना पड़ता है तो उसके लिए उत्तरदायी कौन होता है? विशेषकर जब नारी एक विदुषी हो, जीवन के ऊँच-नीच समझने में सक्षम हो। आत्मनिर्भर हो तो वह क्यों अत्याचार के सम्मुख नत मस्तक होती है? क्यों स्वयं को निर्बल समझती है? क्यों स्वाभिमान एवं अपनी मर्यादा की आहुति दे पुरुष के पग तले ही अपना संसार समझती है।" मितभाषी पीयूष आज अकस्मात् मुखर हो उठा। पीयूष के इस नवीन रूप को निहार अनिता का हृदय प्रशंसा कर उठा। वह मुग्ध भाव से बोली, "मैं आपके साथ पूर्णरूप से सहमत हूँ मिस्टर पीयूष। अपनी दुर्दशा के लिए प्रायः हम नारियाँ स्वयं ही उत्तरदायी होती हैं। माना कि बाल्यावस्था में जनकगण के अनुशासन की चाबुक से पुत्री का उठाना-बिठाना उचित है ताकि कच्चे तन-मन का पूर्णरूप से विकास हो सके। पर जब एक किशोरी पढ़-लिखकर आत्मनिर्भर हो जाती है तो वह उचित-अनुचित की पहचान करने योग्य भी हो ही जाती है तब उसे इच्छानुसार जीवनयापन करने का अधिकार देना चाहिए। माता-पिता को कन्या का विवाह उसकी पूर्ण सहमति से करना चाहिए। आज भी कितने प्रतिशत माता-पिता सन्तान का विवाह उसकी इच्छानुसार, अनिच्छा देखकर करते हैं? एक युवती उच्च पद सँभाल सकती है। पूर्ण मनोयोग से अपना हर कर्तव्य निभा सकती है तो क्या वह अपना वर स्वयं चुनने के लिए सक्षम नहीं है?"

''क्यों नहीं? शिक्षित युवती को तो कम से कम हर जनकगण को अपना वर अपनी इच्छानुसार चुनने का अधिकार देना चाहिए। हाँ, वे वर चुनने में उसका मार्गदर्शन कर सकते हैं। सुपात्र का चुनाव पूर्ण रूप से देख परख कर करना चाहिए। यह नहीं कि बंगला, गाड़ी व सेवक देखे और कन्या ब्याह दी।'' पीयूष ने गम्भीर स्वर में कहा।

''विवाहोपरान्त नारी को हर सम्भव प्रयास से अपनी गृहस्थी बचानी चाहिए। यदि वह डगमगाती है तो उसे पूर्णरूपेण अपने स्वयं द्वारा सुसज्जित संसार को समर्पित होना चाहिए। पर इसका यह अर्थ नहीं कि अनु जैसे त्रास चक्र में पिसती रहे। मूक बधिर बन हर अन्याय के सम्मुख नतमस्तक रहे। कम से कम अनु जैसी साधन सम्पन्न नारी को तो इतना अन्याय सहन नहीं करना चाहिए था। अन्ततः तो उसे भी कुपुत्र व कपटी वधू का त्याग करना पड़ा। यदि काया निरोगी है व पास में माया है या अन्य साधन हैं तो नारी किसी सीमा तक शोचनीय जीवन जीने से स्वयं को उबार सकती है। पर साधन विहीन अशिक्षित नारी की दशा तो अत्यन्त दयनीय है हमारे समाज में। और इस सम्पूर्ण अन्धकार को दूर कर सकता है कदाचित् शिक्षा का उजाला।'' अनिता ने गम्भीर स्वर में कहा।

''मैं आपके विचारों के साथ पूर्ण रूप से सहमत हूँ।'' पीयूष ने शान्त स्वर में कहा।

''वैसे तो हमारी सरकार कई नगरों में, महानगरों में निःशुल्क वृद्धाश्रम चला ही रही है पर और अधिक इन आश्रमों की आवश्यकता है तथा वहाँ के जीवन स्तर में भी पर्याप्त सुधार होना चाहिए। ताकि तन-मन से क्लान्त पथिक जीवन के शेष दिन शान्तिपूर्वक व्यतीत कर सके।'' अनिता बोली।

पीयूष, ''अच्छा अनिता जी, एक बात पूछूँ?"

अनिता, ''हाँ, हाँ कहिए।''

पीयूष, ''नहीं रहने दीजिए।''

अनिता, ''यह भी कोई बात हुई? निःसंकोच कहिए क्या कहना चाहते हैं?"

पीयूष, ''आपका विधवा विवाह के विषय में क्या मत है?"

''पहले आप अपने विचार व्यक्त कीजिए'' अनिता ने पीयूष को निहारते हुए कहा।

''वैसे तो समाज ने किसी सीमा तक विधवा विवाह की अनुमति दे दी है पर प्रौढ़ विधवा का विवाह। इसे समाज कण्ठ के नीचे नहीं उतार सकता।'' पीयूष ने संकोचपूर्ण स्वर में कहा।

''संकोच न कीजिए। अपने विचार पूर्णरूप से व्यक्त कीजिए।" अनिता ने अनुरोधपूर्ण स्वर में कहा।

''नारी में यदि साहस है तो एक न एक दिन प्रौढ़ विवाह को भी समाज

मान्यता देगा। जीवन सन्ध्या में या उससे कुछ पूर्व ही तो एक सहचर की अत्यन्त आवश्यकता होती है। हमारे गुरुजनों व समाज के कर्णधारों को चाहिए कि एक प्रौढ़ के मन में भी झाँक कर देखें। उसे केवल अपने पौत्र-पौत्रियों की सेविका बनकर ही न जीने दें। यदि वह चाहती है तो उसका जीवन सँवारने में सहयोग दें। हाँ, यह तभी सम्भव है यदि स्वयं नारी में साहस है तो वह हर परिस्थिति में अपना मार्ग खोज सकती है। परिवर्तित होते परिवेश में समाज की सड़ी गली परम्पराएँ स्वयं ही धूल-धूसरित हो जाएँगी। एक प्रौढ़ को भी अपना जीवन अपनी इच्छानुसार जीने का उतना ही अधिकार है जितना कि एक स्वतन्त्र देश के हर स्वतन्त्र नागरिक को होता है। यदि कोई विधवा अपना जीवन अपनी सन्तान के संग या एकाकी ही बिताना चाहती है तो वह सहर्ष ऐसा करे। पर यदि वह एक सहचर चाहती है तो उसकी हर प्रकार से सहायता करना प्रत्येक प्राणी का कर्तव्य है।'' पीयूष ने अच्छा-खासा भाषण दे डाला।

''आपका अपने विषय में क्या विचार है?'' अनिता ने सीधा सपाट प्रश्न किया।

''मैं समझा नहीं।'' पीयूष ने आश्चर्यमिश्रित स्वर में कहा।

''यदि आपको अवसर मिले तो क्या आप किसी प्रौढ़ा का हाथ थामेंगे?'' अनिता ने पीयूष के नेत्रों में झाँकते हुए कहा।

''आप कहना क्या चाहती हैं?'' पीयूष ने आश्चर्यमिश्रित स्वर में कहा।

''आप अनुराधा से विवाह कर लीजिए।'' अनिता ने स्पष्ट स्वर में कहा।

''क्या अनुराधा सहमत हो जाएगी यदि मैं हाँ कह दूँ?'' पीयूष ने कुछ सोचते हुए कहा।

''उसे सहमत करना मेरा कर्तव्य है।'' अनिता ने अधीर स्वर में कहा।

''तो फिर मेरी ओर से हाँ समझ लीजिए।'' पीयूष ने नयन झुकाते हुए कहा।

कुछ दिनों के पश्चात् अनिता ने अनुराधा के समक्ष पीयूष से विवाह करने का प्रस्ताव रखा। अनुराधा उसे अपलक निहारती ही रह गयी।

''यूँ क्या देख रही हो? मैं क्या अनुचित कह रही हूँ? क्या तुझे जीने का कोई अधिकार नहीं है? क्या तेरे आँचल में सर्वदा शूल ही शूल भरे जाएँगे। सड़ा गला अतीत क्या सुख देगा तुझको? आज तू स्वयं के लिए नहीं जी सकती। जीवन ऐसे बिता रही हो जैसे अपनी मृत देह स्वयं अपने कन्धों पर उठाई हो।'' आवेशपूर्ण स्वर में अनिता बोली।

''नहीं अनिता समाज, बेटा, नातेदार क्या कहेंगे?'' अधीर स्वर में अनु बोली।

''अनुराधा! कौन से समाज की बात कर रही है जो मांस-मज्जा मण्डित नारी को प्राणी नहीं समझता। जब तू तिल-तिल करके जी रही है तो समाज ने तुझे कोई पुरस्कार नहीं दिया। कभी किसी ने तेरी सुध ली आज तक। और आपके

सुपुत्र साहब तो पहले ही आपका श्राद्ध कर आपको इस लोक से भी विदा कर चुके हैं। मेरी मान अनु, दो एकाकी मिलकर एक नीड़ का निर्माण करेंगे। जीवन की इस वेला में तन के मिलन के लिए विवाह बन्धन नहीं होता अपितु दो प्राणियों का स्वयं का सुख-दुःख बाँटने के लिए एक छत तले रहने का प्रमाण पत्र है। जीवन भर काँटे ही काँटे बटोरती रही हो। आँचल तार-तार हो गया व करतल घायल। जीवन संग्राम से संघर्ष कर, पर अब अपने सहचर को साथ लेकर कर। जीवन व्यर्थ गँवाने के लिए नहीं है। जब दो प्राणी एकाकी पथ पर मिलकर चलते हैं तो एक अनोखी अनुभूति से तनमन पुलकित हो उठते हैं। हाँ, शर्त यह है कि दोनों पूर्ण रूप से एक दूसरे के प्रति समर्पित हों। तत्पश्चात् तू देखेगी नूतन प्रभात का चहुँदिक् फैला आलोक।''

अनिता के निरन्तर समझाने से अनु के हृदय के कपाट खुल गये उसने पीयूष के साथ विवाह की सहमति दे दी।

शेष कथा संक्षिप्त है। अनुराधा के मन उपवन में सावन लहराया अनिता के अथक प्रयत्न स्वरूप। अनु व पीयूष विवाह बन्धन में आर्य समाज पद्धति से बँध गये। उद्देश्य व हर्षा नामक दो बच्चे उन्होंने भी अनिता की तरह गोद ले लिये। विवाह के बीस वर्ष पश्चात् जीवन के मीठे अनुभव अधिक व खट्टे कम अनुभव करती अनु दूसरे लोक की पथगामिनी हो गयी। उद्देश्य पिता की तरह देहली महानगर का एक विख्यात चर्म रोग विशेषज्ञ बना व हर्षा शिशु विशेषज्ञ बनकर अपने पतिगृह में सुखमय जीवन व्यतीत करने लगी। सुलक्षणा वधू उपमा, पीयूष की माँ तुल्य देखभाल करती। कभी-कभी अनिता पीयूष को अपने रतनों संग मिलने आ जाती। पीयूष मृत्यु पर्यन्त आभारी था अनिता का क्योंकि उसके स्वप्नों को साकार करने में अनिता ने पूर्ण योगदान जो दिया था और अनुराधा जो स्वप्न किसी को सुना भी नहीं सकती थी, उसे भी तो अनिता ने ही साकार किया था। महानिद्रा में विलीन होने से पूर्व भी अनिता के प्रति आभार के अश्रु थे अनुराधा के नयनों में।

शरणस्थली

"यहाँ तो एक दिन भी काटना बड़ा ही कठिन काम लग रहा है, मैं ना कहती थी इन हिप्पियों की बस्ती में स्वच्छता कदापि नहीं हो सकती, चाहे यहाँ कितनी ही स्वछन्दता व उन्मुकक्ता भले ही हो पर ये रहेंगे मलीन वस्त्रों में मलीन तन लिये हुए। चल शिप्रा यहाँ से कल ही वापस चलते हैं," उकताए हुए स्वर में प्रसून ने कहा।

"क्यों कल ही क्यों वापस जाएँ? क्या तुम्हें ये सामने पर्वत राजाधिराज का एक हिमाच्छादित गगनचुम्बी शिखर अलौकिक छटा बिखेरता हुआ प्रतीत नहीं हो रहा। सुदूर गहरी घाटी का अनुपम सौन्दर्य देखो..." शिप्रा ने अपनी ही धुन में मदमस्त हँसी हँसते हुए कहना आरम्भ किया तो प्रसून ने उसे मध्य में ही टोकते हुए कहा, "क्या खाक सौन्दर्य देखूँ तुंग हिमालय की बर्फ ढकी हुई चोटी का, यहाँ तो ये मकलोड गंज के अनुपम सौन्दर्य को ही निरख-निरख तन-मन दग्ध हुआ जा रहा है। ये होटल का रूप रंग विलीन मलीन कक्ष, ये काली स्लेटोंडली ढलवा छतों पर जमा हुआ कूड़ा करकट, ये नीचे नालियों में बहता काला जल, ये हर पथ पर बिखरा हुआ कीच गन्द, क्या ही अनुपम सौन्दर्य है इस मकलोड गंज का। कितनी चाहना से आये थे धर्मशाला, लिखा है हाट बाजारों के निकट लगे वृक्षों पर, विद्युत स्तम्भों पर—भारत माँ का रेशमी आँचल है हिमालय व हिमालय की माला है धर्मशाला! और इस धर्मशाला का ये अनूठा नगर देखा है। कहते हैं—इसे देखे बिना धर्मशाला की यात्रा अधूरी है। हूँ! इसका नाम तो गंज नहीं गन्द होना चाहिए था। दूसरा लगता ही नहीं कि हम भारत के ही एक नगर में आये हैं, यहाँ तो हिप्पियों व तिब्बतियों का साम्राज्य ही चहुँदिक् दृष्टिगोचर हो रहा है।

"अरे वाह! तुमने तो पूर्ण परिचय प्राप्त कर लिया है इस मकलोड गंज का, पर कहाँ से किया है?" प्रश्न की तोप दागी शिप्रा ने।

"ये अपने साथ वाले कक्ष में कोई भद्र महिला पत्रकार ठहरी हुई हैं। उसी ने जब तुम दो घण्टे के लिए अपने किसी परिचित को मिलने गयी थीं तो व्यथित स्वर में मुझे यहाँ के विषय में पूरी-पूरी जानकारी दे दी थी, मेरा तो मन वितृष्णा से

भर गया। वह बिचारी भी अपनी ही बिरादरी की थी, कश्मीर की दुर्गति देख किस कश्मीरी का तन-मन नहीं दग्ध होगा। अपने ही देश में अपने तो खून के आँसू रोते हैं और दूध मलाई खाते हैं वही लोग जिन्हें हमारे रहन-सहन के सौ प्रतिशत में से एक प्रतिशत भाग अपनाना भी विषपान तुल्य लगता है चाहे वह कई दशकों से भारत का ही नमक खाते आ रहे हैं," रोष पूर्ण स्वर में प्रसून बोली।

''हाँ कह तो वह ठीक ही रही है और जो कल हमें अनुभव हुए वो क्या कम है। कल रात को जिस होटल में हम भोजन कर रहे थे वहाँ क्या लिखा हुआ था दूसरे तले के सीढ़ीद्वार पर 'कम्फरटेबल नाइट' और पूछने पर हमारे पास बैठे दम्पति ने उसका क्या अर्थ बताया था? कैसे-कैसे हिप्पी युवक-युवतियाँ उस सीढ़ी पर पग धरते ऊपर जा रहे थे जो कपाल चढ़े जवां कुसुम चरस, गांजे से रक्तिम नयन, मदालस हँसी हँसते हुए म्लान तन व मन लिए 'कम्फरटेबल नाइट' स्थलियों में उन्मुक्त यौन पिपासा शान्त करने में रात्रि को लिप्त रहते हैं व दिवस पर इधर-उधर चरस, गांजे व हशीश आदि न जाने कितने प्रकार के अवैध धन्धों में लिप्त रहते हैं,'' शिप्रा ने प्रसून के कथन से समर्थन में कहा।

''और क्या" तिक्त स्वर में प्रसून ने आगे कहा, ''यहाँ भारतीय भोजन कितनी कठिनता से मिलता है, होटल के बाहर लिखा है 'पार्वती होटल' हम यह सोचकर वहाँ गये चलो, ये तो भारतीय होटल ही होगा पर वहाँ भी तिब्बती महिला बैठी थी स्वामिनी बनी, न प्रातः से रोटी खाई न कोई जलपान, कहते हैं, यहाँ केवल तिब्बती या 'कांटिनेंटल फूड' ही मिलेगा। हूँ! 'कांटिनेंटल फूड' तो मिलेगा पर अपने ही देश के एक नगर में अपने ही देश का भोजन नहीं मिलेगा। अपने ही देश में हम अपरिचित हैं, अजनबी हैं। इन विस्थापकों को हमारी सरकार ने रहने को स्थान दिया तो आज इन्होंने 'उँगली पकड़ते ही पहुँचा' पकड़ लिया। जिधर देखो, उधर ही इनके घर हैं सर्वत्र सारे मकलोड गंज में। कहीं इनकी स्त्रियों की 'वैलफेयर सोसायटी' के नाम से कार्यालय बने हुए हैं और कहीं इनके हाट बाजार लगे पड़े हैं। जो सरकार विदेशियों के निमित्त इतनी संवेदनशील है कि मुक्तकरों से जहाँ भी चाहा उन्हें रहने को घर व समस्त सुविधायें उपलब्ध करवाती है, तब कहाँ मर गयी उस सरकार की संवेदनशीलता जब अपने ही भारत माँ के जाये लाल, रिक्त कर, नयनों में जल व क्लान्त अशान्त तन-मन लिये कश्मीर से निकाल दिये गये? कितने हमारे बन्धु-बान्धवों ने जम्मू के तम्बू लगे कैम्पों में एड़ियाँ रगड़-रगड़ कर दम तोड़ा, कई अकिंचन सर्पदंश से परलोकगामी हो गये, कितनी आशा आकांक्षा से हमारे कश्मीरी बन्धु-बान्धव हमारी सरकार की अनुकम्पा की बाट जोहते रहे। पर क्या दिया अपनों ने अपनों को? कभी कैम्प में आलू-प्याज की बोरी भेज दी और कभी नोन तेल व अन्य छोटी-मोटी वस्तुएँ या कुछ रुपल्ली थमा देते हैं नये मास के आरम्भ में। क्या इतनी ही आवश्यकता थी हमारे उन

भाई-बहनों की? उनके बच्चों के भविष्य के निमित्त क्या किया हमारी प्रिय सरकार ने? सच, शिप्रा हमारी सरकार गैरों की तो थी या है पर अपनों की अपनी कभी भी नहीं बनी। तुम विदेशियों की सहायता करो पर अपने बालक के मुख का ग्रास छीन कर तो न करो। अपना बालक तो करुण क्रन्दन कर रहा है, उसकी करुण पुकार तो तुम सुन नहीं रहे, चले हो अपने का अधिकार छीनकर दूसरे को बसाने, बहलाने। अरे! क्या किया इन भारत माँ के सपूतों ने स्थान-स्थान पर अपनी ही माँ के आँचल में थेगलियाँ लगा दीं विदेशियों की केवल अपनी गद्दी हेतु। क्या कभी मुक्त करवा पाएँगे ये अपनी भारत भूमि को इनसे? मन वितृष्णा से भर उठा यहाँ आकर कि हम अपने ही देश में आये हैं या हिप्पियों...'' प्रसून बाला के अन्तर्मन का समस्त आक्रोश रोष उसके जिह्वाग्र पर आ गया। अपनी ही भूमि पर विदेशियों को मग्नमन अपना साम्राज्य चलाते हुए देखकर, हमारे देश में बँगलादेशी, अफगानी, ईरानी, तिब्बती इत्यादि हर एक देश के निवासी निमित्त स्थान है। नहीं है तो केवल अपनों निमित्त नहीं है। कितने कश्मीरी मृत्यु का ग्रास बने या बना दिये गये। सहस्रों कश्मीरियों ने अश्रुपूर्ण नेत्रों से विवश हो गृह त्याग दिया। आज भी अधर में लटक रहा है कई कश्मीरी युवकों व युवतियों का भविष्य। आधार स्तम्भ छूट गया सबका अपनों के मध्य अपनों के ही नगर में, वे विभिन्न प्रकार की प्रताड़नाएँ अपनों ही द्वारा दी गयीं, सहन कर-कर जीवन के रात्रि दिवस किसी तरह काट रहे हैं, काश! जैसे मकलोड गंज को दूसरा 'ल्हासा' कहते हैं वैसे ही विस्थापित कश्मीरियों निमित्त सरकार दूसरा 'श्रीनगर' बसा देती, बना देती, शिप्रा जानती थी प्रसून के मातृकुल के विनाश की हृदय विदारक कथा। उसकी अनुजा ने कीटनाशक औषधि पीकर श्रीनगर के निकट एक ग्राम में, एक कालिमापूर्ण रात्रि में अपने प्राण दे दिये पर उस रात में, काले काम करने वालों को अपना आँचल छूने नहीं दिया जैसे ही उस आतंक पूर्ण रात्रि में आतंक का साम्राज्य फैलना शुरू हुआ और दुलारी के द्वार पर पहली थाप पड़ी कि उसकी युवा पुत्री ने गटागट कीटनाशक औषधि का पान कर अपने प्राण त्याग दिये, दुलारी के सम्मुख ही उन कसाइसों ने उसके अन्तिम कुल दीपक एकमात्र चौदह वर्षीय पुत्र को असंख्य टुकड़ों में कीमा सा काटकर फेंक दिया, फिर उस निस्सहाय नारी को भी उन नरपिशाचों ने उसके पुत्र के पास भेज, घर को अग्निदेव को समर्पित कर दिया। जब प्रतिवेशी रमजान चाचा ने अश्रुपूर्ण नेत्रों से व अवरुद्ध कण्ठ से प्रसून बाला को यह समाचार देहली आकर सुनाया तो वह पाषाण प्रतिमा बन गयी। न नयनों से नीर बहा न हृदय से एक आह निकली। वह अकिंचन अबला केवल शून्य में ही निहारती रह गयी। आगे क्या भाग्य ने कम व्रजपात किये थे उस पर जो अब उसके मातृकुल का चिह्न तक ही मिटा दिया इस धरा से उसने। एक मास तक रुग्ण तनमन लिये वह हतभागी अस्पताल में पड़ी रही। शिप्रा उसकी बालापन

की अभिन्न मित्र थी। दोनों सखियाँ जीवन के ऊबड़-खाबड़ पथ पर निरन्तर एक-दूसरे का सुख-दुःख बाँटते हुए अग्रसर थीं। पर जहाँ शिप्रा को जीवन पथ पर शीतल वायु के झोंके व घने वृक्षों की शीतल छाया अधिक मिली थी, वहाँ प्रसून बाला ने अधिकतर अपने पथ पर मरुस्थली वातावरण ही पाया था। हरियाली तो दिव्य स्वप्न सी उसके जीवन से कभी की विदा ले चुकी थी।

शिप्रा एक सरकारी शिक्षा केन्द्र में कार्यरत थी, उसके दोनों पुत्र प्रशासनिक सेवाओं में अपने बुद्धिबल से निर्बाध चुन लिये गये थे। एक तो सितारों की नगरी मुम्बई में कार्यरत था और दूसरा शिमला में। राजमहिषी सी शिप्रा समस्त सुख-सुविधा पूर्ण जीवन व्यतीत कर रही थी। उसके पति अनमोल मल्होत्रा दो मास के लिए अमरीका गये हुए थे। अनमोल 'वर्ल्ड हैल्थ आर्गनाइजेशन' में एक वरिष्ठ पद पर आसीन थे। शिप्रा के कनिष्ठ पुत्र मनुज ने माँ व मुँहबोली मासी माँ प्रसून की यात्रा का समस्त प्रबन्ध कर दिया था। दोनों सखियाँ सोमवार प्रातः ही मकलोड गंज पहुँची थीं। नयनों में पर्वतों की सौन्दर्य सुषमा की दर्शनाभिलाषा लिये हुए वे मार्ग में अत्यन्त प्रसन्न वदना थी पर मकलोड गंज में पहुँचते ही उनके समस्त स्वप्न धूल-धूसरित हो गये और प्रसून के घाव रिसने लगे। उन घावों की मर्मान्त पीड़ा से उसका तन-मन व्याकुल हो गया। उन दोनों सखियों ने किसी तरह दिन तो व्यतीत कर लिया पर रात्रि जागरण में ही बीती। रात्रि जागरण कर दूसरे दिन प्रातः ही वे धर्मशाला वापस आ गयीं, वहाँ एक स्वच्छ सुन्दर हिमाचल सरकार के होटल में उनके लिए एक विशाल समस्त सुविधा पूर्ण कक्ष का आरक्षण हुआ था। वहाँ उन्हें कोई असुविधा नहीं हुई।

दूसरी प्रातः सूर्योदय से पूर्व दोनों सखियाँ बालकनी में बैठी चाय के स्वाद के संग-संग सुदूर पर्वत श्रेणियों पर व गहरी खाई पर छाये हुए अनुपम चित्रकार की अनूठी तूलिका से बने हुए अपूर्व चित्र को चहुँदिक् निहार रही थीं।

"कितना हृदयग्राही चित्र है न प्रसून यह।" शिप्रा का मन मोर मतवाला हो जा रहा था प्रकृति बाला की इस रूप छटा को देख-देख।

"हाँ शिप्रू, जैसे एक मधुर रागिनी मन वीणा पर कोई झंकृत कर रहा है," मुग्ध मन प्रसून बोली। रात्रि पूर्व के विषाद सन्ताप का लवलेश मात्र भी न था उसके नयनों की निर्दोष चावनी में।

"आज यहाँ से कुनाल पथरी धर्मकोट व चिन्मय आश्रम देखने चलेंगे," असीम उत्साह से शिप्रा ने धौलाधार पर्वत श्रेणियों को मुग्ध दृष्टि से देखते हुए कहा।

"अवश्य चलेंगे शिप्रू, जहाँ भी तुम ले जाओगी। क्या चिन्तपुरनी ज्वाला जी, ब्रजेश्वरी व चामुण्डा देवियों के मन्दिर हम नहीं देखेंगे?" प्रसून ने प्रश्नसूचक दृष्टि शिप्रा पर डाली।

"देखेंगे क्यों नहीं, देवी? यहाँ से हम गुरुवार को वापस जा रहे हैं। जाते समय चिन्तपुरनी, ज्वालामुखी, ब्रजेश्वरी व चामुण्डा देवी के अति प्राचीन मन्दिर भी देखते हुए जाएँगे। अपने महिमामय अतीत की अनुपम झाँकियाँ क्या हम न देखें?" मन्द मुस्कान के संग मिश्री मण्डित स्वर में शिप्रा ने कहा।

"और वह तुम्हारा चित्र कलानुराग?" प्रसून बोली।

"कांगड़ा की कला का तो कहना ही क्या है! देवीजी, यहाँ की चित्र कला तो विश्व प्रसिद्ध है, यहाँ की कला मंजूषा में न जाने कैसी-कैसी अनुपम कलाकृतियाँ कांगड़ा शैली का ग़ौरवमय इतिहास बताती हुई कांगड़ा को गौरवान्वित करती हैं। वहाँ तो मेरा जाना अवश्यम्भावी है," मानो कल्पना लोक में ही कांगड़ा के म्यूजियम की कलाकृतियाँ देख शिप्रा पुलक-पुलक जा रही थी।

"आज तो मैं बहुत ही थक गयी हूँ," शैया पर पैर पसार बैठते हुए प्रसून ने क्लान्त स्वर में कहा।

"हाँ जी, कुछ पाने के लिए कुछ खोना भी पड़ता है न बड़भागी," चंचल चपल स्वर में शिप्रा ने कक्ष में ही टहलते हुए कहा।

"तू मानेगी नहीं शिप्रू की बच्ची। ये उमर और ये मखौल। हर समय मुझे बड़भागी बड़भागी कहती रहती है, कहाँ हैं मेरे बड़े भाग।" अकस्मात् ही झुंझलाहट ने करुणा का स्थान ले लिया।

"क्षमा कर दे मेरी बहन, मेरा तात्पर्य यह न था," शिप्रा ने भीगे स्वर में कहा। किसी के अन्तर्मन को व्यथित करना, पीड़ा पहुँचाना, ये शिप्रा की विशेषता नहीं थी। उसकी तो प्राणपण से यह चेष्टा रहती कि उसके सम्पर्क में आने वाले को शल्य की चुभन का भी कभी भान न हो उसके किसी भी कृत द्वारा, अब प्रसून ठहरी भरी हुई बदरिया जो स्पर्श करने मात्र से ही बरसने लगती, बिखरने लगती। नियति नटी ने भी तो क्या-क्या खेल दिखाये थे उसे।

मक्खन लाल गंजू की एक बड़ी सी दुकान थी पुरानी देहली में। कश्मीरी शाल दुशाले, जरबाब पश्मीना, नमदे, असल कश्मीरी कालीन, राजबाग़ फैक्टरी की बनी डबल डायमण्ड टैबी की सुन्दर सजीली छापेदार साड़ियाँ, चिनोन कैप इत्यादि, क्या नहीं था उस कश्मीरी दुकान पर? आभिजात्य वर्ग की सुरुचिपूर्ण महिलाएँ यदि मक्खन लाल की दुकान से कुछ क्रय न करतीं तो मानो उनका बाजार जाना ही व्यर्थ हो जाता।

सर्वशक्तिमान समय के संग-संग जहाँ ऋतुएँ परिवर्तित होती हैं वहाँ मक्खन लाल ने भी सफलता के कई सोपान चढ़े। वह अथक परिश्रम करता चला गया। मानव परिश्रमी हो, उसकी नीयत खोटी न हो तो वह अपने प्रयास में अवश्य ही सफल होता है। यही मक्खन लाल गंजू के संग हुआ। सफलता ने उसे वरा। अब उसकी एक दुकान और करोल बाग़ में अजमल खाँ रोड के एक सुप्रसिद्ध व्यापार

केन्द्र में भी थी व एक थी दक्षिणी देहली की एक नामी गरामी वैभव से लदी फदी आभिजात्य वर्ग की अति लोकप्रिय मार्किट में। अपने दोनों भागीदारों के संग सुचारु रूप से चल रहा था मक्खन लाल का व्यापार।

जैसे ही वैभव ने उषा की लालिमा बिखेरी प्रसून के घर आँगन में, वह कोयल सी कूकती हर समय प्रसन्न वंदना प्रसून बाला हर समय आभूषणों, भारी भरकम डेजूहर (सुहाग का आभूषण जो कानों में पहना जाता है) से लदी फदी चहुँदिक् प्रसून बिखेरती रहती। कोई दिवस ऐसा न जाता था जब उस गृह में तीन-चार अतिथि कश्मीर से न आते हों। 'अतिथि सेवा कश्मीरी का परम धर्म है।' प्रसून चरितार्थ करती इस कथनी को। कुछ मास पश्चात् प्रसून के पिता श्री ऐसे बीमार पड़े कि प्राणलेवा व्याधि उनके प्राण हर के रही। प्रसून ने माँ को येन-केन समझाकर देहली लाना चाहा पर वह ऐसी पतिव्रता नारी थी जो अपने पति के घर में ही रह इस धरा से विदा लेना चाहती थी। प्रसून जब भी जाती अनुज व अनुजा को वर्ष भर के वस्त्र, और न जाने क्या-क्या अलाँ-फलाँ उपहारों से लादकर आती। प्रसून का एकाकी पुत्र गिरधर गंजू सफलता के सोपान पर पग धरता अब देहली में ही एम. बी.ए. कर रहा था कि उस पर पहला वज्रपात हुआ। कार्तिकेय सा सुदर्शन पुत्र केवल चार दिवस में ही समस्त मोह माया के बाँध काट कूट उस अनदेखे विश्वरचयिता के धाम चला गया। मलेरिया ने ही उसके प्राण हर लिए जो प्राणलेवा कँपकँपी एक बार आरम्भ हुई तो मायानगरी देहली के किसी भी चिकित्सक की औषधि मञ्जूषा उस कँपकँपी को न रोक सकी। वह गयी तो अवश्य पर गिरधर के प्राण लेकर।

अभी नयन जल सूखा भी न था कि प्रसून पर द्वितीय पद प्रहार किया प्रकृति ने। प्रथम हृदयाघात ही प्राण हर ले गया मक्खन लाल का। फिर तो विपत्तियाँ मानो प्रसून को धूल-धूसरित करने निमित्त कटिबद्ध हो गयीं। दोनों भागीदारों की नीयत भी अब बदल गयी। दोनों ने साधारण अक्षर ज्ञानवती प्रसून को नयनों में अश्रु भर, पुत्रों की मिथ्या सौगन्ध खा कहा, "भाभी, तुम्हें नहीं मालूम भाई जी पहले दर्जे के ऐय्याश थे। बाहर हर समय मौज मस्ती मारते और धन फूँकते रहते। हमने उन्हें बहुत समझाया पर उन पर चिकने घड़े के समान कोई असर न हुआ, बड़े शाह बने फिरते थे, दिलदार बने फिरते थे, सारा पैसा लुटा दिया ऐय्याशी में। हम लोगों को भी सिर से पाँव तक कर्जे में डुबो, किनार कर चले गये। अब क़र्जदार तो मानेंगे नहीं, दुकानों के संग-संग तुम्हारा ये घर भी मजबूरन बेचना पड़ेगा क़र्जदार निबटाने को। हमारा भी सब कुछ बिक जाएगा।" उन दोनों कपटी मानव रूपी भेड़ियों का प्रलाप आरम्भ हुआ तो समाप्त होने का नाम ही नहीं ले रहा था। मानव कितना स्वार्थी प्राणी है। विस्फारित नेत्रों से उन दोनों कपटियों को प्रसून देखती रह गयी। "पर भैया वे तो ऐसे न थे," केवल अस्फुट स्वर में इतना ही कह पायी व्यथित हृदया नारी।

"तुम बड़ी भोली हो भाभी, तुम उस इनसान को नहीं जानती थीं कि वह कैसा था। पर तुम चिन्ता न करो, तुम्हारी सों, तुम्हारे पर आँच भी नहीं आने देंगे। ये देखो, हमने साकेत में तुम्हारे लिए फ्लैट भी खरीद लिया है, तुम वहाँ मजे से रहो। हम हर महीने तुम्हें बँधा पैसा भी भेजते रहेंगे व आते भी रहेंगे। हाँ, इन कागजों पर साइन कर दो, कर्ज़दार निबटाने हैं ना," धूर्त नरोत्तम ने नाम को लज्जाते हुए तीन तारी चाशनी में स्वर को डुबोकर कहा। प्रसून को व्यापारी दाँवपेंच दिखा, धोखा दे उन नरपिशाचों ने बहला लिया। समय की मार ने उसे वैसे ही विवेकहीन कर दिया था। प्रसून सोच में पड़ गयी कि वह क्या करे? चहुँओर तिमिराच्छादित रात्रि थी। कहीं पर कोई आशा किरण दृष्टिगोचर न हो रही थी। नरोत्तम व बनारसी दास ने प्रसून को हर प्रकार सान्त्वना देते हुए एक कागज़ दिया था। प्रसून ने केवल यह देखा कि साकेत में एक फ्लैट निमित्त अग्रिम राशि उसी के नाम पर दी गयी थी तो भी उसने अपनी एकमात्र सखी शिप्रा से बात करनी चाही पर शिप्रा दुर्भाग्य से कलकत्ता गयी हुई थी। भाई बान्धवों ने तो उसके राजमहिषी पद से उतरते ही उसके घर आना बन्द कर दिया था। अतः परिस्थितियों व समय की मारी प्रसून ने बिन बिचारे ही सब स्थानों पर हस्ताक्षर कर स्वयं ही अपने पगों पर कुठाराघात कर लिया। दोनों भागीदार समस्त सम्पत्ति, दुकानें स्वयं ही डकार गये। कर्जे के नाम पर। समस्त सम्पत्ति बेच बूच उन्होंने नूतन व्यवसाय, नूतन नाम से, नूतन स्थान पर आरम्भ कर दिया। कारवाँ गुजर गया अपने पीछे एक ध ूल का विवर्त छोड़, जिसे डबडबाये नेत्रों से प्रसून देखती ही रह गयी, हाँ, उन भागीदारों ने उदारता दिखाते हुए प्रसून पर अति अनुकम्पा दर्शाते हुए साकेत का वह जनता फ्लैट वास्तव में ही उसे क्रय कर दे दिया और उसके पश्चात् पलट कर भी न देखा। अभी प्रसून सँभल भी न पायी थी कि प्रकृति पुनः अट्टहास कर ताण्डव नृत्य दिखा गयी उसके मातृ कुल में। पति कुल में तो पहले ही कोई नामलेवा न बचा था। कोई इस वसुन्धरा पर प्रसून तुल्य अभागी न हो, ऐसे में अडिग चट्टान बन उसकी बाल्य सखी शिप्रा उसके सम्मुख खड़ी हो गयी, "नहीं, प्रसून तू दीन हीन याचिका नहीं है। तू हाड़-मांस की बनी हुयी जीती जागती नारी है। माना कि तेरे अन्तःकरण में मरघट की ज्वालायें धधक रही हैं पर इन्हें शान्त कर विवेक के छींटे डालकर, धैर्य के छींटे डालकर, जब चहुँदिक् जीवन पथ पर अन्धकार का साम्राज्य होता है। घनघोर घटाएँ आकाश पर छायी होती हैं तो उस समय दामिनी ही दमक कर पथ भटके पथिक को राह सुझाती है, लक्ष्य पर पहुँचाती है। मेरी बहन, पति, पुत्र, भ्राता, भगिनी से आगे भी तो एक और संसार है ना। जब मानव प्रकृति से पराजित हो जाता है तो उसका पतन वहीं से आरम्भ हो जाता है। वह जीते जी ही मरणमन्त्र पढ़ता रहता है। आज तू स्वयं के लिए नहीं जी सकती तो दूसरों के लिए जी। चल, मेरे साथ मातृ गृह में, वहाँ तुम्हारी ही

बिरादरी के श्री आर.एम. कोतरू अध्यक्ष पद पर हैं। उनसे कह अपनी व्यथा, वह विवेकी कर्मयोगी प्राणी तुझे अवश्य ही जीने का आसरा देगा। मातृगृह में सैकड़ों अनाथ नयन नाथ की बाट जोहते हैं। वहीं तुझे घर भी मिलेगा व घर के दीपक भी व जीवन लक्ष्य भी। उठ मेरी बहन, उठ देख, एक नहीं दो नहीं, वहाँ तुम्हें सात-सात आठ-आठ गिरधर गोपाल मिलेंगे।" 'माँ' कहने को और प्राण न्यौछावर करने को अपनी बेटियाँ भी मिलेंगी। प्रसून ने शिप्रा के कहे अनुसार किया। पर मातृगृह में प्रसून को ले जाने से पूर्व शिप्रा उसे धर्मशाला व मकलोड गंज ले आयी ताकि उसका कुछ मन बहल जाए। वहाँ से वापस आकर दो दिवस पश्चात् शिप्रा प्रसून को मातृगृह ले गयी जहाँ श्री आर. एम. कोतरू साहब ने उसकी पर्याप्त सहायता की। प्रसून ने भी रात्रि दिवस अकथनीय परिश्रम कर आगे भी पढ़ा व अपना दायित्व भी योग्यतापूर्वक निभाया। शिप्रा की हुंकार पर अतीत के अँधेरों को प्रसून ने गहरे, अति गहरे हृदय के किसी गह्वर में सदा सर्वदा निमित्त बन्द कर दिया। आज वह मातृगृह में सम्मानित मातृपद पर आसीन थी, उसको छह पुत्र व एक पुत्री 'माँ-माँ' कहते नहीं अघाते थे। एकाग्रचित्त प्रसून उनका भविष्य ही सजाने सँवारने में लगी रहती थी। हाँ, जब कभी अतीत के वातायन खुलने का प्रयत्न करते थे तो उन्हें बल-पूर्वक बन्द कर देती वह और कभी-कभार शिप्रा के सान्निध्य में चली जाती थी।

अब उसका बड़का करुण ऐसा गबरू जवान निकला था कि जो देखता देखता ही रह जाता। प्रकृति ने उसे मुक्त करों से सूरत ही नहीं अपितु सीरत भी प्रदान की थी। जब करुण दस वर्ष का था तो उस जनकगण विहीन बालक को भिक्षावृत्ति करवाने वाले एक गिरोह से मुक्त करवा कर मातृगृह लाया गया था। वहाँ उसे प्रसून जैसी माँ के आँचल की ममतामयी छाँव मिली। करुण ने स्वयं को संयम की चाबुक मार-मार साधा। जब वह इंजीनियर बन माँ के चरण छूने आया तो प्रसून ने उसे हृदय से लगा लिया। गर्व से माँ, भाई, भगिनी फूले न समा रहे थे।

प्रसून ने अपने आभूषण बेच व फ्लैट को गिरवी रख करुण को 'इलैक्ट्रीकल गुड्स' का काम आरम्भ करवा दिया। यद्यपि कोतरू साहब ने बैंक से ऋण लेने की व्यवस्था भी करवा दी थी पर उस कार्य हेतु अधिक धन की आवश्यकता थी। देखते ही देखते पाँच वसन्त बीत गये। आज करुण दक्षिणी दिल्ली में एक जाना माना व्यवसायी था। जमरूदपुर में पहले उसकी छोटी सी फैक्टरी एक किराये के स्थान पर थी। ये उसके अथक परिश्रम, सूझबूझ व लगन का ही पुरस्कार था कि आज उसकी स्व की फैक्टरी अपनी जमीन पर थी। उसकी फैक्टरी द्वारा निमित्त वातानुकूल दुबई इत्यादि देशों में चाव से क्रय किये जाते थे। उसने कैलाश कॉलोनी में अपना एक पाँच कक्ष वाला फ्लैट भी ले लिया था। जहाँ प्रसून पुनः राजमहिषी बनी अपनी अन्य सन्तानों संग सुखमय जीवन व्यतीत करने लगी।

करुण कोतरू साहब की चिचौरी कर, मना कर माँ-भाई-भगिनी समस्त परिवार को संग लाने में सफल हो गया था।

देखते ही देखते पुरातन पत्ते झड़ते गये नूतन उनका स्थान ग्रहण करते गये। प्रसून की पोषक सन्तानें अब अपने-अपने नीड़ में समा चुकी थीं। हाँ, हर होली-दीपावली सब भाई-बहिन सम्मिलित हो बड़के भैया व माँ के संग मनाते, तब कभी-कभी पौत्र-पौत्रियाँ तथा दोहिता एक संग बाल हठ पर अड़ जाते, ''दादी सुनाना अपनी शरण स्थली वाली कहानी,'' प्रसून के नयनों में हर्षोल्लास के नीर कण झिलमिलाने लगते। वह मग्न मन स्व द्वारा सींचे गये पौधों को लहराते हुए देखती और कहानी सुनाती। अंजन दादी को मध्य में ही टोकता, और अन्त में यह भी कहता – "काश! करुण सरीखे पुत्र और भी हों मातृगृह की शरणस्थली में'' जब नटखट अंजन वक्र अधर कर दादी की नकल उतारता तो चहुँदिक् निर्मल निर्दोष हास्य बिखर उठता वहाँ।

उऋण

उस पर्वतीय मार्ग की ढालू सड़क पर रमित नागपाल ने गाड़ी आगे बढ़ा दी। पार्श्व में बैठी हुई पत्नी पर जब उसने दृष्टिपात किया तो देखा कि वह तन्मयता से प्रकृति प्रिया की अनुपम छटा निहार रही थी। धर्मशाला से नागपाल दम्पति कुल्लू मनाली भ्रमण निमित्त जा रहा था। जब रमित ने देखा रमोला का मन दूर, कहीं दूर विचरण कर रहा था तो वह भी पूर्ण मनोयोग से गाड़ी चलाने लगा। रमित नागपाल देहली में करोल बाग के 'वेस्ट एक्सटेंशन एरिया' में रहता था। वह प्रसिद्ध बाल रोग चिकित्सक था। रमोला व रमित का विवाह हुए सोलह वसन्त बीत चुके थे पर घर आँगन अभी तक शून्य ही था किसी नटखट की किलकारियों से। रमोला एक राजकीय विद्यालय में अध्यापिका थी। वे दोनों पति-पत्नी कम मित्र अधिक थे। अतः जीवन नैया सुचारु रूप से चल रही थी। रमोला की इच्छा देखते हुए रमित ने अस्पताल से पन्द्रह दिनों का अवकाश लिया। अब वे तीन दिवस धर्मशाला में व्यतीत करके आ रहे थे।

मार्ग में 'कैम्प' के निकट तो प्रकृति की सौन्दर्य सुषमा चहुँओर बिखरी पड़ी थी। प्रकृति प्रिया की रूप छटा देख रमित के मन में यह विचार कौंध गया कि अवकाश प्राप्त करने के पश्चात् शेष जीवन यहाँ ही एक छोटा सा घर बादलों की छाँव में बनाकर व्यतीत करना चाहिए। 'कैम्प' के निकट फैली हुई सपाट भूमि पर बनी हुई आवासीय बस्तियाँ मैदान के लोगों का बरबस मन मोह रही थीं।

"रमित कितनी सुन्दर जगह है ना।" हठात् रमोला के मुख से प्रशंसात्मक शब्द फूट पड़े।

"हाँ रम्मू, वह तो है ही। मेरा तो दिल करता है अवकाश प्राप्त करने के पश्चात् यहाँ एक छोटा सा घर बादलों की छाँव में बनाकर, तारों के गाँव में रहें।" प्रफुल्लता से रमित ने कहा।

"अजी, कवि महोदया, कविता करने लगे ना। मुझे भी यह स्थान मनभाया है पर पहले कुल्लू मनाली देख लें फिर निर्णय लेंगे कहाँ रहना है।" रमोला ने कहा।

"जैसे गृह मन्त्रालय की इच्छा।" रमित बोला।

"गृह मन्त्रालय नहीं, गृह मन्त्रिणी की इच्छा।" खिल-खिल जाती हुई रमोला ने कहा।

गुनगुनाते हुए खिल-खिल जाते हुए नागपाल दम्पति नागिन सी बलखाती पर्वतीय मार्ग स्थली पर जा रहे थे। कहीं-कहीं पर्वतीय मार्ग ढलवा था और कहीं थी दुष्कर चढ़ाई पर रमित गाड़ी चलाने में दक्ष था। हर पहाड़ी मोड़ से वह कुशलता पूर्वक गाड़ी आगे बढ़ा ले जाता।

जब मण्डी से उसने गाड़ी को कुल्लू के मार्ग पर डाला तो मौसम अत्यधिक सुहावना हो गया था। मानो नियति नटी अपने मृग नयनों से मस्ती भरी मदिरा चहुँदिक् लुटा रही थी। ऊँची-ऊँची पर्वत श्रेणियों के मध्य बलखाता, इठलाता व्यास दरिया बह रहा था। नियति नटी के अनुपम नृत्य का रसास्वादन करते हुए नागपाल दम्पति कुल्लू के निकट जा पहुँचा। कुल्लू नगरी से कोई बीस किलो मीटर पहले 'ठिकाना अतिथिगृह' बना हुआ था। ठिकाना के पीछे दूर-दूर तक फैले हुए खेत और आगे था मुख्य मार्ग जो कुल्लू शहर से आगे मनाली इत्यादि की ओर जाता था। नीले नभ पर नटखट नवौढ़ा तुल्य इठलाती हुई मेघमालायें घूम रही थीं। कुछ दूरी पर दरिया के बहने की मधुर ध्वनि आ रही थी। रमोला मन्त्रमुग्ध हो उठी वह स्थान देखकर। रमित ने प्रथम खण्ड पर एक कक्ष किराये पर ले लिया। शीघ्रतापूर्वक चाय पीकर रमित रमोला को व्यास किनारे ले चला।

रमोला कुछ अधिक ही प्रकृति प्रिया थी। ताल-तलैया दरिया किनारे घूमना उसे सदा सर्वदा भाता था। अतिथि गृह से यद्यपि दरिया निकट ही दिखाई दे रहा था पर चलते-चलते दोनों को बीस मिनट होने को आये थे पर अभी तक दरिया का किनारा दिखाई नहीं दिया था। पति-पत्नी झूमते हुए 'पल्म्' के बाँके-बाँके पेड़ों क्रो मुग्ध दृष्टि से निहार रहे थे। मार्ग में टमाटर के पौधे प्रचुर मात्रा में लगे हुए थे। पहाड़ी महिलाएँ सिर पर 'डाठू' (रूमाल) बाँधे रंग-बिरंगे वस्त्र पहने जो कि कुछ-कुछ मलीन भी दिखाई दे रहे थे दक्षता से कैंची के साथ टमाटर के पौधों को काँट-छाँट रही थीं। कई पुरुष भी उनका साथ दे रहे थे या यूँ कहना चाहिए वे महिलाएँ ही पुरुषों का साथ दे रही थीं। टमाटर खाने में कितना रसीला है, कितना स्वादिष्ट है पर उसकी पौध को इतने श्रम से उगाना पड़ता है यह प्रथम बार ही जाना नागपाल दम्पति ने। प्रत्येक टमाटर के पौधे को धवल धागे से ऊपर की ओर बाँधा हुआ था ताकि पौधा सीधा रहे। लटकते हुए हरे लाल पीले टमाटर चित्ताकर्षक लग रहे थे और वैसे ही लग रहे थे पेड़ों की डालों से लटके हुए 'पल्म्' तथा खेतों में लगे हुए विशालकाय फूल व बन्द गोभी के फूल।

आगे जाकर मार्ग गाँव में मिल गया। एक ग्रामीण बालक से जो टुकर-टुकर इन अपरिचितों को निहार रहा था रमोला ने नदी किनारे के विषय में पूछा तो पहले तो बालक ने लज्जा कर अपना मुख खोल जिह्वाग्र चिम्बुक को लगाया फिर सामने की ओर अनामिका से संकेत कर घर के भीतर भाग गया। जब ग्राम समाप्त हो गया तो बाहर एक बलखाती इठलाती स्वच्छ जल में से एक सुडौल

दूधिया वर्णिये पत्थरों को दर्शाती किसी पहाड़ी झरने की द्रुतगति से बहती हुई शाखा मिली। रमोला ने दोनों हाथों से अपनी बहुमूल्य असल चमुण्डी शफौन की साड़ी ऊपर उठा ली। रमित के संकेत पर साड़ी को बाँध कर से पकड़ रमोला ने रमित के बलिष्ठ हाथ में अपना कोमल हाथ दे दिया। रमित ने उसे सावधानी पूर्वक झरने की वह चंचल शाखा पार करवाई। दोनों कुछ क्षणों पश्चात् व्यास के किनारे जा बैठे। धीरे-धीरे निशा रानी अपना आँचल फैलाने लगी। विवश हो नागपाल दम्पति को वह लुभावनी दृश्यावली का लोभ छोड़ना पड़ा। वे वापस लौट चले। जब वे उस स्वच्छ द्रुतगति से बहती हुई झरना शाखा के निकट पहुँचे तो देखा, एक पर्वतीय बाला एक बड़े से देगचे को माँज रही थी।

"मैडम जी, आप व्यास किनारे गये थे क्या?" मधु पगे शब्दों में मानो कोयल कूक उठी हो।

"हाँ, वहीं गये थे।" रमोला ने भी मधुर वाणी में उत्तर दिया।

"कैसा लगा म्हारा ये कुल्लू?" वही मधु पगे शब्द पुनः गूँजे।

विद्योत्तमा की कौंध तुल्य उस पर्वतीय बाला की धवल दंतपंक्तियाँ उसके स्मित हास्य के संग अपनी अनुपम छटा दिखा अदृश्य हो गयी। रमोला ने मुग्ध भाव से उस निष्पाप सौन्दर्य को निहारते हुए उत्तर दिया, "अति सुन्दर लगा जी तुम्हारा कुल्लू।"

"मैडम जी, ठहरिये मैं 'पल्म्' आपको पेड़ से तोड़ कर खिलाती हूँ।" और फिर रमोला के उत्तर की प्रतीक्षा किये बिना उसने एक लम्बी टहनी से 'पल्म्' के वृक्ष को तत्परता से झाड़ा। फिर कई पके हुए पल्म् धरा से उठा अपने आँचल में भरे व मुग्ध भाव से खड़े हुए नागपाल दम्पति के सम्मुख अपना आँचल फैला मीठे स्वर में उनसे पल्म् खाने का आग्रह किया। रमोला व रमित ने दो-चार पल्म् खा लिए वे उस सरल हृदय बाला के अपनेपन से भरे हुए हृदय को ठेस नहीं पहुँचाना चाहते थे। इसलिए उसके अनुरोध को न टाल सके। अपरिचित होते हुए भी वह जन्मों से परिचित दिखाई दे रही थी।

"और खाओ न मैडमजी," किसी मुँहलगे बालक सम ठुनकते हुए वह बाला बोली।

"बस, अभी और इच्छा नहीं है।" रमोला ने स्नेहिल स्वर में उत्तर दिया।

"तो ये सब आप साथ ले जाओ। आपके लिएं ही तो झाड़े हैं मैंने।" पुनः ठुनक उठी वह बाला।

"किसमें ले जाऊँ? हमारे पास न कोई थैला है न कोई रूमाल है।" रमोला ने उसे समझाना चाहा।

"तो अपने 'होटल' का नाम बताओ? मैं कल सवेरे देने आऊँगी।" मधुर बैन अनुरोध से भरे हुए थे।

"हम 'ठिकाना' अतिथि गृह में ठहरे हैं। पर तुम क्यों कष्ट करोगी ये सब वहाँ लाने का?" रमोला ने कहा।

"वाह जी! कष्ट कैसा आप हमारे भी अतिथि हैं केवल अतिथि गृह के ही नहीं हैं और जी मेरा नाम 'तुम' नहीं है रजनी है। घर में मुझे रज्जो बुलाया जाता है। आप भी रज्जो कहें ना मैडम जी।" रज्जो ने प्रफुल्लित स्वर में कहा।

"क्या तुम हर आने जाने वाले के संग ऐसे ही बतियाने लगती हो?" मधुर मुस्कान के साथ रमोला ने पूछा तो रज्जो के उज्ज्वल मुख पर निराशा घिर आयी, "अब इस गाँव में कौन आता है? मैडम जी, लोग व्यास के किनारे जाने के लिए ज़्यादा होटलों में बैठ के चाय पीते हैं कुल्लू से आगे। और हम गरीबों से बात ही कौन करता है आप जैसे मैडम जी, आप तो बोत-बोत में अच्छी हैं ना।" इतना कहते-कहते लजा गयी रज्जो।

"मैं बोत-बोत अच्छी हूँ क्या?" रमोला ने विनोदी स्वर में कहा।

"हाँ जी, बाबे दी सौं।" तत्परता से उत्तर दिया रज्जो ने।

"देखो रज्जो, अब अँधेरा बढ़ता जा रहा है। हम चलते हैं। कल सन्ध्या समय पाँच बजे फिर यहाँ मिलेंगे।" रमोला ने मन्त्र मुग्ध सी कहा और मार्ग पर पग आगे बढ़ाया। रमित कुछ दूर जाकर खड़ा हो गया था। वह भी धीरे-धीरे आगे बढ़ने लगा। रमोला के पीछे-पीछे उस बड़े देगचे में शीतल जल भर रज्जो भी चल पड़ी। गाँव के निकट आकर पुनः रज्जो नागपाल दम्पति से अपने घर चलने का आग्रह करने लगी। रमोला ने उसे समझाया कि कल अवश्य उसका घर देखेंगे जब सन्ध्या मिलेंगे तो।

प्रातः नागपाल दम्पति कक्ष के बाहर बैठे हुए चाय पी रहे थे। दूर ऊँचे पर्वत शिखर के पीछे से उषा रानी अपना चमकीला अरुणिम आँचल लहरा रही थी जो शनैः-शनैः पीतवर्णिये बनता जा रहा था। लहराते हुए खेतों से मिट्टी की भीनी-भीनी सुगन्ध उठ रही थी और उन पर पड़े हुए तुषारकण अमूल्य मोती हीरो तुल्य चमक रहे थे। व्यास पर से उठती हुई धुन्ध अपनी सर्पीली चाल से चलती हुई दूर-दूर तक फैली जा रही थी। मन्द समीर के झोंकों से तन मन पुलक-पुलक जा रहा था। 'ऐसी मनभावन चित्ताकर्षक दृश्यावली है कि उसके सौन्दर्य सौष्ठव को शब्दों में बाँध पाना कठिन कार्य है। उस अनुभूति का तो कोई अभिभूत होकर ही रसास्वाद कर सकता है।' ऐसा ही कुछ रमोला सोच रही थी कि उसके कर्णद्वार तक रजनी की कूक पहुँची, "दीदी, मैं आ गयी।" रमोला का रूप लावण्य देख असीम औदार्य से स्वयं ही दीदी बना लिया रज्जो ने उसे।

रमोला ने एक उड़ती हुई दृष्टि रमित पर डाली और फिर पीछे मुड़कर देखा तो मन्द-मन्द मुस्काती रज्जो एक वृद्ध महिला के साथ खड़ी थी। वह महिला कुल्लू की परम्परागत वेश-भूषा धारण किये हुई थी व सिर पर एक छींट का डाठू जो कि

अपना रंगरूप खो चुका था, पहने हुए नतमस्तक खड़ी थी। रमोला को प्रश्नसूचक दृष्टि से निहारते हुए देख रज्जो बोली, "ये म्हारी माँ है जी। इसे मैं ही हठ कर के लायी हूँ आपसे मिलाने। चल न, माँ दीदी के पास।" साधिकार रज्जो ने जननी को आगे ठेलते हुए कहा।

"क्या कहूँ मैडम जी, ये रज्जो बड़ी ही ढीठ है। मुझे जबरदस्ती यहाँ खींच लायी है कि मेरी दीदी से मिलने चलो।" विनीत स्वर में वह वृद्धा बोली।

"आओ बैठो, चाय पीओ अभी मँगवाती हूँ।" रमोला ने नम्र स्वर में कहा।

"नई जी, अबी पी है। ये पल्मू आप दे वास्ते लाये हैं। जी, आप इन्हें ले लो।" दोनों हाथों से एक छोटी सी टोकरी आगे बढ़ाते हुए रज्जो ने कहा तो उसके निश्चल प्रेम उत्साह अपनेपन को देख रमोला ना न कर सकी। कुछ देर बैठ बतिया माँ बेटी सन्ध्या समय रमोला से गाँव आने का वचन ले चली गयीं। रमोला व रमित को वह स्थान इतना भाया कि वे निरन्तर दस दिवस वहाँ रहे। मनाली की नयनाभिराम दृश्यावली, मणिकर्ण के मन्दिर, गुरुद्वारा व उबलते पानी का वह चश्मा जिसमें लोग कपड़े में चावल बाँध उबाल खाते थे सब कुछ देखा। कई अन्य स्थानों पर भी घूमने गये।

दो-चार दिवस में ही रज्जो रमोला संग ऐसे घुलमिल गयी जैसे बिछड़ी हुई स्वजाई बेटी मिली हो। रमोला नियमपूर्वक सन्ध्या समय रज्जो के गाँव व व्यास के किनारे जाती आती। रज्जो प्रातः अवश्य रमोला के पास आती। रमोला मग्न मना थी इसलिए रमित भी प्रसन्न था। एक दिन प्रायः रज्जो पुनः अपनी जननी को रमोला के पास ले आयी।

रमोला ने मधुर मुस्कान के संग उनका स्वागत किया। उन्हें अनुरोधपूर्वक चाय मँगवाकर पिलाई व साथ में चाँदनी चौक के प्रसिद्ध सोहन लाल कुँवर जी की मिठाई व नमकीन खिलाया जो वह देहली से साथ लायी थी।

रज्जो की जननी का नाम राजी था। मनाली के निकट एक गाँव की रहने वाली थी। निर्धनता का पितृगृह में व्यापक राज्य था। सो निर्धन की क्या तो आशा क्या आकाँक्षा। रोगी भगतू के संग भँवरे डाल जनकगण गंगा तो नहीं, हाँ व्यास में अवश्य नहाये थे। एक-दो वर्ष मृत्यु ने भगतू के संग आँखमिचौली खेली और फिर उसे सदा सर्वदा के लिए संग ले गयी। थोड़े से खेत व एक जीर्ण-शीर्ण घर मिला राजी को पति के मृत्योपरान्त। उस पर भी गंजेड़ी धूर्त कागा जैसे काने चचेरे देवर की दृष्टि थी। यद्यपि भगतू को वह धूर्त कतई नहीं भाता था फिर भी भगतू उस पर घर आने के लिए रोक लगाने पर विवश था। धूर्त दुनीचन्द ने भगतू को बीस-बीस या पचास-पचास करके कठिनता से पाँच सौ रुपया दिया होगा जो अब वह पाँच हजार बनाये फिरता था। अपनी गुलर जैसी रक्तिम एकाकी आँख खोल जब वह मदालस हँसी हँसते हुए राजी को कहता, "बाबे दी सौं! रज्जो फुट के

जवान निकली है।'' तो राजी की मांस मज्जा दग्ध हो उठती, ''तू मेरे घर न आया कर दूनी। तेरे को मैंने सौ बार आख्या है।'' वह क्रोधित स्वर में चिल्ला उठती।

''दुनीचन्द क्यों नई कन्दी राजी? मेरा पंज हजार गिन दे फेर अखाँ दिखाईं। किनी वार क्या कि रज्जो नू शा दे जवान नाल व्या दे। सुन दी नई। कुछ न कुछ तो करना पयेगा न हुण।'' विषैली हँसी हँसते हुए दुनीचन्द कहता। वह शाह के धूर्त बेटे के संग रूप सम्राज्ञी रज्जो का गठबंधन करना चाहता था। शाह ने उसे विश्वास दिलाया था, जिस दिन करमचन्द दे नाल रज्जो दे कर्म जोड़ देगा उसी दिन शा पंच दी जगह दस हजार गिन के उसे दे देगा।'' "मैं दुखियारी किदां बचावाँ रज्जो नूँ।" मोटे-मोटे अश्रु ढुलक पड़ते राजी के निराश नेत्रों से ऐसा सोच-सोच कर।

अपना सारा अतीत व वर्तमान अक्षरशः उजागर कर दिया था राजी ने रमोला के सम्मुख। रज्जो को जैसे तैसे राजी ने आठवीं कक्षा तक पढ़ाया था। अब उसके हाथों में मेहँदी रचाना चाहती थी। धूर्त शाह व दुनीचन्द के मारे कोई पहाड़ी रज्जो को अपनी पुत्रवधू बनाने का साहस न कर पा रहा था क्योंकि हर योग्य या अयोग्य वर का जनक किसी न किसी रूप में शाह के चंगुल में फँसा हुआ था।

रमोला निश्चय नहीं कर पा रहा थी कि कैसे इन विपत्ति मारी माँ बेटी की सहायता करे। कल नागपाल दम्पति वापस जा रहे थे। उन्हें शिमला भी दो दिन के लिए जाना था। राजी के मामा की लड़की शन्नो शिमला में रहती थी। उसका पति प्रसिद्ध जलपान गृह बालजी में रसोइया था और वह स्वयं एक राजकीय विद्यालय में आया थी। अपनी विषम परिस्थितियाँ देखते हुए राजी ने रमोला को करबद्ध प्रार्थना की कि वह उन माँ बेटी को शिमला अपने साथ ले जाए ताकि वह शन्नो से प्रार्थना करे लड़की को किनारे लगाने की। करुणामयी रमोला की इच्छा देखते हुए रमित ने भी हामी भर दी। अपनी एक मात्र सखी सहेली दबंग इन्द्रो को सम्पूर्ण स्थिति समझा राजी ने उससे अपने खेतों की केवल तीन दिन के लिए देखभाल करने को कहा। इन्द्रो एक सहृदय नारी थी। वह सब प्रकार से राजी व रज्जो की सहायता करती पर वह दुनीचन्द का पाँच हजार कहाँ से दे उसकी राजी के घर आने पर रोक लगाती।

''जा राजी शन्नौ को कै चंगा जया जवाई लेबा'' इन्द्रा ने दीर्घ श्वास लेते हुए कहा।

''जो ऊपर वाले नू मंजूर इन्द्रो, जो मैं मर गई ते कि होयेगा।'' दीर्घ श्वास छोड़ते हुए राजी बोली।

''शुभ-शुभ बोल। एथो दा कोई फिकर न करीं। मैं बैठी आँ। जा ऊपर वाला तेरा राखा,'' इन्द्रो ने धैर्य बँधाया राजी को।

अभी चाँद तारे सोये ही थे कि नागपाल दम्पति ने कुल्लू छोड़ दिया। मनाली,

मणिकर्ण सब स्थानों पर आनन्द मग्न हो भ्रमण कर चुके थे वे पहले ही। मणिकर्ण के मन्दिर, गुरुद्वारा व उबलते हुए पानी के चश्मे पहले सब देख चुके थे रमोला व रमित।

मार्ग में मंडी पहुँच उन चारों ने भोजन किया और पुनः निकल पड़े अपनी यात्रा पर। मौसम अतिशय सुहावना था। कुछ दूर चलते ही वर्षा रानी वक्र भृकुटी किये तांडव नृत्य करने लगी। मूसलाधार जल वृष्टि होने लगी नील गगन से। 'घनाहटी' पहुँचने से कुछ पहले अकस्मात् नीला आकाश धुल धुलाकर निखर आया पर 'घनाहटी' ज्यों-ज्यों निकट आने लगी न जाने धूमकेतु सा घना कोहरा कहाँ से छा गया चहुँओर। एक इंच आगे भी कुछ नहीं दिखाई देता था। आजू बाजू चहुँओर घनी धुन्ध का साम्राज्य था। केवल गगनचुम्बी पर्वत जो कुछ समय पूर्व ही प्रकृति प्रिया की अनुपम छटा बिखेर रहे थे, अब दैत्याकार प्रेत से भी अधिकाधिक भयावह लग रहे थे। कितना दुष्कर था उस धुन्ध में गाड़ी चलाना। रमित बहुत ही धीमी गति से गाड़ी आगे बढ़ा रहा था। तनिक सी चूक चार जीवन ले सकती थी। स्तब्ध ा-सी तीनों महिलाएँ जन के रचयिता का मन ही मन स्मरण कर रही थीं। लगता था यह दुरूह मार्ग कभी भी समाप्त नहीं होगा। लगभग दो घंटे तक ऐसी ही स्थिति बनी रही। शिमला के निकट आकर ऐसा प्रतीत हुआ मानो धुन्ध के लोक में से निकलकर एक उजले साफ स्वच्छ लोक में पदार्पण किया इन प्राणियों ने। हर किसी ने अपने मन में सर्वशक्तिमान को कोटि-कोटि धन्यवाद दिए शिमला पहुँचकर। छोटे शिमले में रहती थी शन्नो जब नागपाल दम्पति राजी को उसके घर पहुँचाने गया तो वहाँ एक बड़ा सा ताला द्वार पर लगा मुँह चिढ़ा रहा था। शन्नो के प्रतिवेशियों ने बताया कि वह दस दिन का अवकाश ले अपने पति के संग हरिद्वार गंगा स्नान को गयी है। असहाय सी राजी अश्रुपूर्ण नेत्रों से रमोला को निहारने लगी। सहृदय नागपाल दम्पति ने उसे आश्वासन दिया और साथ लाकर 'कोर्ट रोड' पर स्थित एक धर्मशाला में ठहरा दिया। स्वयं उनका आरक्षण 'माल रोड' पर समस्त सुविधापूर्ण होटल में हुआ था। सो कल के लिए रज्जो व राजी को होटल में आकर मिलने का कह अपने गन्तव्य की ओर बढ़ चले।

रात सवा दस बजे के लगभग कोई दुहत्तड़ मार नागपाल दम्पति के कक्ष का द्वार खटखटाने लगा। द्वार रमित ने ही खोला तो रज्जो बुक्का फाड़ रो पड़ी, "साबजी, मेरी मां नू बचा लो।" अश्रुओं से उसकी आँखें अन्धी हुई जा रही थीं व कंठ अवरुद्ध हो चला था। 'किस विपत्ति में किस कुबेला में फँस गये।' रमित मन ही मन बड़बड़ा रहा था। रमोला के नयनों में मूक याचना थी सो दोनों पति-पत्नी रज्जों के संग चल पड़े।

राजी को अत्यन्त कठिनाई से 'स्नोडन' अस्पताल में लाया गया। डा. चन्द्र प्रकाश शर्मा के एक सहयोगी के पुत्र का अच्छा मित्र था। देहली आया जाया

करता था और रमित से भी परिचित था। सौभाग्य से उस समय उसकी 'नाइट ड्यूटी' थी। रमित ने संक्षेप में उसे सम्पूर्ण कथा कह सुनाई। मानवता की सेवा का व्रत लेने वाला चिकित्सक जुट गया अपना कर्तव्य निभाने हेतु। लगभग एक बजे राजी ने नेत्र खोल अपने चहुँओर निहारा और पुनः बन्द कर लिए।

"देखिए, मिस्टर नागपाल अब इनकी दशा में काफी सुधार है। आप जाकर आराम कीजिए।" रज्जो माँ के ही निकट बनी रही। रमित होटल चले गये हृदय विशेषज्ञ डा. ज्ञानचन्द के कहने पर।

दूसरे दिवस सन्ध्या समय पुनः राजी की दशा बिगड़ने लगी, "मैं न बचूँगी मैडम जी, मेरी बच्ची का इस भरी दुनिया में कोई भी आसरा नहीं है। इसे मैं आपके हवाले करके जा रही हूँ। इस निर्बल की रक्षा आप ही करना। भैणी जी, उस दुनी राकस से इस बच्ची को बचाना।" रज्जो चीत्कार कर उठी। उसे नर्स ने आकर तगड़ी डाँट पिलाई।

"राजी तू तनिक भी चिन्ता न कर। हम हर तरह रज्जो की मदत करेंगे। मैं इसे पढ़ा-लिखा कर अपने पैरों पर खड़ा करूँगी। और..." अभी रमोला बोल ही रही थी कि दो अश्रु राजी के निस्तेज कपोलों पर ढुलक पड़े। मुख पर असीम सन्तोष था। पिंजरा छोड़ पक्षी उड़ चला था अनन्त आकाश की ऊँचाइयाँ नापने। रज्जो पछाड़ खाकर गिर पड़ी माँ की माटी पर। डा. चन्द्र प्रकाश के सहयोग से उस अनाथ का दाह संस्कार करवाया नागपाल दम्पति ने व दुनी को तार देकर शिमला बुलवाया। दो दिवस पश्चात् दुनीचन्द पहुँच मगरमच्छी अश्रु बहाने लगा।

"साब जी, मैं अपणी भतीजी को आज ही लेकर घर वापस जाऊँगा।" दुनीचन्द ने दुःखी स्वर में कहा। डा. चन्द्र वहीं था। रमोला ने उसे सम्पूर्ण स्थिति से पहले ही अवगत करा दिया था।

"ताकि तुम इसे उस बन्दर संग ब्याह सको।" डा. चन्द्र ने व्यंग्य पूर्ण स्वर में कहा।

"भतीजी मेरी है जी, चाहे जाँ ब्याहूँ।" ऐंठ के संग बोला दुनीचन्द।

"मैं इसके संग किसी भी किमत ते न जाऊँगी।" अपना दृढ़ निश्चय सुना दिया रज्जो ने।

"अब बता?" रमित बोला।

"मैं पुलिस बुलाण आँ" दुनीचन्द ने कहा।

"तू क्या पुलिस बुलायेगा?" डा. चन्द्र बोला।

"मेरी नाबालिग भतीजी नूं अगवा कर रये हैं।" दुनीचन्द दहाड़ा।

"चचुआ, मैं नाबालिग नई। तू बुला ते पुलिस। मैं अपना जन्म दा सार्टीफिकट दिखाणी आँ।" रज्जो ने गर्व पूर्ण स्वर में कहा। होनी के वशीभूत सम्भवतः रज्जो राजी के कहने से अपना आठवीं कक्षा उत्तीर्ण करने का प्रमाण पत्र साथ उठा लायी

थी और जन्म का वह प्रमाण पत्र दर्शाता था कि रज्जो तीन मास पहले अठारह वर्ष की हो चुकी थी।

दुनीचन्द अनपढ़ गँवार गंजेड़ी भयभीत हो गया जब डॉ. चन्द्र ने कहा उसे भतीजी बेचने के अपराध में कारागार में डलवा दिया जाएगा। दुनीचन्द ने डा. चन्द्र व रमित को लिखकर दे दिया जैसे रज्जो चाहेगी। वह वैसे ही करेगा। कभी भी रज्जो को तंग नहीं करेगा। रज्जो तो गाँव लौटकर किसी भी मूल्य पर नहीं जाना चाहती थी। अतः नागपाल दम्पति उसे अपने संग देहली ले गया।

स्नेह की फुहार से रज्जो रूपी पौधा लह-लह कर लहरा उठा। अपने अकथनीय परिश्रम तथा उचित मार्ग दर्शन के कारण रज्जो ने द्वितीय श्रेणी में स्नातक की उपाधि ले ली तथा उसके उपरान्त कम्प्यूटर में डिप्लोमा ले नौकरी करने लगी। रमोला का दायाँ पैर पक्षाघात का शिकार हो चुका था। रज्जो बड़े स्नेह व निष्ठा से सेवा करती थी। निःसन्तान रमोला व रमित ने रज्जो को दत्तक पुत्री बना लिया। रज्जो को रमोला ने विवाह करने हेतु बहुत ऊँच-नीच समझाया पर वह अपने हठ पर अडिग रही, "नहीं दीदी, मैं कभी भी विवाह नहीं करूँगी। सदा तुम्हारे संग रहूँगी।" वह कहती। मानो उसने विवाह न करने की भीष्म प्रतिज्ञा कर ली थी।

आज रज्जो, रज्जो नहीं अपितु रजनी नागपाल थी। नागपाल दम्पति की दत्तक पुत्री। रमोला दीदी का नयन तारा थी वह। रजनी स्वजाई सन्तान से बढ़कर नागपाल दम्पति की देखभाल करती थी। जब रमोला ने सूने घर व सूने भविष्य की दुहाई दी रजनी को तो रज्जो ने कालू प्रसादी रसोइए के मातृ विहीन होनहार पुत्र नवदीप की ओर उसका ध्यान दिलवाया। तीन वर्ष का नवदीप बड़ा ही नटखट कुशाग्र बुद्धि था। कालू प्रसाद को जीवन पर्यन्त साथ रखने का आश्वासन दे नवदीप को रज्जो ने दत्तक पुत्र बना लिया। कालू अत्यन्त प्रसन्न था कि पुत्र पढ़-लिखकर एक बड़ा आदमी बनेगा।

रजनी विवाह न करने का प्रण तो कर ही चुकी थी। अन्ततः रजनी ने अपना यह हठ निभाकर दिखा दिया। 'क्या एक लड़की का जीवन लक्ष्य केवल विवाह ही होता है। यदि पुरुष विवाह करना नहीं चाहता तो वह अपनी इच्छानुसार अपना जीवन व्यतीत कर सकता है इस संसार में तो फिर स्त्री क्यों नहीं ऐसा कर सकती? जीवन में विवाह ही तो एक मात्र लक्ष्य नहीं है। लक्ष्य कई और भी हैं इस संसार में।' रजनी ऐसा सोचती व कहती। वह मन ही मन कहती, "मैं अपनी रमोला दीदी को इस असहाय अवस्था में छोड़ कर कभी नहीं जाऊँगी।" रमोला दीदी भुजा से कभी काम नहीं कर पाती थी उसे पक्षाघात के प्रकोप ने पूर्ण रूप से निस्सहाय बना दिया था।

रज्जो चार वर्ष पूर्व अपनी कुल्लू वाली सम्पत्ति भी बेच आयी थी। नवदीप के दस वर्ष का होते-होते पहले रमित ने महाप्रस्थान किया मस्तिष्क की नस फट

जाने के कारण और केवल मात्र सात मास पश्चात् कालू को भी हैजा ले गया इस घर से। रज्जो अपने निर्णय पर अडिग रही। यद्यपि रमोला अब भी उसे अनेको बार विवाह निमित्त कहती व समझाती। अब रज्जो कैसे अपनी पोषक दीदी को बताती कि वह उसे इस निस्सहाय अवस्था में छोड़ किसी भी मूल्य पर किसी नूतन नीड़ का निर्माण नहीं कर सकती।

रजनी अति प्रसन्न थी अपने रुपहले संसार में अपने नवदीप व रमोला के संग। भविष्य की हर चुनौती का सामना करने में सक्षम थी वह। कल रमोला ने निर्बल निस्सहाय रजनी को अपने आँचल की छाँव दी थी और आज रजनी वट वृक्ष बनी रमोला के जीवन की हर अंधड़ से रक्षा कर रही थी। इस प्रकार रजनी रमोला के ऋण से उऋण हुई।

हमारा घर

''नयना, नयना, अरे भई कहाँ हो?'' नीलाभ के हर शब्द से उल्लास का स्रोत फूट रहा था।

''मैं यहाँ हूँ नीलाभ,'' पिछवाड़े के छोटे से आँगन में तार पर धुले वस्त्र फैलाते हुए नयना ने उत्तर दिया।

''नयना, हर काम छोड़कर जल्दी इधर आओ। मैं तुम्हारे जीवन की सबसे बड़ी खुशखबरी लाया हूँ।'' उतावलेपन से नीलाभ ने आँगन तक आते हुए पुनः कहा।

''अरे! इतनी बड़ी खुशखबरी लाये हो तो जल्दी बताओ ना।'' हाथ में पकड़ी कोटाजाली की साड़ी वापस बाल्टी में डालते हुए नयना ने कहा।

''नहीं जी, हम ऐसे इतना बड़ा शुभ समाचार नहीं सुनायेंगे।'' अबोध बालक तुल्य ठुनकते हुए नीलाभ ने कहा।

''अभी तो इतनी आतुरता से चिल्ला-चिल्ला कर शुभ समाचार देना चाहते थे। अब कहते हो ऐसे नहीं बतायेंगे।'' मिश्री मंडित स्वर में नयना ने उपालम्भ देते हुए कहा।

''अरे प्रिय, पहले शुद्ध भारतीय जल पिलाओ, अन्दर आकर मेरे पास आराम से बैठो तो फिर खुशखबरी सुनाते हैं तुम्हारे ये प्राणेश्वर!'' विदूषक की भाँति मुखाकृति बनाते हुए नीलाभ बोला।

''तुम अन्दर जाकर बैठो। मैं अभी पानी लेकर आती हूँ।'' नयना ने शीघ्रतापूर्वक रसोईघर की ओर जाते हुए कहा।

''हाँ, अब शीघ्र बताओ क्या बात है?'' नयना ने नीलाभ के शीतल जल पीने के पश्चात्, उससे गिलास लेते हुए कहा।

''आज मैं फिर निहान चन्द के पास गया था।'' मधुर स्वर में नीलाभ बोला।

''वो तो तुम पिछले चार मास से जा रहे हो।'' तनिक उपेक्षा पूर्ण स्वर में नयना बोली।

नीलाभ, ''ओ हो। तुम्हारी यही आदत बुरी है। पूरी बात कभी भी नहीं सुनती हो और अपनी प्रतिक्रिया दर्शाने बैठ जाती हो।''

नयना, ''अच्छा, अब कुछ नहीं कँहूगी।''

नीलाभ, "वचन दो।"

"फिर मसखरापन दिखाने लगे।" नयना ने विशाल नेत्रों में कृत्रिम रोष भरते हुए कहा।

"अच्छा बाबा, अब न मसखरापन दिखाऊँगा, न दिखाऊँगा।" कान पकड़ते हुए पुनः विदूषक की भाँति नीलाभ ने कहा।

नयना, "अब तो अति हो गयी।"

"हाँ, अब तो अति हो चुकी है। ओ प्रिये प्राणेश्वरी अपने जीवन का सबसे बड़ा शुभ समाचार सुनो—आज मैं 'अपने घर' का स्वप्न साकार करने निमित्त, अग्रिम राशि दे निहाल चन्द के साथ अनुबन्धन कर आया हूँ।"

"क्या कहा! एक बार फिर कहो!!" नयना को अपने कर्णद्वार पर विश्वास ही नहीं आ रहा था।

"हाँ, नयना, तुम्हारा स्वप्न अब साकार होने का समय आ गया है। निहाल चन्द एक सौ गज़ के भूमिखण्ड पर 'खिड़की एक्सटेंशन' में एक चार तल्ला घर बना रहा है। उस घर का तीसरा तल्ला मैंने 'बुक' कर दिया है।" नयना की जिज्ञासा शान्त करते हुए नीलाभ ने पुलकित स्वर में कहा।

नयना, "तुम सच कह रहे हो न।"

नीलाभ, "शत प्रतिशत सच बोल रहा हूँ और सच के सिवाय कुछ नहीं बोल रहा।"

नयना, "कितने कमरों वाला फ्लैट होगा वह।"

"एक अतिथि कक्ष, दो शयन कक्ष, रसोई घर और दो स्नानगृह इत्यादि बनेंगे।" पुलक मन नीलाभ बोला।

"नीलाभ" नयना।

नीलाभ, "हूँ, कहो नयना, क्या कहना चाहती हो?"

नयना, "कितनी धनराशि अग्रिम देकर आये हो?"

नीलाभ, "बीस हज़ार का 'चैक' दिया है।"

नयना, "मुझे बिना बताये ही तुमने इतना बड़ा निर्णय ले लिया।"

नीलाभ, "तुम्हारा ही तो स्वप्न साकार करना चाहता था मैं।"

नयना, "कितने का पड़ेगा हमारा घर?"

नीलाभ, "तीन लाख रुपये का।"

"इतना धन कहाँ से आएगा?" चिन्तित स्वर में नयना बोली।

नीलाभ, "देखो, जैसे-तैसे मैं डेढ़ लाख का प्रबन्ध तो कर लूँगा।"

"और कम से कम मेरे पचास हज़ार के आभूषण होंगे दोनों घरों के मिलाकर।" उत्साही स्वर में नयना ने कहा।

नीलाभ, "हाँ, वह तो ठीक है।"

"पर नीलाभ, यह तो दो लाख का ही प्रबन्ध हुआ। तीसरा लाख कहाँ से आएगा।" निराशा व जिज्ञासा से पूर्ण स्वर में नयना बोली।

"नयना, तू तनिक भी चिन्ता न कर। पिताजी से कहकर मैं गाँव की जमीन का एक भाग बिकवा दूँगा और फिर उनके पास भी तो बैंक में पर्याप्त पैसा है, ना, वह उसमें से भी आवश्यकता पड़ने पर धन दे देंगे। पिताजी तुम्हारे आभूषण भी नहीं बेचने देंगे। हो सकता है वह लाख रुपए से अधिक ही दे दें।" नीलाभ ने आशा पूर्ण स्वर में कहा।

"तब तो हमारा घर अवश्य बन जाएगा। नीलाभी, मैं हर समय किराये का मकान बदल-बदल कर तंग भी आ चुकी हूँ। ऊपर से महँगाई सुरसा के मुँह तुल्य बढ़ती ही जाती है। इक दिन तो तेरा घर होगा नीलाभ, मेरा घर होगा। हम दोनों का हमारा घर होगा।" उमंगों के रंग स्वर में भरते हुए नयना बोली।

निहालचन्द खिड़की गाँव का ही रहने वाला था। उसके पितामह ने येन-केन अपने अनुज के हिस्से के भी खेत खा लिये थे। निरुपाय विधवा भाभी सन्तान हीन तो पहले ही थी अब गृहविहीन भी बन चुकी थी। चतुर देवर ने अनुज की समस्त सम्पत्ति डकार ली। हाँ गाँव वालों के भय से भाभी को आदरपूर्वक अपने घर में रखा। निरीह भाभी केवल मात्र एक वर्ष पश्चात् ही भूलोक त्याग परलोक वासिनी बन गयी। गाँव में दबी-दबी चर्चा थी कि देवर व देवरानी ने ही उसे धीमे-धीमे मृत्यु के द्वार पहुँचाया था। कहते थे लोग कि बड़े दुलार से देवरानी जिठानी को भोजन का थाल लगा कर देती। अब यह तो विधाता या देवरानी-देवर ही जानते थे कि उस भोजन में धीमा विष मिला होता था या नहीं। नरपिशाच हजूर सिंह से गाँव के सब वासी डरते थे। कहा जाता था कि उसका डाकुओं के साथ लेन-देन चलता था। धन देकर उससे कोई भी प्राणी कोई भी जघन्य से जघन्य अपराध करवा सकता था। निहालचन्द धूर्तता कपट में पितामह हजूर सिंह से दस हाथ आगे ही था। पहले तो हजूर सिंह ही हर छल फरेब कर चुका था पर यदि उससे कुछ बचा भी तो पौत्र ने पूर्ण कर दिया। हजूर सिंह के तीन पुत्रियाँ व एक पुत्र खेमचन्द था। खेमचन्द धर्मभीरु प्रकृति का प्राणी था सदैव भागवत भजन में लगा रहता था। खेती की थोड़ी बहुत देखभाल भी कर लेता था। केवल मात्र चालीस वर्ष की आयु में दो दिवस के ज्वर ने उसके प्राण हर लिए। उस समय उसका एकाकी पुत्र निहालचन्द बीस वर्ष का था। खेमचन्द की मृत्यु से हजूर सिंह का हृदय हाहाकार कर उठा। पुत्र की मृत्यु के केवल मात्र दस दिवस पश्चात् हजूर सिंह रात्रि भोजन के पश्चात् ऐसा सोया कि फिर प्रातः उठा ही नहीं। गाँव में पुनः दबे लबों से चर्चा होने लगी कि पाप का घड़ा भरकर फूटता है। इस जन्म में ही पाप का फल पा लिया हजूर सिंह ने। पर निहाल चन्द पर कोई विपरीत प्रभाव न पड़ा पितामह की मृत्यु का नहीं पिता की मृत्यु का। निहाल चन्द तो मानो घुट्टी

में पितामह की धूर्तता कपट लेकर बड़ा हुआ था। हेराफेरी में उसका प्रतियोगी कोई सम्पूर्ण ग्राम में नहीं था। दक्षिणी दिल्ली में देखते ही देखते भूमि का मूल्य आकाश को छूने लग गया। अपने घर की कल्पना करना साधारण मानव निमित्त आकाश कुसुम लाने तुल्य हो गया। ऐसे में विशाल मगरमच्छ भूमि आवास इत्यादि के क्रय-विक्रय के व्यापार रूपी सागर में कूद पड़े। तब सरल हृदय प्राणी इनकी धूर्तता का शिकार होने लगे। उन्हीं मगरमच्छों में से एक निहालचन्द था। पहले तो वह सस्ते आवास का चुग्गा डाल शिकार को फाँसता फिर फँसे हुए शिकार की विवशता का पूर्ण रूपेण लाभ उठाता।

नीलाभ व नयना दोनों ही मालवीय नगर, दक्षिणी देहली के निकट एक विद्यालय में शिक्षक थे। दो अबोध शिशुओं के लालन-पालन, खाने, किराये तथा स्वयं पर ही उनके वेतन का एक बड़ा भाग व्यय हो जाता था। नयना मितव्ययता में विश्वास रखती थी। अतः दोनों पति-पत्नी 'ट्यूशन' इत्यादि कर कुछ धन जमा भी करते जाते थे। नीलाभ के केवल पिता जीवित थे। वह देहली के निकट एक गाँव में रहते थे। स्वास्थ्य अच्छा होने के कारण स्वयं ही खेतीबाड़ी की ओर ध्यान देते थे। नीलाभ का एकाकी अनुज क्षितिज एक मेधावी छात्र था। वह जयपुर में एम.बी.बी.एस. कर रहा था। अतः नीलाभ के पिता अविनाश शर्मा जो स्वयं हिन्दी के देहली विश्वविद्यालय में विख्यात प्रवक्ता रह चुके थे, ने अवकाश ग्रहण करने के पश्चात् गाँव में ही रहकर खेतीबाड़ी करने का निश्चय किया। बड़ी लगन के साथ पुत्र को योग्य चिकित्सक बनाने में जुटे हुए थे। वह नीलाभ की कौमार्यावस्था की रोगी काया ने उसे कुछ विशेष न बनने दिया तो वह एक शिक्षक बन कर ही संतोष पूर्वक जीवनयापन करने लगा अपनी कर्मठ सुशील पत्नी के संग।

निज के आवास का स्वप्न पति-पत्नी दोनों ही लेते थे। हर वर्ष पश्चात् घर बदल कर तंग भी आ चुके थे वे। अतः निहालचन्द ने उनका भी एक तल्ला अग्रिम धनराशि ले अनुबन्ध कर लिया।

चार मास में केवल मात्र चार मास में निहालचन्द ने अपने भूखंड पर चार तल्ला घर खड़ा कर दिया। नीलाभ का समस्त धन कोष रिक्त हो गया व नयना के आभूषण बिक गये। अविनाश भी विवश थे। जैसे-तैसे कुछ भूमि बेची कुछ धन पास से देकर नीलाभ को उन्होंने एक लाख रुपये देते हुए कहा "बेटे 'नील' मैं इससे अधिक करने में असमर्थ हूँ। बहू के आभूषण बिकने का मुझे बहुत दुःख है पर मैं क्या करूँ? तेरे छोटे भाई की पढ़ाई भी तो है ना।"

"पिताजी, आप तनिक भी चिन्ता न करें। मेरे लिए यह भी आपने कम नहीं किया। आभूषण भी धीरे-धीरे फिर बन जाएँगे। हाँ, अपना घर तो हो ही जाएगा ना।" उत्साही स्वर में नीलाभ बोला।

''हाँ बेटे, मुझे अति प्रसन्नता है कि तुम्हारा स्वयं का घर होगा। एक बात का ध्यान अवश्य रखना कि किसी धोखे में न फँस जाओ। आजकल अचल सम्पत्ति के नाम पर बहुत धोखाधड़ी हो रही है देहली में।'' अविनाश ने पुत्र को समझाते हुए कहा।

''पिताजी, आप निश्चिन्त रहिए।'' आश्वासन भरे स्वर में नीलाभ बोला।

''मेरे मन में विचार बार-बार आता है कि तुम्हें 'खिड़की एक्सटेंशन' में घर नहीं लेना चाहिए था। वह अनधिकृत क्षेत्र है और न सरकार तीसरा तल्ला बनाने की अनुमति देती है।"

''पिताजी, आप तनिक भी चिन्तित न हों। खिड़की एक्सटेंशन में हजारों चार-चार मंजिले घर बने हुए हैं और बन रहे हैं। निहालचन्द बहुत ही अच्छा आदमी है।'' नीलाभ ने पिता को शंका निवृत्त करना चाहा।

"बेटे, जिह्वा पर अत्यधिक-मिठास रखने वाले ही बहुधा दूसरों के जीवन में विष घोल जाते हैं।"

''नहीं, नहीं, मैंने बहुत लोगों से खिड़की एक्सटेंशन में पूछताछ भी की है। उन सब लोगों ने भी मेरे जैसे ही चतुर्थ खंड वहाँ बिल्डरों से खरीदे हैं और अब आराम से रह भी रहे हैं। फिर मेरे जैसे लोग कहाँ से इतना पैसा लायें कि अच्छे स्थानों पर फ्लैट खरीद सकें।"

''क्या तुम डी.डी.ए. का फार्म नहीं भर सकते थे? समय-समय पर वे अपनी योजनाएँ निकालते रहते हैं।''

''मैं जनता फ्लैट ही बुक कर सकता था। इतने पैसे में ना और.......'' नीलाभ को मध्य में ही टोकते हुए अविनाश ने कहा, ''अधिकृत क्षेत्र में कानून के अन्तर्गत छोटा घर लेना ही बुद्धिमत्ता का कार्य था न कि अनधिकृत क्षेत्र में फँस कर चिन्ताओं को न्योता देना श्रेयस्कर था।''

नीलाभ येन-केन पिता को समझा धन ले निहालचन्द को दे आया। अब नीलाभ ने केवल पच्चीस हजार रुपये की धन राशि ही निहाल चन्द को देनी थी। पति-पत्नी अति प्रसन्न थे। नयना के तो अंग-अंग से प्रसन्नता के स्रोत उमंगों भरे रंग लिये फूट रहे थे। एक दिन सन्ध्या समय चाय पीते हुए नयना नीलाभ से बोली, ''नीलाभ घर कितना सुन्दर बन रहा है ना।''

"वो तो है ही,'' नीलाभ ने मधुर मुस्कान के संग उत्तर दिया।

''वो मिस तारा त्यागी जो मेरे साथ पढ़ाती है। मुँह बनाकर कह रही थी, भई मकान की सुन्दरता तो तीसरी बात है। पहली बात तो मकान मजबूत व सुरक्षित रूप से बना होना चाहिए। दूसरी बात उसमें आराम का प्रबन्ध होना चाहिए। तीसरी बात उसमें सुन्दरता होनी चाहिए।"

''ठीक ही तो कह रही थी तारा त्यागी।'' विनोदी स्वर में नीलाभ बोला।

"बच्चे कहाँ हैं?" क्षणांक के मौन के पश्चात् नीलाभ ने पूछा।

"पपिहा व अम्बर बाहर खेलने गये हैं दूध पीने के पश्चात्। मैं चाहती हूँ हम एक भोज का आयोजन करें गृह प्रवेश के समय। ठीक है ना नीलाभ," स्वप्निल नेत्रों से पति को निहारते हुए नयना बोली।

"और घर का नाम रखें—नयना नीड़," मुक्त कंठ से चहुँदिक् हास्य बिखेरते हुए नीलाभ बोला।

"हिश! हर समय ठिठोली सूझती है तुम्हें क्या? क्या भला फ्लैट का नाम भी रखा जाता है?" लज्जाते हुए नयना बोली।

"क्या फ्लैट का नाम क्यों नहीं रखा जाता। मैं भूखंड पर अपनी नाम पट्टिका पर अपने खंड का नाम—नयना नीड़ भी लिखवा दूँगा।" नीलाभ ने उत्साही स्वर में कहा।

"अपने घर का स्वप्न ही कितना सुन्दर है, कितना मधुर है, कितने इन्द्रधनुषी रंग लिये हुए है। हैं ना नीलाभ," मानो किसी स्वप्नलोक से स्वर आ रहा था नयना का।

"नयना, हम केवल मात्र एक मास पश्चात् ही अपने घर में होंगे। पिताजी भी आ रहे हैं उस समय व क्षितिज भी। दोनों को कम से कम एक सप्ताह तो अवश्य रोक लेंगे। अब तुम्हें भी कोई घर बदलने को नहीं कहेगा। नील गगन की छाँव तले अब होगा अपना भी प्यारा सा घर, न्यारा सा घर, जिसकी छत पर होगा विस्तृत आकाश भी हमारा। है ना नयना," पुलक-पुलक जा रहा था नीलाभ का आनन्दित मन। "हमारा घर प्यारा घर, सारे जग से न्यारा घर। हमारा घर........." पति-पत्नी उत्साही स्वर में गाने लगे।

पर बिन विचारे जो करे वह पीछे पछताये वाली कहावत ही चरितार्थ हो के रही—नीलाभ के पक्ष में। एक प्रातः उसके जीवन का सबसे अधिक विनाशकारी विस्फोट दिवस लेकर आयी। निहालचन्द का जहाँ गृह निर्माण कार्य चल रहा था, वहाँ उसके निकट कर्मचन्द नामक एक भद्र पुरुष रहता था। उसने नीलाभ को आकर सूचना दी कि अनधिकृत रूप से बने हुए मकानों को तोड़ने वाला दस्ता, महिला तथा पुरुष दोनों पुलिसकर्मियों सहित वहाँ निहाल चन्द का मकान तोड़ने आया है। नयना व नीलाभ बच्चों को एकाकी छोड़, प्रत्यंचा से छूटे तीर जैसे भागे हुए अपने स्वप्नों के स्थल पर गये। वहाँ सैकड़ों लोग खड़े थे। नीलाभ सहित कई परिस्थितियों के मारे हुओं ने वरिष्ठ अधिकारियों से घर को धूल-धूसरित न करने की करबद्ध प्रार्थना की तो उन्होंने प्रार्थियों को समझाया कि इस घर को इसलिए भी तोड़ा जा रहा था क्योंकि उसमें सीमेण्ट सरिया इत्यादि सामान पर्याप्त मात्रा में नहीं लगे हुए थे। किसी भी दिन वह कमजोर मकान गिर सकता था और जिस भूखंड पर वह घर बना था वह भूंखड भी निहाल चन्द का नहीं था। अपितु मेरठ के

किसी वासी को उस भूखंड का स्वामी उसे बेच देहली छोड़ चुका था। किसी तरह मेरठ में उस भूखंड के वर्तमान स्वामी को सूचना मिल गयी कि निहालचन्द उसके भूखंड पर अनधिकृत रूप से मकान बना रहा है। वह निहाल चन्द के पास आया तो निहाल चन्द अपने वास्तविक रूप पर उतर आया। रौद्र रूप धारण करते हुए उसने विषैले स्वर में कहा, "ऐ मिस्टर, यह एक लाख रुपया लेना है तो ले के अपना रास्ता नाप नहीं तो तेरे इतने टुकड़े करवा दूँगा कि तेरे घरवाले तेरी लाश भी न पहचान सकेंगे।" विपरीत परिस्थितियों को देख मेरठ वासी ने कहा, "अच्छा मैं इस जमीन से सम्बन्धित कागज अगले सप्ताह लेकर आऊँगा फिर बात करेंगे।" और फिर अबेर किये बिना उसने पुलिस को सूचना दे दी। जब पुलिस ने जाँच पड़ताल की तो निहालचन्द के पक्ष में कई चौंका देने वाले तथ्य प्रकाश में आये—वह अनधिकृत रूप से किसी भी प्रवासी या असहाय निर्बल वृद्ध के भूखंड को आगे बेच देता था। पर्याप्त मात्रा में समान न लगाकर आगे भी कुछ फ्लैट बनाकर बेच चुका था। उसकी राक्षसी प्रवृत्ति के कारण साधारण प्राणी उससे वैसे ही भय खा जाते थे। सस्ते घर का चुग्गा डालकर, वह सरल हृदय निरीह प्राणियों को मिश्री मंडित वचन बोल मंत्र मुग्ध कर देता और जब वे लोग चेतते तब तक वह अन्य शिकार की खोज में आगे बढ़ जाता। यदि कोई उसके पास जाता भी तो उसे मृत्यु का भय दिखा या येन-केन मौन रहने पर बाध्य कर देता। आज भी रातों रात न जाने किस मुखबिर ने उसे सूचना दे दी और वह परिवार सहित घर से लोप हो गया। नयनों में नीर भर नयना नीलाभ हमारा घर का स्वप्न धूल में मिलते हुए देखते रहे अन्य निराश नयनों संग।

देखते ही देखते नयना व नीलाभ का इन्द्रधनुषी भवन धूल-धूसरित हो गया। 'बुल्डोजर' ने समस्त भवन को धूल में मिला दिया। अश्रुपूर्ण नेत्रों से कई नीलाभ असहाय से खड़े समस्त क्रियाकलाप देखते रहे। घर तोड़ दस्ता अपना कार्य कर अपने पीछे एक खँडहर छोड़ जा चुका था। काश! ये नीलाभ किसी भी नीड़ में धन लगाने से पहले उसके सम्बन्ध में व उस नीड़ को बनाने वाले बिल्डर के सम्बन्ध में पूर्ण रूप से सूचनाएँ एकत्रित कर ही विश्वास आने पर अपना धन लगाते। किसी भवन निर्माण विशेषज्ञ को निर्माण होते नीड़ को दिखा उसकी राय लेते कि उचित मात्रा में सीमेण्ट सरिया उस नीड़ में लगाया जा रहा है या नहीं। वह भूखण्ड जिस पर नीड़ बनने जा रहा है विवादग्रस्त या अनधिकृत भूखंड तो नहीं है तो आज उनका निर्मित नीड़ धूल में न मिला होता। अब कहाँ जाएँ ये असहाय विवश अविवेकी प्राणी? कहाँ खोजे हमारा घर!

संकल्प

उसके अंग-प्रत्यंग से जीवन रस की अन्तिम बूँद पी जाने की अभिलाषा झलकती थी। निराशा से उसका परिचय ही नहीं हुआ, ऐसा प्रतीत होता था। वह विशाल व्योम में उन्मुक्त पक्षी सादृश्य पंख फैलाये जिधर मन चाहे विचरण करती थी। सरू से बूटे सा कद व मनोहरी नखशिख की स्वामिनी श्यामवर्णीय कुन्तल जीवन की हर उपलब्धि से पूर्णरूपेण सन्तुष्ट थी। एक मात्र सन्तान, झंकार अवस्थी, उसका पुत्र भारतीय संगीत आकाश पर एक देदीप्यमान नक्षत्र सम दमक रहा था। उसके गाये हुए लोकगीत व फिल्मी गीत हर मुहल्ले के नुक्कड़ व गली-कूचे में गूँजते थे। पुस्तक प्रेमी पति, अपने गरिमा पूर्ण पद की गरिमा के संग-संग हर वर्ष एक न एक पुस्तक बहुत यत्नपूर्वक लिखते, प्रकाशित करवाते और प्रशंसा प्रसून सँजोये जाते। वस्तुतः समयाभाव बना रहता। नन्दन अवस्थी चाहे मन ही मन पत्नी को समय न दे पाने के कारण अपराध बोध से ग्रस्त रहते पर कुन्तल के मनमौजी स्वभाव ने तो समय के सदुपयोग का मार्ग निकाल ही लिया था। उसे रीते बैठने से समाज सेवा करना अधिक श्रेयस्कर लगा। अतः अपनी गृहस्थी से ही उद्धार कार्य आरम्भ हुआ। चौका-बर्तन करने वाली बाई व कपड़े धोने वाली बाई, प्रथम ये ही दो शिष्य थे कुन्तल के। दो रोटियों को दो मानव खायेंगे तो एक-एक रोटी मिलेगी। चार खायेंगे तो आधी-आधी रोटी मिलेंगी, यह उदाहरण दे दे कर कुल चार मास में दोनों बाइयों को राजी कर उनके आपरेशन करवा दिये। अब तीन-तीन चार-चार बच्चों की मातायें कम से कम सात-सात, आठ-आठ बच्चों की माताओं के समकक्ष अधिक सुखी व सम्पन्न थीं। शनैः-शनैः इतना अक्षरज्ञान हो गया कि एक-एक अक्षर जोड़ कर पढ़ने लगी। अब कुन्तल के पास लगभग तीस ऐसी औरतें पढ़ने आती थीं।

"आज कहाँ गयी थी कुन्ती?" प्रतिवेशि नीरजा ने सब्जी खरीदते समय कुन्तल से पूछा।

"पुष्पा से मिलने गयी थी।" कुन्तल ने संक्षिप्त सा उत्तर दिया।

"वही तुम्हारी ग्रीनपार्क वाली सहेली ना।" नीरजा पुनः बोली।

"हाँ वही, ग्रीन पार्क वाली।" कुन्तल ने कहा।

"क्या कोई विशेष कार्य से गयी थी?" नीरजा ने जिज्ञासावश पूछा।

"वह कई दिनों से अस्वस्थ चली आ रही थी उसे देखने......." कहते-कहते कुन्तल रुक गयी तो कमल ककड़ी छाँटती हुई नीरजा ने नेत्र उठाकर कुन्तल की ओर देखा तो वह अनिमेष नयनों से छोटे-छोटे प्लास्टिक के टुकड़े बीनते अर्ध विक्षिप्त से एक साँवली काया के युवक को निहार रही थी। नीरजा को अत्यधिक आश्चर्य हुआ कुन्तल के अधूरी वार्तालाप छोड़कर एक हीन युवक को निर्निमेष निहारने पर, उस कौतूहल प्रिया की जिज्ञासा जाग्रत हो गयी। वह अतिशय आत्मिक स्वर में बोली, "ऐ कुन्तल, किसे निहार रही है? उस फटीचर में क्या विशेषता है?" नीरजा के विद्रूप पूर्ण जिज्ञासु प्रश्न पर आहत हो उठा कुन्तल का मन। क्या गली-गली द्वारे-द्वारे टुकड़े चाहे, वे काँच के हो या प्लास्टिक के ढूँढ़ने वाला मानव मानव नहीं है। इतनी हृदय हीनता क्या शोभा देती है भारत के किसी भी शिक्षित नागरिक को, चाहे वह स्त्री हो या पुरुष। कचरे के ढेरों में से कागज, प्लास्टिक, काँच के टुकड़े व अन्य छोटा-मोटा सामान ढूँढ़ने वाले कायाधारी भी हमारे इसी समाज का एक अभिन्न अंग हैं। कम से कम भिक्षावृत्ति से तो श्रेयस्कर कार्य करते हैं वे लोग। यत्नपूर्वक भीषण भास्कर ताप सहते हुए ग्रीष्म काल में और शीत का प्रकोप सहन करते हुए जाड़े के मौसम में, वे भाग्य विहीन मानव कचरे के ढेरों में से कागज प्लास्टिक इत्यादि के टुकड़े बीन कर उन्हें बेचते हैं और उन्हीं पैसों से जीवनोपयोगी वस्तुएँ खरीदते हैं। इन गली-गली में भटकने वालों में कुछ अपराधी प्रवृत्ति के लोग भी होते हैं जैसे कि समाज के अन्य वर्गों में भी होते हैं, पर इसका विकल्प यह तो कदापि नहीं है कि हम इस पूर्ण बिरादरी को तिरस्कारमय दृष्टि से निहारें। जैसे समाज के अन्य दोषों को सुधारने के लिए कई संस्थाएँ, कई प्रगतिशील विचारधारा के प्राणी जागरूक प्रयत्नशील हैं वैसे ही इन भटकती आत्माओं की ओर भी समुचित ध्यान देना चाहिए।

"अरे कुन्ती, कहाँ खो गयी?" कुन्तल को झिंझोड़ते हुए नीरजा ने पुनः व्यग्रता पूर्वक कहा, "क्या तेरी तबियत खराब है?"

"नहीं, ऐसी बात नहीं है। "कुन्तल ने संक्षिप्त सा उत्तर दिया।

"फिर क्या बात है, क्या खड़े-खड़े भी स्वप्न देखने लगती है तू?" उपहास पूर्ण स्वर में नीरजा बोली।

"नहीं मैं स्वप्न नहीं सत्य देख रही थी। उस प्लास्टिक के टुकड़े बीनते युवक को देख रही हो नीरजा, वह भी किसी माँ का नयनतारा है। न जाने कितनी अभिलाषाएँ इन अनचाहे पुष्पों के हृदय में ही मुरझा कर झर गयी होंगी। न जाने कितने प्रयत्न, यत्न निष्फल गये होंगे। निराशा के निस्सीम अन्धकार में, क्षुधा शान्त करने के लिए, यह भारत का भावी भविष्य गली-गली प्लास्टिक के टुकड़े बटोरने के लिए कितना विवश हुआ होगा..." नीरजा ने अनवरत बोलती हुई

कुन्तल को बीच में ही टोकते हुए कहा, "बस कर कुन्ती, बस कर, तू इन दुष्टों को नहीं जानती। चोर-डाकुओं से बढ़कर होते हैं ये। अवसर पाते ही अपने गन्दे थैले में लोगों की चीजें चुरा कर धर लेते हैं। यहाँ तक कि कई बार अकेली स्त्री को देख मार भी डालते हैं। उसका सामान उठा चम्पत हो जाते हैं। फिर उन चीजों को बेच कर रात को शराब पी ऊधम मचाते हुए गाली-गलौज करते हुए किसी नाली में औंधे मुँह पड़ जाते हैं।"

"नीरजा, समाज के हर वर्ग में अच्छे बुरे लोग हैं, चाहे वह उच्च वर्ग के हैं या निम्न वर्ग। फिर यह बिरादरी भी इसका अपवाद नहीं है। परिस्थितियाँ ही प्राणी को क्या से क्या बना देती हैं। यदि इन लोगों की व्यथा भी सुनी जाए, तो न जाने कितने मानव इस नाटकीय जीवन से छुटकारा पाने के लिए लालायित होंगे। इन मनुष्यों के अन्दर के मानव को, मानवता को जगाना होगा। इनको मार्ग दर्शन कराना होगा और हर सम्भव प्रयास व सहायता इन्हें एक दिन सम्मानपूर्वक जीवन व्यतीत करने योग्य अवश्य बना देगी, यह मेरा विश्वास है, आशा है।" नीरजा मन्त्रमुग्ध सी कुन्तल के हृदय उद्‌गार सुनती रही।

रात्रि भोजन पश्चात्, नन्दन अवस्थी तो अपने अध्ययन कक्ष में जा बैठे। आज कल वह अपनी एक नूतन पुस्तक पर कार्य कर रहे थे। कुन्तल शैया पर जा लेटी। रह-रह कर, वह प्लास्टिक के टुकड़े बीनता साँवला मुख उसके स्मृति पटल पर आ खड़ा होता। कुन्तल को वर्षों पूर्व, पितृगृह में पले जनक विहीन रामकिशन की स्मृति एक ओर जीवन जीने योग्य बनाने के लिए उकसाती जा रही थी। रामकिशन को उसके दूर के नाते का चाचा बद्री प्रसाद करबद्ध प्रार्थना कर कुन्तल के व्यवसायी पिता हरमिलाप गौड़ के पास छोड़ गया था।

बद्री प्रसाद ने याचक स्वर में कहा, "पंडित जी कई अनाथों को सहारा दिये हुए हो इस अनाथ पर भी अपना हाथ रख दो। घर का चौका बासन कर देगा, झाड़ू लगा देगा, जो काम कहोगे कर देगा। दो जून खाने को दे देना और सोने को कोई कोना। बस, मैं आपके पास इसे छोड़ बेफिकर हो जाऊँगा।" हरमिलाप जी रामकिशन को घर ले आये।

तीव्र बुद्धि था रामकिशन। हर कार्य करने में निपुण होता चला गया। जो भी कार्य हरमिलाप की पत्नी कहती, अति तत्परता से कर डालता रामू। कर्कशा चामुण्डा स्वभाव की लीलावती भी स्नेह करने लगी मितभाषी, भीरु प्रकृति के रामू को। हरमिलाप के ज्येष्ठ पुत्र हेमन्त का तो विशेष कृपा पात्र था रामू। हर समय सहज रहने वाले रामू के विशाल लोचन देख, द्रवित हो उठता हेमन्त का हृदय। कुन्तल तो उस समय बहुत छोटी थी। रात्रि को जब हेमन्त पढ़ने बैठता तो रामू भी निकट बैठ जाता– "बड़े भैया, मुझे भी पढ़ाओ ना।" रामू दीन स्वर में कहता। हेमन्त बड़े भाव से कुन्तल की अक्षरमाला ले, राम को अक्षर ज्ञान देने बैठ जाता।

अल्प समय में ही राम ने अक्षरमाला का एक-एक अक्षर कंठस्थ कर लिया। सौ तक गिनती सीख गया और पहाड़े भी सोलह तक घोटकर पी गया। हेमन्त ने पिता से रामू की प्रशंसा की तो हरमिलाप और पुस्तकें ले आये रामू के लिए। अति मनोयाग से गुरु शिक्षा देने लगा व शिष्य ग्रहण करने लगा।

समय चक्र अबाधगति से चल रहा था। सात वर्षों के उपरान्त रामू ने दसवीं कक्षा द्वितीय श्रेणी में उत्तीर्ण की तो हेमन्त के हर्ष का ठिकाना न रहा। जब मुदित मन हेमन्त ने रामू को उसके परीक्षा में उत्तीर्ण होने की यह सूचना दी तो रामू के नेत्रों से कृतज्ञता के अश्रु झरने लगे। अपना मस्तक उसने हेमन्त के चरणों पर रख दिया, "दाता, मेरे भैया, यह सब आपका प्रताप..." शेष शब्द अवरुद्ध कंठ में घुमड़कर रह गये।

"नही, रामू, यह सब तेरे परिश्रम, तेरी लगन का फल है मैं तो निमित्त मात्र हूँ।" स्नेह से रामू के कन्धे थपथपाते हुएं हेमन्त ने कोमल स्वर में कहा।

"रामू आगे पढ़ोगे?" हेमन्त ने प्रश्न पूछा।

"भैया पहले किसी दफ्तर में नौकरी का जुगाड़ करवा दो। फिर साथ-साथ पढ़ भी लूँगा।" विनम्र स्वर में राम् ने झिझकते हुए कहा। हेमन्त को ऐसा प्रतीत होने लगा शान्त एकान्त प्रकृति के राम् के अन्तर्मन में एक महत्वाकांक्षी युवक विद्यमान है। उसको घर के कार्यों में उलझाये रखना, उसके प्रति घोर अन्याय होगा। अतः हेमन्त ने अपने पिता हरमिलाप जी से रामू के विषय में बात की। सहृदय परोपकारी स्वभाव के प्राणी हरमिलाप जी ने रामू को डाक तार विभाग में सरकारी नौकरी दिलवा दी। रामू ने अपने स्थान पर, अपने गाँव से मुँह बोली निर्धन मौसी सीता देवी के एक मात्र चौदह वर्षीय पुत्र प्यारे मोहन को बुलवा कर रखवा दिया। मोहन भी लगन पूर्वक रामकिशन को आदर्श मान के उसके सुझाये मार्ग पर चलने लगा। यद्यपि वह कुछ मन्द बुद्धि था पर उसका अथक परिश्रम शनैः-शनैः उसे उसके लक्ष्य की ओर बढ़ाने लगा।

रामकिशन आज भी गौड़ परिवार के प्रति कृतज्ञ है। हेमन्त का तो मानो कृतदास है वह। "यदि भैया साथ न देते और माँजी आज्ञा न देती तो आज रामू सहायक पोस्ट मास्टर न होता। किसी घर के बर्तन ही रगड़ रहा होता।" रामू बहुधा ऐसा कहते नहीं अघाता था।

कुन्तल भी कम से कम एक रामू तो पूर्ण रूप से बनाना ही चाहती थी। पहले घर-गृहस्थी के अनेकानेक झंझट, धनाभाव और समयाभाव कुछ विशेष न करने देते थे। अब वह हर अभाव से मुक्त थी। अन्य समाज सुधारक कार्यों के संग-संग एक जीवन को जीवनयापन करने योग्य बनाना चाहती थी। अन्ततः उसने उस टुकड़े बीनने वाले को परखने का निश्चय किया। कुन्तल का हृदय कह रहा था—"गली-गली भटकने वाला युवक किन्हीं विषम परिस्थितियों का शिकार है।"

सन्ध्या समय जब दिवाकर अस्त होने की तैयारी में लीन थे। पक्षीगण चहचहाते हुए अपने-अपने गन्तव्य की ओर उड़ान भर रहे थे। अँधेरा अनचाहे मुँह लगे अतिथि का धरा के हर कोने पर छाने की चेष्टा कर रहा था तो कुन्तल अपने द्वार पर आ कर खड़ी हो गयी। शीत कालीन सन्ध्या वैसे ही अल्प आयुवान होती है। अतः बाहर निकलते ही द्वार के चहुँओर फैला प्रकाश मंद पड़ गया व अन्धकार, हर ओर फैल गया। कुन्तल ने देखा वही साँवली आकृति शिष्टता पूर्वक, नत मस्तक ही प्लास्टिक के टुकड़े कचरे से बीन कर एक प्लास्टिक के लिफाफे में भरती जाती थी। कुन्तल ने अपनी बर्तन मांजने वाली बाई प्रेमवती को पुकार कर कहा, "एक प्याला चाय और बना लेना प्रेमवती और द्वार का बल्ब भी जला देना।''

''बेटे तनिक इधर आना।'' कोमल स्वर में कुन्तल ने उस युवक को पुकारा। स्तब्ध सा युवक कुन्तल को विस्फारित नेत्रों से निहारता ही रह गया। मानो उसे विश्वास ही न हो रहा हो कि कोई उसे बेटा भी कह सकता है, इतने दुलार से पुकार भी सकता है। सम्भवतः उसकी श्रवण शक्ति ही उसे छल रही है। ''बेटे तनिक इधर आओ।" कुन्तल ने पुनः पुकारा तो उद्भ्रान्त-सा वह युवक आकर कुन्तल से कुछ दूरी पर शालीनतापूर्वक खड़ा हो गया और प्रश्नसूचक दृष्टि से कुन्तल को निहारा।

''चाय पियोगे बेटा।'' कुन्तल ने मृदु स्वर में पूछा।

''जैसे माँ की इच्छा।'' अकस्मात् निकला उस युवक के मुख से।

कुन्तल ने तीन-चार बिस्कुट व चाय का प्याला प्रेमवती के हाथ से लेकर उस युवक को दिया। चाय पीने के पश्चात् युवक ने मिश्री मिश्रित स्वर में कहा, ''माँ, पानी दे दो। प्याला धो दूँ।'' प्रेमवती ने एक गिलास पानी दे दिया। प्याला धोकर कुन्तल को पकड़ाते हुए वह युवक बोला–'थैंक्यू'' कुन्तल चौंक पड़ी, "क्या नाम है तुम्हारा बेटा।'' ''ओमप्रकाश'' वह युवक शिष्टाचारपूर्वक बोला।

''क्या कुछ पढ़े-लिखे हो?'' कुन्तल ने प्रश्न किया।

''हाँ माँ, सातवीं पास हूँ।" ओमप्रकाश बोला।

''फिर द्वार-द्वार क्यों भटकते हो बेटा। करुण स्वर में कुन्तल ने कहा तो मानो भूकम्प ही आ गया हो। ओमप्रकाश के अश्रु वेगवती सरिता सम बह निकले। वह कुन्तल के चरणों के निकट बैठ गया। ''आप मेरी पूर्व जन्म की जननी है क्या माँ, मेरा इस धरती पर कोई नहीं है। क्या आप मेरी दुःख भरी कहानी सुनेंगी माता?'' अस्पष्ट शब्दों में बिलखते हुए ओम ने कहा।

''हाँ बेटे, मैं तेरी दुःख भरी कहानी सुनूँगी। तू मुझे सुना अपना दुःख।'' कुन्तल ने द्वार पर पटरा बिछाकर बैठते हुए कहा। ओमप्रकाश की कहानी वास्तव में बहुत मार्मिक थी। वह धीरे-धीरे अपनी कहानी सुनाने लगा– उत्तर भारत में

आगरा के निकट उसका छोटा सा ग्राम था। माँ बाल्यावस्था में ही भूलोक त्याग गयी थी। पिता ने, माँ-बाप दोनों का कर्तव्य निभाते हुए अपने दोनों पुत्र–सोमनाथ व ओमप्रकाश का लालन-पालन सामर्थ्यानुसार किया। सोमनाथ ओमप्रकाश से चौदह साल बड़ा था। आस-पास के ग्रामों में अपने पिता के संग अपना पैतृक व्यवसाय–कपड़े सीने का काम करता था। आस-पास के ग्रामों के लोग भी कपड़े सिलवाने मगन चाचा की दुकान पर ही आते थे। पिता से सिलाई कटाई का काम सीखता। पर विधाता के विधान में कुछ और ही लिखा था। एक काल रात्रि को विवाह का भोजन ऐसा खा कर आया मगन लाल कि तदोपरान्त हैजे ने प्राण लेकर ही छोड़ा उसे। अभी पिता की क्रिया भी नहीं हुई थी कि ममतामयी भाभी अकस्मात् कालिका बन गयी। पैतृक मकान व दुकान हड़पने के चक्कर में बालक ओम को घिनौने आरोप लगा, गाँव वालों से जूते मरवा सदा सर्वदा के लिए गाँव से निकलवा दिया। असहाय बालक विवशता के अश्रु पी, क्षुधातुर हो हर अपमान विस्मृत कर पुनः पितृगृह के द्वार पर जा खड़ा हुआ। रणचण्डी भाभी हँसिया उठा लायी और ओम की ग्रीवा से सटा विषैले स्वर में बोली– "जान प्यारी है तो भाग जा। मुड़ कर नहीं देखना। नहीं तो गर्दन काट कर चौखट के आगे ही दाब दूँगी।" भयभीत बालक क्षुधा-तृष्णा सब भूलभाल स्टेशन पर भाग गया। और जो गाड़ी सामने मिली उसी में चढ़ गया। भाग्य देहली ले आया। मस्तिष्क काम नहीं करता था। विश्वासघात का दंश जीने नहीं देता था। पहले पहल तो भिखारी समझ, यदि कोई कुछ दे देता तो खा लेता। उसे हर ओर से वितृष्णा ने घेर लिया। निराशा चिरसंगिनी बन गयी। कुछ करने की महत्त्वाकांक्षा राह में ही दम तोड़ चुकी। अब तो जिन्दा लाश स्वयं के ही कन्धों पर ढोते हुए जैसे-तैसे जीवन व्यतीत कर रहा था और यदि कभी कुछ पैसे बच जाते तो झोपड़-पट्टी के बच्चों को गोली बिस्कुट ले देता। यही सारांश था ओमप्रकाश की व्यथा कथा का। कुन्तल ने उसे दूसरे दिन सन्ध्या समय अपने घर बुलाया। जब ओम चला गया तो प्रेमवती ने भी उसकी कथा का अनुमोदन किया– "बहन जी, छोटा ठीक कहवे ये ही झुग्गियों में बतावें, न किसी को सतावे न किसी से कुछ माँगे। उलटे ही संग ले बच्चों को चीज ले लेकर देवें।"

कुन्तल ने दूसरे दिन सन्ध्या समय ओमप्रकाश को अपने पति से मिलवाया। नन्दन अवस्थी ने हर तरह से स्वयं को सन्तुष्ट किया। गुप्त रूप से ओमप्रकाश के ग्राम से भी छानबीन करवाई तो उसके वक्तव्य में सत्य पाया। ओम को अपनी वाटिका में बनी हुई। छोटी सी कोठरी रहने को दे दी। वह नन्दन की व मुहल्ले की अन्य गाड़ियाँ धोने लगा उनसे जो पैसे मिलते अपना खर्चा चला लेता। दो घण्टे प्रतिदिन कुन्तल उसे पढ़ाने लगी। वे दिन में चार घन्टे एक विख्यात दर्जी के पास उसे सिलाई का काम सीखने भेजने लगी। ओम के हृदय में अवस्थी दम्पति ने

जीने की आकांक्षा उत्पन्न की। अन्याय से लड़ने की प्रेरणा दी। संसार में कुछ बनने की लालसा जगाई। उसके मन में शनैः-शनैः पुरातन ओमप्रकाश के स्थान पर नूतन प्रकाश व्याप्त ओम उत्पन्न होता चला गया। कुन्तल के कुछ बनवाने के दृढ़ संकल्प ने और ओम के कुछ बनने की तीव्र अभिलाषा ने तथा उन दोनों के ही अकथनीय परिश्रम, धैर्य व लगन ने ओम को सफलता के सोपान पर चढ़ाना आरम्भ कर दिया।

धीरे-धीरे ओम ने बारहवीं कक्षा पास कर ली। वह स्त्री वस्त्र सिलाई में निपुण हो गया। युवतियाँ 'ओमी टेलर, ओमी टेलर' करने लगीं। विभिन्न प्रकार के डिजाइनों के ब्लाउज व परिधान हर स्त्री व युवती के 'ओमी टेलर' के पास बनने लगे। कल का द्वार-द्वार भटकने वाला ओमी, आज का एक सफल व्यवसायी दक्षिणी देहली कालका जी नगर का एक प्रसिद्ध दर्जी था।

जब सोमनाथ को एक ग्राम वासी ने ओम के उत्थान की आँखों देखी कहानी सुनाई तो भैया-भाभी अपनी तीन-तीन कन्याओं सहित ओम के पास दौड़े चले आये। ओम ने स्पष्ट शब्दों में कह दिया, "यदि मेरी माँ तुम्हें माफ कर देगी तो मैं भी कर दूँगा।" बस तत्पश्चात सोमनाथ दम्पति अवस्थी द्वारे धूनी रमा कर बैठ गया। उनके बारम्बार क्षमायाचना करने पर कुन्तल ने उन्हें इस सन्धि पर क्षमा किया कि आधी सम्पत्ति ओम के नाम करें।

आज ओम के नाम आधी सम्पत्ति है। भाई की दो कन्याओं के विवाह में उसने खुल्ले हाथों व्यय किया। भाभी लल्ला के गुण गाती नहीं थकती। सम्पूर्ण गाँव व बिरादरी में ओम की धाक है। प्रशंसा भी है।

कुन्तल के प्रयत्न स्वरूप सिलाई का डिप्लोमा किये हुए योग्य युवती साधना संग ओम का विवाह हो चुका था। पति पत्नी दोनों ही अब रेडीमेड कपड़े गोविन्दपुरी में निर्यात करते हैं। स्वयं की फैक्टरी है गोविन्दपुरी में और निज गृह है कालका जी नगर में। कुन्तल व्यस्त है नन्हे कश्मीरी अनाथ त्रिभुवन के जीवन निर्माण में। ओमप्रकाश उसे झंकार से बढ़कर मान देता है तो वह पुलक-पुलक जाती है और सोचती है कि काश समाज में समर्थ परिवार यदि एक-एक ऐसे युवक-युवती या बच्चों का उद्धार करते तो सम्भवतः कचरे में मानव का अपना भविष्य कभी भी न ढूँढ़ते। आओ, आज कम से कम एक-एक जीवन निर्माण में पूर्ण सहयोग देने का दृढ़ संकल्प करें हम।

दीपक से दीपक जले

"मीता, ओ मीता, इधर आ! देख, तेरे पिता जी क्या लाये हैं तेरे लिए।" माँ की उल्लासमय पुकार चाय बनाती हुई मीता दीक्षित स्पष्ट सुन रही थी। वह अभी कुछ समय पूर्व ही अपने कार्यालय से क्लान्त तन-मन लिये लौटी थी। वैसे तो मीता की प्रकृति स्वयं को व्यस्त रखने की थी। व्यर्थ की चर्चा या वार्तालाप में उसकी तनिक भी रुचि नहीं थी। एम.काम. प्रथम श्रेणी में उत्तीर्ण करने के पश्चात्, मीता एक प्रसिद्ध फर्म में एकाउंट्स असिस्टेंट के पद पर कार्य करने लगी। यह उसके अथक परिश्रम व अध्ययन का ही परिणाम था कि वह आज एकाउंट्स आफिसर के पद पर आसीन थी। यद्यपि मीता साधारण रूपसी थी तो भी उसके मुखानन की निर्दोष गठन में कुछ ऐसा आकर्षण था कि दूसरे को बरबस अपनी ओर आकर्षित कर लेती थी। बुद्धि-प्रदीप्त नयन देखने से ही, विवेकी प्राणी क्षणांश में यह निर्णय कर लेता था कि सम्मुख बैठी नारी पग धरने से पूर्व ही बाट की पहचान में विश्वास रखती है। उसके मन-मस्तिष्क दोनों ही सजग प्रहरी सदृश उसको उचित समय पर उचित निर्णय लेने में भली प्रकार सहायता करते होंगे। निर्भीक व स्पष्ट वक्ता मीता 'सादा जीवन उच्च विचार, यही जीवन का शृंगार' शैली पर जीवन व्यतीत करने में विश्वास रखती थी। दोनों भ्रातागण शिक्षा समाप्त करने के पश्चात् पिता के साथ निज का व्यवसाय सुचारु रूप से चला रहे थे। मालदार घरानों की भाभियाँ पीहर से लाये वैभव के मद में चूर रहती थीं। व्यर्थ की चर्चाएँ उन्हें असीम सुख पहुँचाती थीं। ऐसा सम्भवतः उचित शिक्षा के अभाव में था। मीता की भाभियाँ अंजलि व नीला के पिता ने पानी सम द्रव्य का व्यय किया कि पुत्रियाँ उचित शिक्षा प्राप्त करें, पर ऐसा लगता था कि अंजलि व नीला को शिक्षा से पूर्व जन्म का ही बैर था। अतः पिता ने सहोदर अजय व विजय जैसे सुयोग्य वर ढूँढ़ दोनों कन्याओं को वैभव से लाद कर, दीक्षित परिवार में ब्याह कर अपना कर्तव्य पालन समझा। अक्षर-विहीन मीता की माँ व्यर्थ के आडंबरपूर्ण धार्मिक व सामाजिक अनुष्ठानों में व्यस्त रहती थी। यह परिचय था मीता दीक्षित का।

"मीता, शीघ्र आओ!" माँ के पुनः पुकारने पर मीता की तन्द्रा भंग हुई और उसने उत्तर देने के स्थान पर स्वयं माँ के कक्ष में प्रवेश किया।

"देखो। मीता, मैंने स्वयं के रानीहार जैसा हार तेरे लिए तेरे पिता जी से मँगवाया है। अब बेटी विवाह को दिन ही कितने रह गये हैं। तुझे पसन्द आया या नहीं? मुझे पहनकर दिखा।" वाचाल माँ ने अपनी धुन में ही बोलते हुए कहा। मीता निःशब्द ही बैठी रही।

"क्या बात है? तेरी तबीयत ठीक नहीं लगती।" माँ ने अधीर स्वर में कहते हुए प्रश्नात्मक दृष्टि मीता पर डाली।

"नहीं माँ, मैं बिल्कुल ठीक हूँ।" मीता ने भावहीन स्वर में उत्तर दिया।

"ठीक है तो फिर यह हार पहनकर क्यों नहीं दिखा रही?" माँ ने पुनः प्रश्न की तोप दागी।

"मुझे यह हार नहीं लेना।" मीता ने शान्त स्वर में कहा।

"क्या कहा? यह हार नहीं लेना। क्या दहेज भी नहीं लेना?" माँ ने रुष्ट होते हुए कहा।

"हाँ, न मुझे हार लेना है और न दहेज लेना है।" मीता का शान्त स्वर पुनः गूँज उठा।

यह सुनते ही मीता के जनकगण ऐसे चौंके मानो दग्ध अंगारों पर पग पड़ गया हो। इन कल्पित दग्ध अंगारों की उष्णता मीता की माँ को असहनीय लगी तो उन्होंने सप्तम स्वर में चिल्लाते हुए कहा, "यह क्या कह रही है? लड़की तू?"

"मैं ठीक कह रही हूँ माँ, मैं दहेज नहीं लूँगी और यह बात मैंने मनोज को भी कह दी है। उसको व उसके परिवार जन को कोई आपत्ति नहीं है।"

मीता के इतना कहने के पश्चात् तो मानो वहाँ निस्तब्धता का साम्राज्य स्थापित हो गया। एक-एक पल एक-एक युग तुल्य प्रतीत हो रहा था। अभी तक मीता के जनक चन्द्रनाथ निःशब्द बैठे माँ-बेटी का वार्तालाप सुन रहे थे पर अब स्वयं पर नियंत्रण न रख सके। चन्द्रनाथ ने पुत्री को सम्बोधित करते हुए कहा, "मेरी बेटी दहेज नहीं लेगी तो क्या लेगी?" मीता ने कोई उत्तर नहीं दिया तो पुनः चन्द्रनाथ ने प्रश्न किया।

"पिता जी..." मीता ने वाक्य अधूरा ही छोड़ दिया तो चन्द्रनाथ को ऐसे प्रतीत होने लगा जैसे उनकी पुत्री दुविधा में है और संकोचवश अन्तर्मन के भाव जिह्वाग्र तक नहीं ला पा रही।

"मीता बेटे, संकोच किस बात का है? जो कहना चाहती हो, निःसंकोच कहो। मैंने तेरे में व अजय-विजय में कभी कोई अन्तर नहीं समझा तो आज यह दुविधा कैसी?" चन्द्रनाथ ने मीता को समझाते हुए कहा।

"नहीं, पिता जी। दुविधा कोई नहीं है। तनिक संकोच अवश्य था। मैं जो कहना चाह रही हूँ, उसे आप अन्यथा न लें।"

मीता पलांश के लिए रुकी तो चन्द्रनाथ बोल उठे," बोलो बेटी क्या लेना चाहती हो? क्या कहना चाहती हो, निडर होकर अपने हृदय की बात कहो।" चन्द्रनाथ ने अनुरोधपूर्ण स्नेहिल स्वर में कहा।

''पिता जी, आप स्वयं कह रहे हैं कि मेरे व मेरे भ्रातागण में कोई अन्तर नहीं है और मैं भी ऐसा ही समझती हूँ। अतः मुझे दहेज के स्थान पर मेरा अधिकार दीजिए अर्थात अजय दा व विजय दा के तुल्य मुझे भी पितामह की सम्पत्ति में से स्वयं का अधिकार चाहिए।'' मीता के मन के उद्गार जिह्वा तक आ ही गये।

चन्द्रनाथ व उनकी पत्नी गीता तो मानो सातवें आकाश से धरती पर गिरे। गीता ने व्यंग्यात्मक स्वर में कहा, "पितामह ही क्यों, तुझे तो पिता की सम्पत्ति में से भी अपना अधिकार चाहिए।''

"तो इसमें अनुचित ही क्या है माँ, जो तुम इतना विस्मित हो रही हो?"

मीता ने निर्लेप भाव से उत्तर दिया तो चन्द्रनाथ ने पत्नी को चुप रहने का संकेत किया। चन्द्रनाथ एक व्यवहार कुशल, विवेकशील प्राणी थे। उन्होंने मीता से कहा, "क्या समाज तेरी इस इच्छा को अनुचित नहीं कहेगा? क्या हमारे बन्धु बान्धव तेरी इस लालसा की तीव्र भर्त्सना नहीं करेंगे?''

''पिता जी, यह इच्छा या लालसा की बात नहीं है। यह तो अधिकार की बात है। माता-पिता दोनों सन्तानों को जन्म देते हैं। जैसे पुत्र की शिक्षा-दीक्षा व लालन-पालन होता है, वैसे ही पुत्री का। तो केवल पुत्र ही सम्पत्ति का अधिकारी क्यों? जो समाज स्त्री-पुरुष को समानाधिकार नहीं दिलवा सकता तो उसे परिवर्तित ही होना चाहिए और जो बन्धु-बान्धव अन्याय के बन्धु हों, उनका संग छूटना श्रेय कर है।''

मीता की धीर-गम्भीर वाणी सुन कर चन्द्रनाथ मानो वर्षों की निद्रा से जगे हों। वह आज एक सर्वदा नवीन मीता के दर्शन कर रहे थे। कुशल अभिनेता तुल्य मनोभाव छुपाते हुए उन्होंने मीता से कहा, ''मीता तेरी अनोखी बातों के कारण ही तेरा विवाह कितनी कठिनता से निश्चित हुआ। क्या तुझे इसलिए शिक्षित किया था कि अपने जनकगण व भाइयों के साथ ही विद्रोह करे। इसे ही तो कहते हैं कलयुग।''

''पिता जी, विवाह निश्चित होने में विलम्ब हुआ सुपात्र के अभाव में। जीवनपर्यन्त पश्चात्ताप के दावानल में दग्ध होने से तो उचित है कि सुपात्र देख कर ही विवाह किया जाए। कुपात्र से विवाह करना तो मृत्यु को आमन्त्रित करने तुल्य है तथा अर्थहीन भी। यह कलयुग नहीं अपितु जागृति का युग है। और समाज में जागृति लाता कौन है? समाज बनता किससे है? मानव से ही ना, तो फिर जो समाज समयानुसार परिवर्तनशील न हो और न ही स्वयं के परिवर्तन को रुचिकर समझता हो तथा स्वयं का मूल्य ही धूल-धूसरित करना चाहता हो तो

उसके परिवर्तन के लिए कोई तो पहले पग बढ़ाएगा ना। कोई तो प्रथम दीपक अवलोकित करेगा ना।''

''अरे! वाह रे तेरी समाज को बदलने की इच्छा। चुपचाप विवाह करना और जो दहेज देते हैं ले जा। बड़ी आयी पुरखों का नाक काटने वाली।'' गीता ने रोषपूर्ण स्वर में कहा। पुत्री की इच्छा उसे कटार सम घाव देती हुई प्रतीत हो रही थी और गीता की मांस-मज्जा दग्ध हुई जा रही थी।

''माँ, समाज तो बदल कर ही रहेगा, चाहे उसे एक युग लगे या आधा। जब भाभियाँ सम्पत्ति लेकर आयी थीं तो आपके हर्ष का आदि-अन्त न था। अब पुत्री को अधिकार देने पर तर्क-वितर्क क्यों? मैं भी अपने भाइयों समान पढ़ी-लिखी हूँ। वैसे तो आप बहुत गर्व से कहती हैं कि मीता को लड़कों के सदृश पाला-पोसा है तो उसके लड़कों के समान अधिकार क्यों नहीं जबकि हमारी सरकार भी समानाधिकार का कानून बना चुकी है। नगर ढिंढोरा ही नहीं अपितु विश्व ढिंढोरा भी पीटा जाता है कि भारतीय नारी को भी समानाधिकार दिये जाते हैं और भारत में नारी की पूजा होती है। पर जब नारी को अधिकार देने का प्रश्न उठता है तो अधिकार देने वाला मूक-बधिर, अन्धा बन जाता है। क्यों शोषण होता है। नारी का इस देश में? कब तक नारी केवल नर की पूरक रहेगी। न उसका कोई अपना अस्तित्व है, न कोई परिचय। दहेज मैं कदापि नहीं लूँगी। बर्तन, सोफा, टी.वी., फ्रिज इत्यादि जो वस्तुएँ पहले से ही घर में विद्यमान हों, उनकी अनावश्यक रूप से वृद्धि करना कोई बुद्धिमत्ता नहीं।''

मीता का निर्णयात्मक स्वर सुनकर गीता तो दिशाज्ञान विहीन-सी पति का मुख देखने लगी पर चन्द्रनाथ तो मानो चिरनिन्द्रा से जाग्रितावस्था में प्रवेश कर रहे थे। चन्द्रनाथ ने मुग्ध स्वर में कहा, ''बेटी, हमारे पास आज सम्पत्ति है, तो तुम ऐसे कह रही हो। निर्धन अपनी कन्या को कौन-सी सम्पत्ति देगा?''

''पिता जी, सम्पत्ति है तो उसमें से पुत्री अपना अधिकार लेगी, नहीं है तो प्रश्न ही नहीं उठता। निर्धन जनकगण को भी यथाशक्ति अपनी कन्या को योग्य बना स्वयं के पैरों पर खड़ा करने में पूर्ण योगदान देना चाहिए ताकि वह भी सम्मानपूर्वक अपना जीवन व्यतीत कर सके। यही सम्पत्ति निर्धन व्यक्ति अपनी पुत्री को देगा।"

''अरे! इसे सम्पत्ति दोगे तो वह पराये घर नहीं चली जाएगी।'' गीता ने उद्विग्न स्वर में कहा।

''जब तुम्हारी पुत्रवधुएँ लायी थीं, तब तो बहुत प्रसन्न थीं। अब क्या हुआ? करने को तो हम इक्कीसवीं शताब्दी में प्रवेश कर रहे हैं पर पुरातन विचार-शृंखला से बन्धन-मुक्त अभी तक नहीं हो पा रहे। यदि पुत्री सम्पत्ति लेकर जाती है तो वधू लेकर भी आती है। यह लोभ सर्वथा अनुचित है कि पुत्री सम्पत्ति पराये घर ले

जाएगी। यदि वधू अपनी है तो जमाता पराया क्यों? मेरी मीता ने तो केवल अपने पितामह की सम्पत्ति में से ही अधिकार चाहा है, मैं तो उसे अपनी सम्पत्ति में से भी समानाधिकार दूँगा। मैंने जो अपने पुत्रों के लिए किया है, वही अपनी पुत्री के लिए भी करूँगा।'' मन्त्रमुग्ध चन्द्रनाथ ने कहा।

''पर तुम्हारे पुत्र क्या कहेंगे। वह इस बहन को अपने घर में घुसने भी नहीं देंगे।'' शंकित स्वर में गीता ने कहा।

''पुत्र क्या कहेंगे? मैं अपनी सम्पत्ति जिसे चाहे दूँ, उनको उनका अधिकार मिलेगा और पुत्री को पुत्री का। पितामह की सम्पत्ति में तो मीता का अधिकार है ही।'' चन्द्रनाथ ने निर्णयात्मक स्वर में कहा।

''पिता जी, हम आप से पूर्ण रूप से सहमत हैं। जब पत्नी सम्पत्ति लाती है तो मन-प्राण उल्लसित हो उठते हैं तो भगिनी क्यों न अपना अधिकार लेकर जाए। आज हम अपनी बहन को उसका अधिकार देंगे तो कल दूसरा देगा। नारी हर क्षेत्र में पूर्ण मनोयोग से आगे बढ़ने के लिए अथक परिश्रम व प्रयत्न कर रही है। पुरुष का हर क्षेत्र में कन्धे से कन्धा मिलाकर साथ दे रही है तो पुरुष का भी प्रथम कर्तव्य है कि नारी को सम्पत्ति ही नहीं अपितु हर क्षेत्र में समानाधिकार देने का प्रयास करे। पहला दीपक कोई तो जलायेगा ही और फिर दूसरा। ऐसे ही दीपक से दीपक अवलोकित हो उठेंगे।'' अजय ने पिता के निर्णय का अनुमोदन करते हुए कहा तो विजय ने भी भाई का अनुसरण करते हुए सहर्ष अपनी सहमति दी। गीता आत्मविभोर-सी पुत्रों के मुख निहारने लगी। अंजलि वनीला मुदित मन से अपने-अपने पति पर न्योछावर हुई जा रही थीं और चन्द्रनाथ के हृदय में अभी भी एक शंका शल्य तुल्य चुभ रही थी।

चन्द्रनाथ ने जिज्ञासु स्वर में कहा," क्या तुम मीता का भविष्य में हमारे न रहने पर भी आदर कर सकोगे।''

''क्यों नहीं पिता जी? भाई सम्पत्ति लेता है तो क्या बहन उसका आदर-सत्कार करना बन्द कर देती है, कभी भी नहीं, तो फिर हम ऐसा क्यों करेंगे?'' विजय ने कहा।

''पिता जी, आपकी शंका निर्मूल है। आज हमें भी ऐसा प्रतीत हो रहा है कि जो अधिकार हमारा अपने पिता के घर या सम्पत्ति पर है वो ही हमारी ननद रानी का भी है। अतः आप जो चाहें करें। मैं नीला की ओर से भी वचन देती हूँ कि मीता के आदर-सत्कार में लवलेश भी अन्तर नहीं आएगा। "अंजलि ने मधुर स्वर में कहा तो नीला ने भगिनी के विचारों का समर्थन किया।

आज चन्द्रनाथ को अपनी सन्तान पर अभिमान हो रहा था। मीता व उसके भ्रातागण की उचित शिक्षा के ज्ञान के अवलोक ने उनका भली प्रकार से पथ प्रदर्शन किया था। गीता भी संकीर्ण विचारधारा से बन्धनमुक्त हो गयी थी।

अज्ञानी व मूर्खा-सी लगने वाली वधुओं का भी मानो नवीन रूप प्रकट हुआ था दीक्षित दम्पति के सम्मुख।

"मैं कल ही वकील से बात कर अपनी नयी वसीयत तैयार करवाता हूँ। काश! हर माता-पिता अपनी पुत्री को समानाधिकार दे तो देश में एक नूतन आलोक न फैल जाए।" चन्द्रनाथ ने मुग्ध स्वर में कहा।

"अवश्य फैलेगा नूतन आलोक, पिता जी। दीपक से ही तो दीपक जलेगा एक दिन।" दोनों भाइयों का सम्मिलित स्वर गूँज उठा।

परितोष

हर बालिका एक दिन यौवनांगन में पग रखती है और जीवन के उस पड़ाव पर पहुँचती है जब उसे चहुँओर रुपहले स्वप्न दिखाई देते हैं। मन अथाह उमंगों से भर उठता है। दिवस स्वर्ण मंडित व रात्रि रजतमयी दृष्टिगोचर होने लगती है। मन का बावरा पंछी उन्मुक्त आकाश में उड़ने को व्याकुल हो-हो जाता है और कभी-कभी मनमयूर हृदय की ताल पर थिरक-थिरक अकारण ही नृत्य करने लगता है।

बात उन दिनों की है जब कूजन अपने पिताश्री के संग कश्मीर गयी हुई थी। वहाँ जवाहर नगर में उसकी मौसी की देवरानी रहती थी। एक बार वह और उसके पिताश्री उन्हें मिलने गये तो मौसी की देवरानी ने कूजन को हृदय से लगाते हुए उसके कपोलों पर स्नेह चिह्न अंकित कर दिये। तत्पश्चात् उनके पति कूजन को और उसके पिताश्री को अपने अतिथि कक्ष में बैठाकर वार्तालाप में मग्न हो गये। इतने में उनकी पुत्री आरती वहाँ आ गयी और कूजन को अपने कक्ष में ले गयी। कुछ समय पश्चात् वह चाय बनाने निमित्त वहाँ से उठ गयी। कूजन कक्ष के द्वार की ओर पीठ किये बैठी एक पुस्तक पढ़ने में लीन थी कि अकस्मात् एक स्वर सुनाई दिया। "ऐ आरती, अनमोल कहाँ है?" जैसे ही उसने पीछे मुड़कर देखा तो एक गन्धर्व किन्नर सा सौन्दर्य सौष्ठव से परिपूर्ण युवक उसकी ओर निहार रहा था। कूजन के मुख पर उसकी जैसे ही दृष्टि पड़ी वैसे ही वह शालीन स्वर में कह उठा, "क्षमा करना, क्षमा करना, मैं समझा था आरती बैठी है।" इतने में ही आरती चाय लिये अन्दर आ गयी। "ओह! कृष्ण भैया आप कब आये?" उस युवक को देखकर वह मृदु स्वर में बोली।

"अभी-अभी आया हूँ।" मिश्री मंडित स्वर में उस युवक ने आरती को ऐसे कहते हुए कूजन को अनुराग पूर्ण दृष्टि से निहारा जैसे मानो उसके मुख पर मुट्ठी भर आबीर ही पुत गया हो। कुछ समय पश्चात् वहाँ अनमोल आ गया तो कृष्ण उसके संग उसके कक्ष में चला गया। दस दिवस पश्चात् कृष्ण को नौका विहार करते समय कूजन ने डल झील के किनारे खड़े पाया। वही मुग्ध दृष्टि उसका पीछा करने लगी। कूजन का हृदय एक अनोखी अनुभूति से भर उठा। सम्भवतः यही प्रणय का प्रथम सोपान होता है। अन्तर्मन के हर कक्ष गवाक्ष में वही मंजुल मूरत

हर समय दिखाई पड़ने लगी पर संकोचवश किसी से कुछ न कह सकी प्रेममयी कूजन।

कूजन जिस दिवस श्रीनगर से वापस देहली आ रही थी तो हठात् उसकी दृष्टि चिनार के वृक्ष तले खड़े कृष्ण पर पड़ी। वह अलपक कूजन की ओर देख रहा था। न चाहते हुए भी कूजन की दृष्टि उस ओर उठ-उठ जाती, जहाँ एक नयन युगल मुखर हो-हो जा रहे थे। हृदय की मूक भाषा को वाणी बन उसके हृदय तक पहुँचा रहे थे। जब तक गाड़ी नहीं चली और नयनों से ओझल नहीं हुई तब तक कृष्ण अलपक निहारता रहा कूजन को व हृदय में एक अनोखी व्यथा ले घर लौट आया वह कूजन के जाने के पश्चात्।

शनैः-शनैः समय व्यतीत होता चला गया। चार वर्ष व्यतीत हो गये। कूजन के पिताश्री कश्मीरी शालों का व्यवसाय करते थे उन दिनों। एक दिन उन्होंने कूजन की माँ से कहा, ''एक कश्मीरी घराने से लड़की के लिए रिश्ता आया है।''

''वह तो विवाह ही नहीं करना चाहती। कितने लड़के देखे आपने यहाँ कोई बेटी को पसन्द नहीं आता तो कोई आपको। वह तो केवल मात्र किसी भी लड़के के विषय में सुनकर ही मना कर देती है। हूँ! कोई राजकुमार ही ब्याहेगा आपकी लाडली को।'' माँ ने व्यंग्य पूर्ण स्वर में कहा। ''तू देखती रह जाएगी बड़भागी जब राजकुमार ही ब्याह ले जाएगा मेरी कूजन को।'' गर्वीले स्वर में पिता ने कहा।

''देख लूँगी मैं तुम्हारे राजकुँवर को'' पुनः माँ का व्यंग्य गूजा।

''देखने का समय आ गया है तू तैयारी कर सोमवार को वे लोग कूजन को देखने आ रहे हैं।'' उत्साही स्वर में पिताजी बोले। कूजन द्वार की ओट में खड़ी जनकगण का वार्तालाप सुन रही थी। पिताश्री के हठ करने पर माँ ने अपनी सहमति दे दी। वे लोग श्रीनगर से आये थे। माँ के लाख कहने पर भी कूजन जलपान लेकर अतिथि कक्ष में न गयी। उसके जनकगण ने भग्न हृदय से अतिथियों को खिलाया पिलाया। मिथ्या वचन कहे कि लड़की को आवश्यक कार्य से अकस्मात् अपने विद्यालय जाना पड़ा था। कूजन बरामदे में ऊपर छुप कर खड़ी थी कि जाते हुए अतिथियों की दृष्टि उस पर न पड़े। पर वह क्या! जैसे ही सीढ़ियाँ उतरकर अतिथि युवक ने ऊपर की ओर आशापूर्ण नेत्रों से देखा तो कूजन मानो जड़ हो गयी... यह तो... यह तो... वही कृष्ण है... शेष अस्फुट शब्द उसके कण्ठ में ही घुमड़कर रह गये। क्षणांश में वह ओट छोड़कर सामने आकर खड़ी हो गयी। इतने में कृष्ण की माँ व कूजन के जनकगण भी भावविहीन मुख लिये नीचे उतर आये। कृष्ण को मुग्धभाव से ऊपर की ओर निहारते देख उन सबकी दृष्टि ने भी उसका अनुसरण किया। कूजन को वहाँ खड़ी देख माँ ने हाथ के संकेत से उसे नीचे बुलाया व बोली, ''तू कब आयी कूज?'' ''अभी-अभी तो आयी हूँ माँ,'' कूजन भी मिथ्या बोल बोलने से पीछे न हटी। ''इनसे मिलो यह कृष्ण है और यह

इनकी माताजी हैं।" कूजन ने करबद्ध नमस्कार किया उन्हें। "अब तो बहनजी हम खाली हाथ न लौटेंगे।" ऐसे कहते हुए कृष्ण की जननी ने पुनः सीढ़ियों पर पग रख दिये और फिर उल्लासमय वातावरण में कृष्ण की जननी ने कूजन के गले में एक स्वर्ण हार पहना दिया। यही था कूजन का प्रथम प्रणय, अनुराग जो भी कह लो। अन्तर्मन से जिसकी कामना की, आकांक्षा की एक दिवस वह स्वयं ही कर फैला उसे अपनाने आ गया। उसने सम्भवतः मोती नहीं हीरे दान किये थे पूर्व जन्म में जो उसे मनभावन पति मिला।

एक दिन कूजन की सखी आकांक्षा उसके पीछे पड़ गयी कि वह अपनी प्रणय कथा उसे सुनाये। आकांक्षा ने कहा, "बड़भागी, अपनी कहानी सुनाना।"

"सम्भवतः तू ठीक कहती है आक्षी, कि मैं बड़भागी हूँ। पर मेरी प्रिया, भाग्य थाल में परोस कर नहीं मिलता है। उसके लिए उद्यम भी करना पड़ता है। किसी भी युवती का विवाह केवल मात्र एक युवक के संग ही नहीं होता अपितु उसके सम्पूर्ण परिवार के संग भी होता है। मेरी सासू माँ कृष्ण की सौतेली माँ थी। श्वसुर ने पैंतालिस वर्ष की आयु में बीस वर्षीया नव यौवन से विवाह रचाया था। गाँव की अल्हड़ गोरी केवल मनभाता खाने और पहनने में ही रुचि रखती थी। श्वसुर आकण्ठ डूबे पड़े थे नवीन नवयौवना पत्नी के प्रणय में। सम्पूर्ण घर चल रहा था नौकरों के सहारे। कृष्ण धीर गम्भीर प्रकृति के हर परिस्थिति संग तालमेल बैठाने वाले प्राणी थे पर महाराजा, मोतीलाल व सोबा उनके अनुज व अनुजा बिगड़ैल शहज़ादों से कम न थे। जैसे ही मैंने विवाह पश्चात् घर में पग रखा तो कृष्ण की मातेश्वरी जो मेरे पर न्यौछावर हो-हो जा रही थी जब प्रथम बार पितृगृह में देखने आयी थी तो जानती हो क्या कह उठी?" दीर्घ श्वास छोड़ते हुए कूजन मौन हो गयी। "क्या कह उठी थी तुम्हारी सासू माँ?" जिज्ञासु स्वर में आकांक्षा ने पूछा।

"ऐ अमीरजादी, ये क्या मटक-मटक कर चल रही है। पाँवों में मेहँदी लगी है क्या? चल, घर को सँभाल, मैं थक गयी हूँ सब देखते-देखते।" ऐसा कहकर माताश्री वहीं कालीन पर पैर फैला लेट गयी। "दोनों देवर मुँह चिढ़ाते हुए खड़े थे। न कोई संगी न सम्बन्धी। केवल उत्सुक नेत्रों से कृष्ण की अनुजा निहार रही थी मुझे। मैंने विश्वास पूर्ण कृष्ण की ओर देखा तो वे भी नयन चुराते हुए प्रतीत हुए। उनके नयनों में छायी विवशता मैं देख चुकी थी। क्षणांश के लिए सम्पूर्ण ब्रह्माण्ड घूमता दिखाई दिया मुझे पर मन की प्रत्येक दुर्बलता पर मैंने उसी समय अपने आत्मविश्वास तथा दृढ़ निश्चिय का अंकुश लगा दिया और असल जरी की बनारसी साड़ी उतार एक सूती साड़ी पहन जीवन के असल रणक्षेत्र में उतर पड़ी।" इतना कहकर मौन हो गयी कूजन।

"आगे कहो कूजन, क्या हुआ?" आकांक्षा की जिज्ञासा फूट पड़ी।

"शेष कथा फिर सही। अब मुझे घर जाना है।" ऐसा कहते हुए कूजन उठ कर खड़ी हो गयी।

"अरे, तू भूल क्यों गयी कि कृष्ण ने अभी कुछ देर पहले फोन किया था कि वह स्वयं तुझे लेने आएगा।" आकांक्षा ने आश्चर्यपूर्ण स्वर में कहा।

"ओहो! यह तो मैं भूल ही गयी।" पुनः बैठते हुए कूजन ने कहा।"

"कृष्ण तो तुझे बहुत प्यार करता न कुजू।" कूजन के नेत्रों में झाँकते हुए आकांक्षा बोली।

"हाँ आक्षी, वह मुझे बहुत ही चाहता है। जीवन संग्राम में सफल होने की आशा तब अत्यधिक हो जाती है जब जीवन सहचर का सम्पूर्ण सहयोग सहचरी के संग होता है तो।" मृदु स्वर में कूजन बोली। कूजन कथा आकांक्षा तन्मय होकर सुन रही थी कि कृष्ण आ गया और कूजन उसके संग चली गयी।

कूजन देहली की रहने वाली थी। उसके पिताश्री अर्जुन नाथ गुर्टू पुरातन कश्मीरी परिवार से सम्बन्ध रखते थे। पुरातन अर्थात् उनके पितामह के पितामह ने देहली आकर अपने नीड़ का निर्माण कर लिया था। और सदा सर्वदा निमित्त देहली के होकर रह गये थे। शनैः-शनैः कश्मीरी के स्थान पर 'हिन्दी' पारिवारिक भाषा बन गयी और आचार-विचार तथा परम्पराओं में भी एक नवीन संस्कृति का समावेश हो गया। पर अर्जुन नाथ की प्रत्येक पीढ़ी में कश्मीर के प्रति जो आन्तरिक लगाव था वह कम न हुआ। अतः व्यापारी अर्जुन नाथ ने उसी लगाव के कारण कूजन, अपनी एकाकी सन्तान का विवाह कश्मीर में कर दिया। कृष्ण के पिता जवाहर लाल रैना शालों का व्यवसाय करते थे कश्मीर में और वे वहाँ 'जवाहर शाल वाला' के नाम से प्रसिद्ध थे। यद्यपि जीवन सुचारु रूप से चल रहा था पर कृष्ण की जननी की असमय मृत्यु ने उन्हें बिखेर के रख दिया और उन्होंने जीवन मधु ढूँढ़ा एक गाँव की गोरी के काले कुन्तलों की छाँव में। अधेड़ावस्था की किसी परित्यक्ता या विधवास्त्र के संग विवाह रचाने के स्थान पर अपने से इतनी कम आयु की युवती के संग विवाह रचाया उन्होंने। नवेली को अपने परिवार की आवश्यकतानुसार ढालने के स्थान पर उसे स्वच्छन्द जीवन दिया और स्वयं ऋण के बोझ तले दबते चले गये। जीवन की सबसे बड़ी भूल कर बैठे थे वह ये सब कर के। प्रकृति ने भी उन्हें क्षमादान नहीं दिया। पक्षाघात ने उनके जीवन को अपंग बना दिया। केवलमात्र एक मास के अन्दर वह परलोक गामी हो गये अपनी नवीन पत्नी और छोटे-छोटे अबोध बच्चों को कृष्ण को सौंप कर। दस वर्ष तक निरंकुश साम्राज्य की सम्राज्ञी रहने के पश्चात् कृष्ण की माता श्री राजरानी को वैधव्य रास नहीं आ रहा था। उसे दुग्ध धवल साड़ी पहननी अरुचिकर लगती थी। शृंगार बिन जीवन सूना-सूना लगता था। ऐसी परिस्थितियों में और भी उग्र हो उठी वह। राजरानी समय कुसमय कृष्ण से अलाँ इच्छा, फलाँ इच्छापूर्ति हेतु धन माँगती रहती। उसने कभी कष्ट ही नहीं किया कि वह जाने कृष्ण किन विषम परिस्थितियों में फँसा हुआ था। कैसे धन अर्जित करता था वह। राजरानी तो केवल षट्रस

भोजन करने में, ठाट-बाट से रहने में ही विश्वास रखती थी। अंकुश विहीन सन्तान का भी वही हाल था जो जननी का था। कृष्ण मूक व बधिर बन जैसे-तैसे नैया को चला रहा था कि कूजन उसके जीवन में बसन्ती ब्यार का झोंका बन आ गयी। घर की अव्यवस्था व दुर्दशा देख कूजन मन कर्म वचन से कृष्ण के साथ नव नीड़ निर्माण में जुट गयी। अथक परिश्रम व प्रयास विफल नहीं गये। कूजन ने एक प्रसिद्ध विद्यालय में नौकरी कर ली। प्रातः उठकर वह भोजन तैयार करती। सम्पूर्ण परिवार को जलपान करवा विद्यालय में जाती। अपराह्न पूर्व लौट सासू माँ, छोटे देवरों व ननद को भोजन करवा उन्हें पढ़ाती। संध्या समय प्रतिवेशियों के कपड़े सीती क्योंकि सिलाई-कढ़ाई में भी वह अति निपुण थी। तत्पश्चात् रात्रि भोजन में जुट जाती। अथक परिश्रम ने सम्पूर्ण दुःखों को धो-पोंछकर भगा दिया घर से। शैतान के परकाले देवर व ननद अनुशासन पूर्ण जीवन जीने लगे। अनुशासन की चाबुक के संकेत पर चलने लगा उनका जीवन। मातेश्वरी की बिन माँगे ही हर आशा आकांक्षा करतल पर पूर्ण होने लगी पर अब उसे उचित व अनुचित माँग में पूर्ण अन्तर मालूम हो चुका था। वह मग्नमना अब हर समय प्रसन्न रहती या दुर्गा स्तुति सम गान करती रहती अपनी 'नोश (बहू)' का प्रतिवेशियों व सम्बन्धियों में। 'कृष्ण शाल वाला' अब जाना माना व्यक्तित्व था श्रीनगर में। अतः जौहरी कूजन ने कृष्ण रूपी धूमिल पड़े हीरे की दिव्य किरणों को दिव्यता प्रदान करने के लिए अपनी सूझबूझ से काम किया और अथक परिश्रम व प्रयास से सफल हुई। आज उसकी जीवन बगिया मह-मह करते पुष्पों से महक रही थी।

"अरे, कुजू कब से खड़ी हो यहाँ?" अपनी गाड़ी कूजन के निकट आकांक्षा ने रोकते हुए कहा।

"अभी-अभी आ रही हूँ स्कूल से। परीक्षाएँ हो रही हैं न—इसलिए स्कूल बस पहले ही चली जाती है। हमें रुकना पड़ता है स्कूल में।" कूजन ने आकांक्षा की जिज्ञासा शान्त करते हुए कहा।

"चलो मैं तुम्हें घर छोड़ दूँ।" आकांक्षा।

"नहीं रे, मैं बस से चला जाऊँगी। कूजन।

"क्यों जी हम दुश्मन कब से हो गये?" कृत्रिम गम्भीरता के साथ आकांक्षा ने कहा।

"अच्छा, चल, तेरे साथ ही चलती हूँ।" कूजन ने दुग्धधवल दंतपंक्तियों की छटा बिखेरते हुए कहा।

"अच्छा, अब जल्दी से आजा मेरी गाड़ी में बैठ जा।" नाटकीय स्वर में आकांक्षा बोली।

"अच्छा प्रिय सखी, अभी बैठती हूँ।" कूजन ने भी नाटकीय स्वर में ही बैठते हुए उत्तर दिया।

आकांक्षा व कूजन एक वर्ष हुए एक विवाह समारोह में मिली थीं। अपरिचित मुस्कानें अति शीघ्र परिचित बन गयीं। आकांक्षा एक पाँच सितारा होटल में कार्य करती थी। वह मदमस्त प्रकृति व एक सौन्दर्यपूर्ण देहयष्टि की स्वामिनी थी। कूजन उसके कुछ ऐसी मनभाई कि दोनों अभिन्न सखियाँ बन गयीं। आज की कूजन एक सफल नारी थी। उसके विवाह को दस वर्ष व्यतीत हो चुके थे। वह एक नटखट चार वर्षीय बालिका की माँ भी थी। उसकी पुत्री मिलन सम्पूर्ण परिवार की नयनतारा थी। एक सन्ध्या जब दोनों सखियाँ आकांक्षा के अतिथि कक्ष में बैठी 'शीर चाय' के मनभावन नमकीन स्वाद संग कतलम खा रही थीं कि आकांक्षा को न जाने क्या सूझी जो कूजन के अतीत में झाँकने लगी। कूजन ने भी भाव विभोर हो अपना पूर्ण हृदय अनावृत कर दिया अपनी प्रिया सम्मुख।

''कुजू सासू माँ के क्या अब भी चरण पखार-पखार पीती हो?'' गाड़ी चलाते हुए आकांक्षा ने ठिठोली की।

''आक्षी, माँ तो माँ ही है न फिर चाहे वह सासू माँ हो या स्व जननी। मेरी सासू माँ सम्भवतः लाखों में एक है। वह स्वजाई सम मुझसे स्नेह करती है। मेरी हर इच्छा-अनिच्छा का आदर करती है।'' कूजन ने गर्वीले स्वर में उत्तर दिया।

''और पति महाशय?'' आकांक्षा।

''वह तो... वह तो इतना सारा प्यार बरसाते हैं मुझ पर कि...'' ऐसा कहते हुए कूजन का मुख आरक्त हो उठा।

''वाह! भई मान गये कि कृष्ण कन्हैया अपनी रसवृष्टि में हर समय भिगोये रखते हैं अपनी राधा को।'' वक्र अधर करते हुए मीठे स्वर में उपहास का पुट देते हुए आकांक्षा ने कहा तो कूजन के मुख पर मुट्ठी भर अबीर बिखर गया।

''क्या सफल जीवन जीने के लिए श्वसुर गृह में दासी बनकर रहना जरूरी है? कूजन तू हर समय हर एक की चिन्ता में मरी जाती है। कभी देवर तो कभी ननद भई हमसे तो किसी के नखरे सहन नहीं होते और न किसी के गुलाम बनकर जी सकते हैं। जब देखो तब हर एक की चमचागिरी करते रहो। हिश! औरत न हुई पाँव की जूती हो गयी जिसे जब आवश्यकता पड़ी पाँव में पहन लिया, जब जरूरत न हुई ठोकर मार दी। मुझे स्त्रियों के इस दासीपन से सख्त नफ़रत है नफ़रत।'' रोष से रक्तिम हो उठा आकांक्षा का मुख।

''गाड़ी रोको आक्षी,'' कूजन ने आज्ञापूर्ण स्वर में कहा तो आकांक्षा ने गाड़ी रोक दी। इस समय दोनों सखियाँ लाल चौक के निकट पहुँच चुकी थीं। कूजन के आग्रह पर आकांक्षा उसके संग एक जलपान गृह में जा बैठी। दोनों ने शीतल पेय मँगवा लिया। जलपान गृह में पसरे हुए अप्रिय मौन को कूजन के स्वर ने तोड़ा, तू कभी-कभी कैसी विवेकहीन बातें करती है। क्या दामी होटलों में खाना और गाड़ियों में घूमने तक ही जीवन सीमित है? स्वच्छन्द जीवन जीना भी कोई जीवन

होता है। तुम्हारे जीवन का ध्येय केवल खाना-पीना व मौज उड़ाना ही है न। क्या कर रही हो या करोगी तुम समाज निमित्त या देश निमित्त? एक दिन यह काया भी अपनी नहीं रहेगी तो फिर पल दो पल के साथी क्या साथ निभायेंगे। जीवन में यदि यौवन आता है तो बुढ़ापा भी आता है। यौवन तो स्वयं ही सजा सँवरा होता है पर बुढ़ापे को स्वयं सजाना पड़ता है, सँवारना पड़ता है। मैंने अपने बिखरते हुए परिवार को स्व परिश्रम द्वारा सजाया सँवारा तो क्या किसी अन्य निमित्त किया। नहीं... नहीं। यह सब कुछ मैंने अपने लिए ही किया। मेरी सासू माँ न जाने कैसा कष्टकारी जीवन व्यतीत करती, कितनी व्यथाओं, व्याधियों संग जीती जो आज अपनी पौत्री की अबोध किलकारियों में ही आनन्द मग्न है। मेरे दोनों देवर आज कृष्ण के व्यवसाय में दो सुदृढ़ भुजाएँ बनकर साथ निभा रहे हैं। प्यारी सी ननद जीवन संग्राम के हर क्षेत्र में सफल होने की योग्यता रखती है। जब कृष्ण के नयनों में अपार नेह सागर छलकता हुआ देखती हूँ तो मुझे जीवन का सबसे अमूल्य परितोष मिल जाता है और परम सन्तोष भी। यदि हर नारी राष्ट्र को एक सफल स्वस्थ परिवार देती है तो वह राष्ट्र क्योंकर विश्व में नीचा देखेगा। महापुरुष हो या प्रवक्ता वैज्ञानिक व्यवसायी अन्ततः आते तो सब किसी न किसी परिवार से ही न तो फिर क्या परिवार समर्पिता नारी दासी बन जाएगी या पाँव की जूती? जानती हो आदि काल से भारतीय नारी शिक्षित सुसंस्कृत सभ्य थी। आपस की फूट ने देश को विदेशियों के अधीन किया तो पुरुष नारी की लाज बचाने निमित्त उसे पर्दे में रखने लगे और फिर अज्ञानता के अन्धकार ने लील लिया नारी का सम्पूर्ण अस्तित्व। पर आज देश स्वतन्त्र है। नारी प्रगति के पथ पर पुरुष के संग हर पल है, हर क्षण है। वह घर-बाहर दोनों क्षेत्र पूर्ण योग्यता से सँभाले हुए है। वह पाँव की जूती नहीं अपितु वास्तविक रूप से पुरुष की सहचरी कहलाने योग्य है। न जाने कूजन किस लोक में खोई हुई थी और आकांक्षा उसे मन मुग्ध सी निहार रही थी। अधरों पर अँगुली रख आकांक्षा ने कूजन को चुप रहने निमित्त संकेत किया। वह आज कूजन में एक नवीन कर्तव्यनिष्ठा के दर्शन कर-कर के कृतार्थ हो रही थी। भाव विभोर स्वर में आकांक्षा बोली, "कुजू मैं नहीं जानती थी कि तू एक भानुमति के गुणों का पिटारा भी है। आज तूने मेरी आँखें खोल दीं। तू ठीक ही कहती है स्वसुख के लिए जीना भी कोई जीना है। यदि विधाता मानव को जन्म देता है तो मानव का कर्त्तव्य भी है समाज व देश का ऋण चुकाना। इस ऋण के चुकाने के लिए हमें कोई पर्वत पत्थर नहीं तोड़ने अपितु इसे हम अपने चहुँओर बँधे हुए प्रियजनों के संग पूर्ण न्याय करके अर्थात् वास्तविक रूप से उनकी समस्याओं के समाधान में साथ निभाकर भी पूर्ण कर सकते हैं। स्वच्छन्द जीवन तो अन्ततः एक आवारा बादल सम ही है जो जहाँ-तहाँ बरस कर अपना अस्तित्व ही खो देता है। मैं अभी से प्रतिज्ञा करती हूँ कि इस जीवन शैली को सदा सर्वदा के

लिए त्याग दूँगी। केवल अपने लिए ही नहीं अपितु दूसरों के लिए भी जीना सीखूँगी। पराये दर्द बाँटने का प्रयत्न करूँगी। सम्भवतः मुझे भी पराया दर्द बाँटकर वह परम परितोष मिले जो तुझे मिला है। हाँ, अब किसी भी गृह समर्पिता नारी का उपहास न उड़ाऊँगी। प्रिय सखी, लो कान पकड़ती हूँ।'' इतना कहते हुए आकांक्षा ने वास्तव में ही अपने कान पकड़ लिए और फिर दोनों सखियों के मुक्त हास्य से गहन गम्भीर वातावरण हल्का हो महक उठा।

बीती विभावरी...

''छोरी तो तूने सुन्दर ही ढूँढ़ी है बहू,'' प्रशंसात्मक स्वर में आदर्श की दादी माँ ने कहा।

''अम्मा, अब तुम देख परख लो। कल को मुझे दोष मत देना कि तूने बहू ऐसी ढूँढ़ी वैसी ढूँढ़ी'' आदर्श की माँ ने सासू माँ के कर्णद्वार के निकट मुख करके धीमे स्वर में कहा।

"आज आदर्श की भावी पत्नी निशा की, उसकी माँ, दादी माँ, अग्रजा, भाभी, चाची इत्यादि 'गोद' भरने आये थे। साँवली सलोनी निशा लाजवन्ती रंग की बनारसी असली जरी की साड़ी पहने गर्व से चहुँओर निहार रही थी। उसके नयनों में ना कोई लज्जा थी न कोई झिझक, सम्भवतः समय की पुकार यह हो गई है कि कुँवारी कन्याएँ लज्जा को, शालीनता को अनावश्यक बोझ समझने लगी हैं, कटे हुए केश गुच्छ निशा की ग्रीवा पर लहरा रहे थे जब अजय, निशा की ननद ने आँचल उसके सिर पर रखा तो 'ऊँ हूँ। दीदी यह क्या करती हो?' कहते हुए निशा ने झटक कर आँचल नीचे गिरा दिया, कुछ-कुछ लम्बी मुखाकृति पर चहुँओर का निरीक्षण करते लोचन तीखी नासिका, वक्र भृकुटी, रंगे हुए अधर व लम्बी पतली काया— यही व्यक्तित्व था निशा का। चार कन्याओं में चतुर्थ स्थान था निशा का और दो अग्रज थे। उसके पिता श्री पाँच वर्ष पूर्व रेलवे विभाग में सहायक अभियन्ता के पद से सेवानिवृत्त हो चुके थे। ब्रह्मदत्त त्यागी में त्याग नाम की कोई भावना न थी। समय-समय पर वह अपने हर जमाता के नीड़ को अपने मधुर भाषाओं द्वारा गुंजारित करते रहते थे। उनके तीनों जमाता 'बाऊ' जी की अभ्यर्थना में दोहरे हो-हो जाते क्योंकि 'होम मिनिस्टरी' की यही आज्ञा होती थी। वे अकिंचन प्राणी कभी भी अपने जनकगण व प्रियजनों के संग न्याय न कर पाये। गृह कलह से तीनों डरते थे। काश! भारतीय जमाता पत्नी को पत्नी के स्थान पर, माँ को माँ के स्थान पर, भगिनी को भगिनी के स्थान पर तथा अन्य निकट सम्बन्धियों को यथा स्थान रखने की क्षमता रखते। वे या तो अत्याचारी दुःशासन कहलाते हैं या फिर पत्नी चरण वन्दना करने वाले केवल कुछ प्रतिशत ही हर

प्रियजन को यथा स्थान सम्मान देने वाले होते हैं। ब्रह्मदत्त त्यागी अपने तीनों जमाताओं को नयनों के संकेत से ही उठाते बिठाते थे। अब उनका सबसे छोटा जमाता बनने जा रहा था आदर्श दत्ता जो सहायक अभियन्ता था एक विख्यात भवन निर्माण संस्थान में देहली में। आदर्श की लम्बी ऊँची देहयष्टि थी। निरन्तर व्यायाम ने देह को पुष्ट बना दिया था। समस्त गुण सम्पन्न होते हुए भी एक अवगुण प्रमुख था उसमें—क्रोधी इतना कि नाक पर मक्खी बैठ जाए तो नाक ही तोड़ दे। अब निशा भी स्वभाव से गर्वीली हठीली झूठी शान में आस्था रखने वाली अत्यन्त आलसी व विलासी नारी थी। पिताश्री के राज्य में ऊपर की आय से घर में समस्त सुख उपलब्ध थे उसको। पिता के सेवानिवृत्त होने के पश्चात् भी सामान्य सा ही अन्तर आया था दिनचर्या में। क्योंकि उसकी मँझली दीदी यामिनी अपने दोनों बाल गोपाल ले जनक द्वारे आ बैठी पति को निपट एकाकी आसाम में छोड़ बच्चों के भविष्य निर्माण के नाम पर, अब उसका पत्नी भक्त पति एक मोटी राशि हर मास उसे आसाम से भेजता। सो बाजार की बनी चाट पकौड़ी, डोसा-बड़ा खा रात्रि-दिन आनन्दपूर्वक व्यतीत होने लगे। ब्रह्मदत्त के परिवार में था भी कौन—ब्रह्मदत्त द्वितीय पुत्री मय सन्तान, निशा व निशा की रणचण्डी जननी-हर प्रिया जिसे कलह प्रिया कहना अत्यधिक उपयुक्त होगा, रजक वर्णिये केश राशि को जूड़े में कस कर बाँध रखा था हर प्रिया ने। लाल छापेदार साड़ी पहने हुए थी वह। यद्यपि वह पान की जुगाली में व्यस्त थी पर उसकी कपटी काक तुल्य दृष्टि चहुँओर का ब्यौरा रखे थी। अपनी काक दृष्टि से वह लक्ष्मी हार को जो रानी ने निशा को पहनाया था तोल रही थी। 'ऊँ हूँ! बड़े अमीर बने फिरते हैं छोरी को सिरफ पाँच सात तोले में ही टरका रहे हैं,' वक्र अधर करते हुए हर प्रिया ने मन में सोचा।

कितनी आशा-आकांक्षाओं के साथ रानी प्रियजनों सहित भावी वधू की गोद भरने आयी थी पर निशा के मैके वालों के शुष्क व्यवहार ने हृदय दग्ध करके रख दिया उसका। रानी के प्रियजन उसकी व्यथा समझ रहे थे सो हास परिहास में विलीन करना चाहा सबने उस अप्रिय अरुचिकर व्यवहार को। अब वे लोग और क्या करते। वे लोग 'गोद' जब भरने गये थे तो वधू पक्ष ने उन्हें कुछ जलपान भी करवाना था पर जलपान उनको ऐसे करवाया गया मानो किसी सामन्त द्वारे कोई सर्वहारा भिक्षुक पहुँच गया हो। दत्ता परिवार हर परिस्थिति में सहयोग देना जानता था। यदि ब्रह्मदत्त उन्हें कहता कि 'गोद' भरने वे लोग न आयें, केवल सामान भेज दे तो वे यह भी मान जाते पर ब्रह्मदत्त भी तो दिखावा करना चाहता था अपने नातेदारों में व्यर्थ के आडम्बरों को त्यागना ही चाहिए उसमें अपने ही समाज व सामाजिक प्राणियों की भलाई है। रानी पछता रही थी कि वह क्यों इस चक्कर में पड़ी पर अब बहू तो ब्याह कर लानी ही थी ना। रानी सोच रही थी, दोष मेरा भी

है। क्या आवश्यकता थी इतने प्रियजन ले जाने की? क्यों दूसरे पर इतना बोझ डाला? त्यागी ने अपमान भी तो बहुत किया। चलो, छोड़ो, भूल जो हुई हमसे समस्त अपमान व अभद्र व्यवहार को विस्मृति के गर्त में डाल पुनः जा पहुँची ब्रह्म दत्त द्वारे–ठाठ-बाट के संग पुत्र ब्याहने बारात लाने से पहले ही दत्ता को त्यागी ने कहा। "सौ बाराती से एक भी अधिक न लायें आप। हम ऐसा इन्तजाम करेंगे जैसा अभी तक आपकी रिश्तेदारी में दूर-दूर तक न हुआ हो" ब्रह्मदत्त की बात सुन प्रसन्नता से झूम उठे दत्ता साहब। प्रसन्नचित्त बोले, "ब्रह्मदत्त जी, बस आप बारात की आवभगत कर दें, हमें कुछ नहीं चाहिए। आप अपना जिगर का टुकड़ा तो हमें दे ही रहे हैं और हमें क्या चाहिए? भगवान की दया से दो-दो मकान हैं दक्षिणी देहली में। घर में हर सुख-सुविधा है, केवल आपका स्नेह चाहते हैं हम लोग।"

"सो तो है ही दत्ता साहब, हम बारात की खातिर में कोई कसर न छोड़ेंगे। पुरानी दिल्ली के नाम हलवाई से खाना बनवा रहे हैं हम और शामियाना भी 'ए क्लास' लगवायेंगे," ऐसे आश्वासन दिये ब्रह्मदत्त ने सुशील को पर जब बारात उसके द्वार पहुँची तो सबसे पहले ब्रह्मदत्त के ज्येष्ठ पुत्र ने टिप्पणी की, "कहाँ से भिखमंगे इकट्ठे कर लाया है दत्ता।"

"भैया, ये दिल्ली वाले होते ही भूखे हैं भूखे।" छोटे भाई ने पुष्प वर्षा की। ऐसे ही कटाक्ष धीमे स्वर में कन्या पक्ष में एक कर्णद्वारे से दूसरे कर्णद्वारे तक पहुँच रहे थे। कुल मिलाकर सत्तर के लगभग बाराती थे। घराती अवश्य सौ के लगभग होंगे। सत्तर में से केवल पचास के लगभग बारातियों को ही शीतल पेय दिया गया। जब आदर्श के मामा की छोटी सी बिटिया मोलू ने निशा के अग्रज को कहा, "अंकल कैम्पा लेना है" तो उसे दुष्टता से मुस्काते हुए कहा, "हाँ बेटी, ले लेना। अभी तुम्हारे पापा मँगवा रहे हैं।"

आदर्श के मामा धीरज ने कहा, "अरे, हम मँगवा लेते हैं। क्या फर्क पड़ता है।"

"हाँ-हाँ, फर्क ही क्या पड़ता है चाहे लड़के का मामा मँगवाये या लड़की का भाई," निर्लज्जता से हँसते हुए ब्रह्मदत्त सुपुत्र बोले, धीरज ने कैम्पा स्वयं मँगवाया। भोजन का यह हाल था–चावल थे पर रायता समाप्त। पूरी थी पर भांजी समाप्त। गुलाब जामुन ऐसे कसैले थे मानो घासलेट में बने हों। उस पर ब्रह्मदत्त महाशय हर बाराती के सम्मुख यह बखान करना अपना कर्तव्य समझ रहे थे कि उन्हें 'पर प्लेट' सौ रुपये में पड़ी थी। जैसे तैसे कर के विवाह सम्पन्न हुआ आदर्श व निशा का। ब्रह्मदत्त परिवार द्वारा दिये गये अपमान के घूँट विवशता पूर्वक दत्ता परिवार ने गले के नीचे उतारे। विचार किया, चलो छोड़ो, ब्रह्मदत्त की कोई विवशता होगी जो प्रबन्ध भली प्रकार न हो सका विवाह में। हम जो एक बढ़िया सा प्रीतिभोज कर

रहे हैं। समस्त नातेदार भूल जायेंगे विवाह की विषमताओं को। असीम हर्षोल्लास के साथ विवाह के दो दिवस पश्चात् प्रीतिभोज दिया गया दत्ता साहब द्वारा। नाना प्रकार के मिष्टान्न व षड्रस व्यंजनों की सुगन्ध क्षुधा द्विगुणित कर रही थी हर अतिथि की। अतः मधुर हास परिहास के मध्य प्रीतिभोज समाप्त हुआ।

विवाह के पाँचवें दिन आदर्श हृदय में असंख्य आकांक्षाओं को लिए हुए पत्नी को ले नेपाल गया। प्रथम दिवस तो आनन्दमय वातावरण में व्यतीत हो गया, दूसरे दिवस प्रातः निशा ने आदर्श को कचोटना आरम्भ कर दिया—इतनी बारात लेकर क्यों आया? भिखमंगे इकट्ठे करके क्यों लाया? मुझे जेवर कपड़ा क्यों कम दिया? कलह से कलह उत्पन्न हुई। आदर्श भी कब सहन करने वाला था सो उसने भी जलकर उत्तर दिये। निशा ने रोना धोना आरम्भ कर दिया। विवाह को हुए कठिनता से एक सप्ताह भी नहीं हुआ था कि पति-पत्नी में खाई पड़ गयी, नेपाल नवदम्पति दस दिन के लिए गया था पर हृदयों पर छाई काई उन्हें चौथे दिन ही देहली ले आयी। सप्तम स्वर में रुदन आरम्भ हुआ निशा का श्वसुर गृह में, विलाप करते हुए नवेली ने आदर्श पर असंख्य आरोप लगा डाले। आदर्श की मांस मज्जा दग्ध हुई जा रही थी। ऐसे ही वातावरण में निशा के जनकगण उससे मिलने आये तो निशा ने उच्च स्वर में विलाप करते हुए गृह की चहुँ प्राचीरें कम्पायमान कर दी।

पुत्री की एक-एक बात अक्षरशः सत्य मानते हुए ब्रह्मदत्त दुर्वासा जैसे क्रोधी हो उठा, "अभी बेटी ले जाऊँगा कसाइयों के घर से।"

आदर्श ने क्रोधित स्वर में कहा, "ये नहीं जाएगी।"

निशा की माँ तब तक रणचण्डी का रूप धारण कर चुकी थी। हाथ नचाते हुए कर्कश स्वर में चिल्लाई, "क्यों नहीं जाएगी ये नासपीटे मेरी मेवों में पली छोरी! अरे! तेरी अर्थी उठे। छोरी की चूड़ियाँ यहीं फोड़कर के इसे ले जाऊँगी अभी इसी बख्त मैं।"

"ठीक है ले जाओ पर जो सामान यह साथ लायी है वह भी ले जाओ," आदर्श ने तनिक धीरज के साथ कहा।

"अरे कौन सा सामान! पहले दो लाख रुपये तो निकाल जो लिए हैं," हर प्रिया दहाड़ी।

"हाँ-हाँ अरे टुच्चे पहले दो लाख वापस कर," ब्रह्मदत्त भी दहाड़ा। रानी मूक दर्शक की भाँति सब अनहोनी देख रही थी। दो लाख का मिथ्या आरोप सुनकर झर-झर अश्रु उसके कपोलों पर बहने लगे। कभी वह समधी को करबद्ध प्रार्थना करती तो कभी समधिन को। दत्ता गृह से उठते हुए शोर को सुन प्रतिवेशी वहाँ जमा हो गये। मणिक तनेजा से नहीं रहा गया। वह दत्ता परिवार से वर्षों से परिचित था। उसने कहा, "क्या त्यागी साहब व्यर्थ में बवाल मचा रहे हो? बारात

में हम भी गये थे। दो लाख तो क्या दत्ता साहब ने तो आप से दो रुपल्ली तक नहीं ली। यह क्या नवेली दुल्हन के लक्षण हैं बिन आँचल सब पड़ोसियों के मध्य खड़ी आदर्श और उसके घरवालों पर लांछन पर लांछन लगाये जा रही है। पर आप तो कम से कम बुद्धि से काम लें।"

ब्रह्मदत्त ने जब पासा पलटते हुए देखा तो कुछ विवेक से काम लिया। येन-केन उस अप्रिय वातावरण से छुटकारा मिला दत्ता परिवार को। निशा ठुनकती हुई जनकगण के संग चली गयी। रानी ने तो अश्रु बहा-बहाकर शैया से प्रीत कर ली। सुशील दत्ता किसी कार्यालय सम्बन्धित काम से मेरठ गये हुए थे। जब वह घर वापस लौटे तो गृह में व्याप्त निस्तब्धता देख, किसी अनिष्ट की कल्पना मात्र से ही उनका हृदय काँप उठा रानी ने अश्रुपूर्ण नेत्रों से समस्त घटना कह सुनाई पति को। क्या करता भला मानस, सुनकर स्तब्ध सा बैठा रह गया सुशील। पुत्र से नेत्र मिलाने का साहस नहीं हो रहा था। उसको–'काश! मैं कानपुर लाया होता। मैंने त्यागी परिवार के विषय में पूर्ण छानबीन की होती, कहाँ ढकेल दिया बेटे को मैंने नर्क में... अब क्या होगा। आदर्श का,' इत्यादि कई प्रश्न हृदय मथते रहते सुशील का, प्रतिवेशियों ने समझाया–आप क्यों चिन्ता करते हैं? आप सच्चे इनसान हैं। सच्चा इनसान कभी नहीं डरता।

"बहू दहेज के केस में फँसा देगी," शंका व्यक्त की सुशील ने।

"कैसे फँसा देगी? हम सब आपके साथ हैं। आपने किया ही क्या है? ब्रह्मदत्त को दिखाना पड़ेगा कहाँ से उसने कौन सा सामान लेकर दिया? कौन से बैंक से पैसा निकलवा कर व्यय किया? ब्रह्मदत्त जैसे हैसियत वाले के पास चौथी पुत्री की शादी में कहाँ से दो लाख रुपया आया केवल कैश देने के लिए?" नाना प्रकार से समझाया प्रतिवेशियों ने जब दत्ता परिवार को तब जाकर कुछ-कुछ शान्त हुआ दत्ता परिवार।

रात्रि दिवस इसी ऊहापोह में व्यतीत हो रहे थे कि निशा किसी भी पूर्व सूचना बिन आ पहुँची एक गोधूली वेला में। उसे छोड़ने उसकी अग्रजा का पति सुभाष आया। बड़ी शालीनता से बात की सुभाष ने। धीमे से आदर्श के कर्णद्वार तक पहुँच जा बोला, "शाबाश! अब मैदान नहीं छोड़ना नहीं तो हमारी तरह तुम्हारा जीना भी हराम हो जाएगा" आदर्श मौन रहा।

जैसे-तैसे रात्रि दिवस व्यतीत होने लगे। निशा का मन करता तो कुछ काम करती नहीं तो आठ बजे सोकर उठती। चाय का प्याला बना पीने बैठ जाती। जलपान के समय जब मन होता, जो मन होता बनाकर खाती। कितनी आकांक्षाओं के संग ब्याहा था रानी ने पुत्र को। छोटे पुत्र अभिनव अभिलाष देखते ही रह जाते भाभी के सत्कर्म। न वह एकाँकी ननद अजया के आने पर उसका आदर सत्कार करती न किसी अन्य अतिथि का। घर में किसी से भी बात करने में मानो उसकी

मान-मर्यादा नष्ट होती थी। श्वसुर गृह के प्रत्येक प्राणी को वह हेय दृष्टि से देखती थी। केवल खाने सोने, प्रतिवेशियों में जाकर व्यर्थ के क्रियाकलापों में या हाट बाज़ार के चक्कर काटने में दिन व्यतीत होता निशा का। आदर्श के या रानी के कुछ कहने पर वह तलवार से म्यान खींच युद्ध क्षेत्र में दक्ष योद्धा सम आ डटती। अभिनव व अभिलाष तो भाभी की वक्र भृकुटी देख वैसे ही सहम जाते और सुशील अप्रिय वातावरण से घबराते थे। घर में एक सेविका चौका बर्तन व सफ़ाई कर जाती थी। रानी सम्पूर्ण परिवार के वस्त्र मशीन में धोती, दोनों समय भोजन बनाती व घर की देखभाल करती। निशा कभी-कभी आदर्श के लिए चार चपातियाँ अवश्य सेंक देती थी और साथ ही यह कहने से कभी नहीं चूकती—एक खाना बनाने वाली रख लो, एक खाना बनाने वाली रख लो। एक दिन आदर्श ने तंग आकर कह ही दिया— 'मेरी इतनी हैसियत नहीं है कि 'कुक' रख लूँ। तुम क्या करती हो सारा दिन? क्या चार जनों का खाना भी नहीं बना सकतीं? देखती नहीं, इस उमर में भी मेरी माँ कितना खटकती है।' बस फिर क्या था? दहकते अंगारों पर हाथ रख दिया आदर्श ने, "तू माँ का गुलाम है, यह मैं अच्छी तरह जानती हूँ, यह बुढ़िया मुझे सुख से जीने नहीं देगी। हर समय मुझे सिखाती है और तेरे मुशटंडे भाई जब देखो खाने में जुटे रहते हैं। मैं तेरे बाप की नौकर नहीं जो खाना बनाऊँगी इन साँड़ों के लिए।" सप्तम स्वर में चिल्लाने लगी निशा। पीपल के पत्ते सम काँप रहा था रानी का हृदय और नेत्रों से अविरल अश्रु धारा बह रही थी, कम्पित स्वर में रानी ने चिरचौरी की, "ऐसे नहीं कहते बहू। ये तेरा घर है और हम सब भी तो तेरे ही हैं ना। तू खाना न बना मैं बनाती तो हूँ ना। तू क्यों चिन्ता करती है?"

"कौन सा घर मेरा है बुढ़िया? ये तेरा घर है तेरा और ये साँड़ तेरे पुत्र हैं तेरे..." अभी और विषवमन करती चमुण्डा देवी कि आदर्श की क्रोध से मांस मज्जा तक दुग्ध हो गयी। एक झन्नाटेदार थप्पड़ मार दिया उसने निशा के मुख पर, "चुप होती है या नहीं..." क्रोध के मारे शेष शब्द उसके कंठ में ही घुमड़ कर रह गये। आग्नेय नेत्रों से पति को भस्म करने की चेष्टा करते हुए प्रत्यंचा से छूटे तीर तुल्य निशा घर से बाहर भाग गयी। जनकगण को दूरभाष पर तीखे मसालों का छोंक लगाकर सम्पूर्ण घटना कह सुनाई, अग्रजा को भी रुदन के मध्य अपनी 'अकिंचता' का विश्वास दिलाया। लगभग सवा घण्टे पश्चात् निशा ने अग्रजा संग गृह प्रवेश किया। एक समस्त सुविधा पूर्ण सम्पन्न गृह कुरुक्षेत्र का मैदान बन गया। पुलिस तक बात जा पहुँची। सुशील के प्रतिवेशियों ने व भलेमानुष थानेदार ने बिगड़ी बात को समेटने में साथ दिया दत्ता परिवार का। ब्रह्मदत्त असंख्य धमकियाँ देता हुआ पुनः अपनी लाडली को ले गया।

"मैं देख लूँगा सा... दत्ता को अदालत में चक्की न पिसवाई तो मेरा नाम

ब्रह्मदत्त नहीं," विभिन्न प्रकार के अलंकारों से भाषा को अलंकृत करते हुए ब्रह्मदत्त ने आदर्श के मामा को दूरभाष पर बताया। धीरज जितने धीरज से बात करता ब्रह्मदत्त उतना ही सप्रेम स्वर में चिल्लाता। गीदड़ भभकियाँ पाँच मास तक चालू रहीं। पर ब्रह्मदत्त की ओर से अन्य कोई कदम न उठाया गया। सम्पूर्ण दत्ता परिवार चिन्ताओं के विवर्त में फँसा था—न जाने किस घड़ी कौन-सी विपत्ति आन पड़े, न जाने कब जेल जाना पड़े। दुश्चिन्ताओं ने घेरा डाल लिया था दत्ता गृह में। आदर्श पहले की अपेक्षा अधिक शान्त रहने लग गया था। जनकगण के म्लान मुख देख विचलित हो-हो जाता। उसका तन व मन अभिनव व अभिलाष अनुजों के नयनों में व्याप्त शंकाओं के घुमड़ते मेघा देखे न जाते आदर्श से। अजया तो कोई न कोई बहाना बना टालती रहती। बाबुल द्वारे जाने के अवसर पर वह पति व बच्चों सम्मुख जनकगण को लज्जा वहन करते हुए नहीं देख सकती थी। सब समझता था आदर्श पर था निस्सहाय निरुपाय। उधर धीरज ने छानबीन करवाई कानपुर में तो मालूम हुआ ब्रह्मदत्त को प्रतिवेशी सम्मान की दृष्टि से नहीं देखते थे। उनमें से एक परिवार के मुखिया ने तो यहाँ तक कहा, "अरे भई, किसकी बात करते हो। उस घाट-घाट का पानी पीये ब्रह्मदत्त की। उसकी तीनों धिंगड़ियों ने जो किया है वही तो चौथी करेगी ना। ना जाने इसका क्या खाया था जो मेरे दो हज़ार रुपये ही डकार गया। दिल्ली वालों को छठी का दूध याद दिलाने जब वकील के पास गया तो उसने कहा, "सात महीने तक जब चुप बैठे रहे लाला तो अब क्या इल्जाम दोगे दिल्ली वालों को, अदालत तो पूछेगी जब तुम्हारी लड़की को बिजली के शॉक दिये, सास-ससुर ने डण्डों से मारा तो एकदम से कार्यवाही क्यों नहीं की? क्या लड़की का तलाक चाहते हो?"

"नहीं जी, मैं तलाक नहीं चाहता। बस, मैं चाहता हूँ लड़की उनसे दब कर न रहे व अलग रहे। तलाक दिलवाकर और शादी कहाँ से करूँगा?" ब्रह्मदत्त ने उत्तर दिया। उसकी छोरी सारा दिन आवारागर्दी करती है। हाँड़ती फिरती है हाट बाज़ारों को बहन के संग और कभी सहेलियों के संग और न जाने क्या-क्या कह गया। वह वाचाल दग्ध हृदय प्रतिवेशी।

अब दत्ता परिवार को मालूम हुआ कि त्यागी परिवार चाहता है उनकी बेटी अलग घर बसा कर रहे। शनैः-शनैः एक वर्ष व्यतीत हो गया। जब दत्ता परिवार ने ब्रह्मदत्त के किसी भी आरोप का कोई भी उत्तर न दिया तो ब्रह्मदत्त ने एक अन्य चाल चली—निशा की बीमारी की। धीरज को रुदन करते हुए बताया कि लड़की इतनी बीमार हो गयी मेरा दस हजार रुपया लग गया उसकी बीमारी पर। धीरज ने उत्तर दिया, "भाई साहब, जब जीजाजी आरम्भ में आपको फोन करते थे तो आप उनकी एक नहीं सुनते थे। मुझे भी कितने जेवर पहनाये आपने। निशा का घर आदर्श का घर है। अब आप जब चाहे बहू को छोड़ जायें। मेरी जीजी स्वयं इलाज

करवायेगी।" पर ब्रह्मदत्त की जिद्द थी कि लड़की को आदर्श लेने आये। शनैः-शनैः दो मास और व्यतीत हो गये। आदर्श की भीष्म प्रतिज्ञा थी कि वह सर तो कटा सकता है पर कानपुर नहीं जाएगा। दत्ता परिवार चाहता था जैसे बहू स्वयं गयी वैसे ही स्वयं आ जाए। आदर्श को जब जनकगण ने समझाया बुझाया तो वह अलग गृहस्थी बसाने को तैयार हो गया। आनन्द लोक में पितामह गृह के दूसरे तल्ले पर आदर्श का रहना निश्चित किया गया। निशाजी पुनः जीजा श्री संग आदर्श द्वारे आ गयी पर गयी सीधी आनन्द लोक में ही। आदर्श सम्पूर्ण पुरातन कटुता भूल भालकर गृहस्थी जमाने में लग गया। सुशील ने बहू बेटे निमित्त नया फ्रिज, कूलर, राशन इत्यादि सब वस्तुओं का प्रबन्ध स्वयं कर दिया। निशाजी ने आते ही घोषणा कर दी थी कि सास ननद का नाम भी उनके लिए असहनीय है अजया व रानी तो पहले ही इतने घाव खाये बैठी थीं कि वे निशा के द्वारे जाने की कल्पना भी नहीं करती थीं। चाहे वह घर अजया के माँ जाये अग्रज का व रानी के स्वयं जाये पुत्र का ही था।

समय चक्र चलायमान था। चार मास व्यतीत हो चुके थे। सुशील दत्ता हर मास एक बँधी धन राशि निशा को भेज देता था। अब एकाकी रह कर निशा अत्यधिक उच्छृंखल हो गयी। जितने ही उसे बाजार के दोसे बड़े, चाट पकौड़ी भाती, आदर्श को उतनी ही ये खाद्य सामग्री अरुचिकर लगती। वह निशा को स्वयं भोजन बनाने निमित्त बारम्बार कहने लगा पर वह कहाँ सुघड़ गृहिणी थी जो उसका अनुरोध मानती, कहा मानती। वह तो गर्विता नारी थी, अतः तू-तू... मैं-मैं पुनः आरम्भ हो गयी। सुशील गया बहू बेटे के घर मध्यस्थ बनकर पर बहूजी ने ऐसे कर्णकटु अपशब्द कहे कि व्यथित हृदय लिए वह अपने घर वापस आ गया।

"इतनी जल्दी कैसे वापस आ गये?" रानी ने शंकित स्वर में पति को शीतल जल का गिलास देते हुए कहा।

"बस ऐसे ही," टालते हुए सुशील ने अन्यमनस्क से स्वर में उत्तर दिया।

"फिर भी?" रानी।

"निशा बहुत ही ऊटपटाँग बोलती है, मैंने सोचा है कि अब न उन्हें कोई सलाह दूँगा न कोई चीज़ वस्तु लेकर दूँगा।"

"जीजाजी, आपने अब सही निर्णय लिया है। निशा को पति की आय में ही घर चलाने दो, जब गिना चुना पैसा होगा तो उसे विवश होकर उसी में घर चलाना पड़ेगा। हाट बाज़ार के अनावश्यक चक्कर व चाट पकौड़ी भी स्वयं ही कम हो जाएगी, और धीरे-धीरे स्वयं ही घर के कामों में रुचि लेने लग जाएगी," धीरज की पत्नी ने कहा।

"कहती तो तुम ठीक हो, अब मैं ऐसे ही करूँगा।" सुशील।

"हाँ पापा, अब आप ही देखो, दीदी कैसे घर का सारा प्रबन्ध स्वयं करती

है—कपड़े धोती है, दोनों समय खाना बनाती है, कपड़े 'प्रेस' करती है और स्वयं ही बच्चों को गृह कार्य करवाती है। विवाह से पहले वह भी तो कुछ खास काम नहीं करती थी घर में," अभिनव ने किसी बड़े बूढ़े सम पिता को अपनी राय दी तो समस्त म्लान मुखों पर स्मित हास्य बिखर गया। बोझिल वातावरण का बोझ कुछ-कुछ कम हो गया।

"पापा आप जल्दी देहली आ जाओ," निशा ने आदेशात्मक स्वर में ब्रह्मदत्त को दूरभाष पर कहा।

"क्यों अब क्या हुआ?" तनिक तिक्त स्वर में ब्रह्मदत्त बोला।

"मैं यहाँ एकपल भी नहीं रहूँगी," निशा ने अपनी भीष्म प्रतिज्ञा सुनाई।

"कुछ बतायेगी भी या पहेलियाँ ही बुझाएगी," झुँझलाया ब्रह्मदत्त।

"मेरे से नहीं घर का धन्धा पीटा जाता," निशा सप्रेम स्वर में चिल्लाई।

"तेरे से क्या किया जाता है? तेरे मारे नाक में दम है। इधर बहू बेटा भी ताने देते हैं कि बेटियों को कोई सलीका नहीं सिखाया। अब तेरे को और क्या चाहिए? सास ननद ने आना बन्द कर दिया। घर की मालिक अब तू खुद है। अब धींगड़ी बनकर ताल तलैया किनारे हांडना बन्द कर दे। अपने घर अपने पति की ओर ध्यान दे। अब वही तेरा घर है। वे दत्ता वाले सब भले मानस हैं यह अब मैं अच्छी तरह जान गया हूँ। तेरे माँ-बाप बूढ़े हो चुके हैं और तेरी बहन भी वापस आसाम चली गयी है, समझी ना, अब बार-बार फोन करके परेशान मत करना। कानपुर तभी आना जब ससुराल वाले तुझे कानपुर आने की आज्ञा दें व यहाँ से वापस लेने आदर्श आये," इतना कह ब्रह्मदत्त ने रिसीवर रख सम्बन्ध विच्छेद कर दिया। ब्रह्मदत्त के शब्द एक के बाद एक प्रत्यंचा से छूटे तीर सम निशा के मर्मस्थल पर घाव करते चले गये। वह दिग्भ्रान्त सी रिसीवर कर में थामे खड़ी रही, उसकी तंद्रा तब भंग हुई जब एक भद्र महिला ने कहा, "मुझे एक आवश्यक 'काल' करनी है। कृपया फोन मुझे करने दीजिए।"

"हाँ-हाँ, कीजिए ना," ऐसे कहते हुए निशा ने रिसीवर उसे थमा दिया।

निशा ने देहली में अग्रजा से दूरभाष पर बात करनी चाही तो बात न हो सकी। वह झट तिपहिया में बैठ भगिनी द्वारे गयी तो द्वार पर बन्द ताला उसे मुँह चिढ़ाता हुआ प्रतीत हुआ। प्रतिवेशियों ने बताया कि उसकी सासु माँ की मृत्यु हो गयी है वे लोग वहाँ चले गये हैं। पुनः कानपुर दूरभाष पर बात करनी चाही तो पिता और माता दोनों ने उसे कठोर स्वर में स्वयं के घर में रहकर अपनी समस्यायें स्वयं सुलझाने निमित्त कहा।

आदर्श ने पूर्ण रूपेण परिस्थितियों से समझौता कर लिया था। वह जनकगण को और अधिक दुःख नहीं देना चाहता था। वह पूर्ण प्रयत्न कर रहा था कि निशा व्यर्थ के क्रियाकलाप छोड़कर अपने घर की ओर ध्यान दे। निशा ने सम्पूर्ण रात्रि जागरण कर बिताई। अपने जनकगण का शुष्क व्यवहार उसके हृदय को मथता

रहा। वह सोचने लगी, 'पापा ठीक ही तो कहते हैं—अब वे बूढ़े हो गये हैं। उधर बहन भी चली गयी, भैया भाभी अलग से ताने देते हैं। श्वसुर गृह में मैं वैसे ही नकचढ़ी मानी जाने लगी हूँ। चलो जी, छोड़ो, आदर्श तो अपना पूरा वेतन अब मेरे करतल पर रखता है मुझे क्या चिन्ता पड़ी है औरों के आगे हाथ जोड़ती फिरूँ। कल से एक खाना बनाने वाली का प्रबन्ध भी कर लेती हूँ। फिर चैन से गुजरेगी, इन विचारों से निशा को पर्याप्त शान्ति मिली और वह निश्चिन्त हो निंदिया रानी की गलियों में विचरण करने लगी। अगले सप्ताह से ही एक भोजन बनाने वाली बाई भी अब निशा के घर आने लगी। आदर्श मूक दर्शक की भाँति निशा का गृह प्रबन्ध देखता था। उसने निशा के किसी भी कार्य में किसी भी प्रकार की कोई बाधा न डाली। मास समाप्त होने पर आदर्श से वेतन ले अब निशा बासन वाली बाई, धोबिन प्रेस वाली व भोजन बनाने वाली को पगार देने बैठी। सबको पैसे देने के पश्चात् निशा ने देखा वेतन का एक बड़ा भाग तो सब सेविकाओं की पगार देने में व बाज़ार से लाये राशन के पैसे चुकाने में ही व्यय हो गया 'अभी तो सारा मास पड़ा है कैसे गुजर होगी हमारी?' निशा गहरी सोच में पड़ गयी, 'कितना प्यार करते हैं मेरे ससुराल वाले मुझे। पापा कितना चाहते हैं मुझे। कैसे भागे-भागे मेरे लिए फ्रिज, कूलर, वाशिंग मशीन लाये थे। कैसे हर मास पैसे भेजते थे और आदर्श की माँ कैसे भाग भागकर मेरे लिए कभी कुछ बनाती कभी कुछ, अभिनव और अभिलाषा दोनों कैसे भाभी-भाभी कहते आगे पीछे घूमते थे। मानो मैं कोई आक़ाश से उतरी अप्सरा थी। अजया दीदी कैसे लाड़ लड़ाती थी। मैं ही विवेकहीन थी जो उनके निश्छल स्नेह को अन्यथा लेती थी। माँ ने भी तो कुछ नहीं सिखाया सिवाय हुक्म चलाने के। मेरे में गुण ही कौन सा है? विष वमन करती जिह्वा व सबकी उपेक्षा करता व्यवहार। काश! जो फटकार पापा ने अब लगाई है वो पहले से ही मुझे लगाई होती, चेताया होता, सिखाया होता कि कैसे ससुराल जाकर घर सँभालना है? अब भी कुछ नहीं बिगड़ा मैं पाँव पकड़कर पापा, मम्मी व दीदी से क्षमा माँग लूँगी। अकेले रहने में क्या सुख है! बीमार पड़ जाओ तो कोई पानी का घूँट देने वाला भी नहीं है। कितना चाहता है मुझे आदर्श। क्या नहीं करता मेरे लिए! पर मैंने उसे कुछ भी न दिया। कल से ही मैं स्वयं खाना बनाना आरम्भ कर दूँगी। कपड़े स्वयं मशीन में धोऊँगी व प्रेस भी स्वयं करूँगी? केवल बासन भीजने वाली ही रखूँगी पर उसे भी क्यों रखूँगी? आदर्श को कल ही घर लेकर जाती हूँ। मम्मी-पापा की आज्ञा लेकर हम एक दो दिन में ही अपना सामान वापस अपने घर ले जाएँगे। ऐसा सोचने से ही निशा को एक अकथनीय प्रसन्नता व शान्ति मिली। उसने नयन खोलकर देखा खिड़की के खुले हुए द्वार से उषा किरण स्मित हास्य बिखेरती हुई कुशल नट तुल्य चहुँदिक् अपनी कला का प्रदर्शन कर रही थी। उस उल्लासमय संगीतमय वातावरण में एक अलौकिक अनुभूति निशा के मन प्राणों पर छा गयी। अकस्मात् ही वह गुनगुना उठी—बीती विभावरी जाग री, जाग री।

नींव

"मैं तो अपनी बेटी का विवाह वहाँ करूँगी जहाँ वह पलंग पर बैठी राज करे राज," गर्वीले स्वर में सुमित्रा ने अपनी गल्प गोष्ठी में कहा।

"क्या कोई प्रिंस या राजा ढूँढ़ रही हो", वक्र अधर करते हुए उसकी प्रतिवेशिनी परमेश्वरी ने काक दृष्टि मित्र मण्डली पर डालते हुए पूछा।

"भाग्य में राजा होगा तो राजा ही मिलेगा जी," पुनः अभिमानी स्वर गूँजा सुमित्रा का।

"मित्रा, यूँ ही क्यों बड़े बोल बोलती हो? भाग्य में क्या होगा या कर्म कहाँ बन्धन बाँधेगा, यह तो समय ही बतलायेगा न," गम्भीर स्वर में शन्नो ने कहा।

"कह तो तू ठीक ही रही है शन्नो, समय बड़ा बलवान है। वह जो न कर दे थोड़ा," दीर्घ श्वास छोड़ते हुए सीता ने कहा।

कुछ देर बतियाने के पश्चात् गल्प गोष्ठी विसर्जित कर हर स्त्री हरे-भरे उद्यान से उठ अपने-अपने घर चली गयी।

सुमित्रा की चार सन्तानें थीं—तीन पुत्र व एक पुत्री। पुत्री सुगन्धा, सतीश, सन्तोष व जगत तीनों भाइयों से बड़ी थी। यथा नाम तथा गुण कहावत को चरितार्थ करती हुई सुगन्धा अपने चहुँदिक् अपने मधुर आचार विचार से सुगन्ध बिखेरे रहती थी। पूर्णिमा की शीतलता जैसा शान्त स्वभाव और सुमन सौरभ तुल्य स्निग्ध कोमल रूप था उसका। मझोले कद की गौरवर्णीय कटि चूम्बी काले कुन्तलों वाली सुगन्धा के अधमूँन्दी सीम सम नयम हर समय कुछ कहते हुए प्रतीत होते थे। संगीत में प्रथम श्रेणी में स्नातक की उपाधि ली थी सुगन्धा ने। शास्त्रीय संगीत में विशेष अभिरुचि थी उसकी पर सुगम संगीत पर भी उसका पूर्ण अधिकार था। बाल्यावस्था से महाविद्यालय तक न जाने कितने पुरस्कार जीत चुकी थी सुगन्धा अपने मधुर स्वर का जादू चहुँओर बिखेरकर। उसकी प्रबल इच्छा थी कि वह संगीत के संसार में अपने लिए एक विशेष स्थान बनाये। पर अल्प शिक्षित माँ की तो विशेष अभिलाषा थी पुत्री को ब्याहने की। व्यवसायी पिता जगदम्बा रैना को तो अपने व्यवसाय से ही समय कब मिलता था अपने परिवार की ओर ध्यान देने का। अनुज भ्रातागण अपने ही क्रियाकलापों में व्यस्त रहते थे

और वे अभी इतने बड़े भी कहाँ हुए थे कि अग्रजा के भविष्य निर्माण में कोई सहयोग दे सकें। ऐसे ही समय में सुगन्धा निमित्त एक श्रेष्ठ कश्मीरी परिवार से सम्बन्ध आया। लाल चौक के पास 'सिविल लाइन' श्रीनगर में सुहाग के पिता का समस्त सुविधापूर्ण एक विशाल बँगला था। मोती लाल काक का लकड़ी का व्यवसाय था। वे कश्मीर के व्यवसायी समाज में एक विशेष स्थान रखते थे। एकाकी सुहास मुख में चाँदी का चम्मच लेकर ही धरा पर अवतरित हुआ था। एक बार डलझील में 'नौका विहार' करते हुए उसकी दृष्टि ऐसी पड़ी सुगन्धा पर कि वह तन मन की सुध विसर्जित कर बैठा। सामदण्ड भेद नीति सब नीतियाँ धरी रह गयीं सुत के हठ के सम्मुख मोतीलाल की। अतः सुत के सुख निमित्त मोतीलाल दम्पति सुगन्धा को बहू बना अपने घर आँगन में ले आया। सुभाषणी मधुरभाषणी सुगन्धा मन वचन कर्म से समर्पित हो गयी अपने श्वसुर गृह निमित्त। अपनी योग्यता से पियाघर व पिता घर के दोनों में आदर पाया सुगन्धा ने। जीवन मन्थर गति सुर सरिता तुल्य चल रहा था कि कश्मीर को न जाने किस राहू की वक्र दृष्टि ने ग्रस लिया। आतंकवाद का साम्राज्य व्याप्त हो गया सम्पूर्ण कश्मीर में। भाई के रक्त का पिपासु हो उठा भाई। क्या हिन्दू-मुसलमानों के रक्त का रंग अलग-अलग है? क्या वे दोनों मुख से नहीं खाते, कानों से नहीं सुनते। क्या हर्ष, विषाद, गर्मी, सर्दी को समान रूप से अनुभव नहीं करते? क्या उनके शरीर या हृदय का निर्माण अलग-अलग माटी से अलग-अलग रूप में किया जाता है? नहीं तो फिर कैसे एक भाई पिचाच का रूप धारण कर दूसरे के रक्त का पिपासु हो उठता है। पर इस वसुन्धरा पर ऐसे ही होता आया है। क्या ही अच्छा होता यदि संसार का रचयिता मानव को मानव ही रहने देता। उसे पशु पिशाच न बनाता तो आज फिरदोस लपटों में न लिपटा होता।

एक अमावसी अँधेरी रात्रि में चीख पुकार ने, करुण क्रन्दन ने सम्पूर्ण नगर को दहला कर रख दिया। जो कल तक अपने, केवल अपने थे उनके ही हाथ भाभी भगिनी के मान सम्मान संग खिलवाड़ करने लगे। चहुँओर तांडव नृत्य कर रही थी क्रूरता। मानवता मुख छुपा खून के आँसू रो रही थी। ऐसी भयंकर घड़ी में मोतीलाल व सुमित्रा को गोलियों से भून डाला नर व्याघ्रों ने। उन जैसे कई हतभागे बलात् ही भेज दिये गये दूसरे संसार में। अबोध शिशुओं को पग तले रौंद डाला उन भेड़ियों ने और युवकों को उनके स्वयं के रक्त में ही स्नान करवा मृत्यु पथ पर धकेल दिया। घर द्वार लूट लिये गये उन अभागों के। ऐसी कुघड़ी में विधाता ने नया जन्म दिया सुहास व सुगन्धा को। सुहास सुगन्धा की चचेरी बहन के विवाह में सम्मिलित होने जम्मू गया हुआ था सुगन्धा के संग। उसे यह हृदय विदारक समाचार वहीं मिला कि उसके जनकगण को इस धरा से बलात् विदा करके उसका घर द्वार लूट कर अग्नि की भेंट चढ़ा दिया गया था और साथ ही उनकी दुकानें भी

लूट कर अग्निदेव को समर्पित कर दी गयी थीं। सुहास के तन मन दोनों पर अन्धकार छा गया और सुगन्धा पाषाण सी बन गयी।

लगभग दो मास लगे सुहास को सामान्य दशा में आने के लिए। सुगन्धा के अथक परिश्रम ने सावित्री बन सत्यवान के प्राण लौटा लिये यम के द्वार से। शनैः-शनैः चार मास और व्यतीत हो गये। सुहास व सुगन्धा जनकगण के घर देहली आ गये। सुगन्धा के जनकगण समय रहते ही देहली चले गये थे और वहीं अपना घर बना लिया था। जब-जब सुहास ने द्वार से बाहर पग रखा तो उसे मालूम हुआ कि उसकी व्यथा कथा जैसी असंख्य कथायें बिखेर दी गयी हैं इस धरा पर। पर पीड़न देख उसकी पीड़ा ने धीरज धरा। सुगन्धा ने पति को हर प्रकार से सहयोग दिया जीवन के नव निर्माण हेतु वह सुहास को हर समय उत्साहित करती रहती कि विपत्तियों के सम्मुख नत मस्तक न हो अपितु उनकी हुंकार का उत्तर हुंकार से दे। उनके पीछे ऐसे पड़े कि वे स्वयं ही पलायन कर जाएँ उनके जीवन से। सुहास ने बिखरे हुए तन मन को समेटा, अतीत के स्मृति दंश को पग तले रौंद दिया और नूतन नीड़ के निर्माण में जुट गया पूर्ण मनोयोग से। सुगन्धा के पिता ने उसको एक छोटा सा घर दिलवा दिया पटेल नगर में। सुगन्धा के पिता ने सुहास को समझाया कि वह पहले अपनी योग्यता बढ़ाये फिर काम करे। कुशाग्र बुद्धि सुहास पहले एम.काम. था। उसने अथक परिश्रम कर एम.बी.ए. प्रथम श्रेणी में किया और फिर एक बहुराष्ट्रीय संस्थान में कार्य करने लगा। सुगन्धा एक नटखट नन्द किशोर की माँ बन चुकी थी। इसकी तीव्र इच्छा थी कि वह भी संगीत के क्षेत्र में आगे बढ़े पर सुहास ने उसे समझाया कि वह पुत्र व परिवार का ही ध्यान रखे। केवल गृहिणी के गौरवशाली पद पर ही आसीन रहे। अपनी आकांक्षाओं को हृदय के कपाट बन्द कर सुगन्धा ने उन्हें मीठी निद्रा में सुला दिया और स्वयं समर्पित हो गयी घर द्वार को। वह हर प्रकार से सुहास और पुत्र सेतू का ध्यान रखती। गृहस्थी का समस्त बोझ सुगन्धा पर डाल सुहास मग्न हो गया भविष्य निर्माण में। उसने दो वर्ष पश्चात् अपने संस्थान को त्यागपत्र दे दिया और स्वयं का व्यवसाय आरम्भ कर लिया ऐनकों के पेंच बनाने का। वह ऐनकों के पेचों को विदेशों से भी मँगवाने लगा।

"सुहास आज तनिक जल्दी आ जाओ न मुझे भैया के घर जाना है।" सुगन्धा ने नम्र स्वर में कहा।

"नहीं गन्धा, मैं जल्दी नहीं आ सकता। आज मेरी मीटिंग है," सुहास ने अति व्यस्त स्वर में उत्तर में कहा।

"प्लीज..." सुगन्धा को मध्य में ही टोकते हुए सुहास बोला, "मैं गाड़ी भेज दूँगा तुम चली जाना। शाम को छः बजे तुम्हें ले आऊँगा। सुगन्धा मन मारकर रह गयी। सन्ध्या के स्थान पर सुहास रात्रि के दस बजे आया और यह कोई नयी बात

थोड़ी न थी। यह तो उसका प्रतिदिन का क्रम था कभी नौ बजे आना तो कभी दस या ग्यारह बजे। सप्ताह में कम से कम पाँच दिन तो यही चलता और यदि छठे दिन नौ बजे आ भी जाता तो अवकाश वाला दिवस अपने व्यवसाय या मित्र मण्डली की भेंट चढ़ाता। सुगन्धा घर द्वार का द्वारपाल ही बनकर रह गयी।

शनैः-शनैः बीस वसन्त बीत गये। सेतू ने एम.बी.ए. किया और जनक का व्यवसाय सँभालने के स्थान पर अन्यत्र कार्य करना उचित समझा और कलकत्ता नगरी में जा एक सुप्रसिद्ध संस्थान में कार्य करने लगा। सुगन्धा अब निपट एकाकी रह गयी। सेतू पर भी पिता सम हर समय जीवन पथ पर आगे अग्रसर होने की धुन सवार रहती थी। अभी उसकी विवाह में भी तनिक भी रुचि न थी। सुगन्धा पटेल नगर के घर से ऊब के विशाल बँगले में आ गयी थी। यद्यपि घर में दो सेवक भी थे पर वह स्वयं को नितान्त एकाकी समझती थी। वह पति के साथ के लिए रात्रि दिवस विकल रहती। उसके जीवन का एक मात्र उद्देश्य पति प्रतीक्षा ही था अब। कभी सुहास अमेरिका होता तो कभी जापान जर्मनी। कभी फ्रांस होता तो कभी इंग्लैंड में। वह दूरभाष पर सुगन्धा से बात अवश्य करता—कैसी हो गन्धा। अपना ध्यान रखना, सेतू का पत्र आया या नहीं। मुझे तो अब अपने लम्बे-चौड़े बिजनेस से ही फुर्सत नहीं आदि आदि। गन्धा अधिक व्याकुल हो जाती तो दूरभाष पर बात करती, "सुहास तुम कब घर आओगे? मुझे तुम्हारी बहुत याद आती है।" सुगन्धा की व्याकुलता पर सुहास हँसता। वह सुगन्धा की प्रतीक्षा पीड़ा को सहज ही लेता। वह उसकी व्यथा को कभी भी समझने का प्रयत्न नहीं करता कि वह कितनी एकाकी है। यदि प्रसन्न होता तो "गन्धा तू ही तो मेरे इस सफल जीवन की नींव है नींव। तेरे बिना मैं कुछ भी नहीं। यही छः-सात दिन में आ जाऊँगा।" मीठे स्वर में सुहास सान्त्वना देता कभी-कभी सुगन्धा को।

सुगन्धा ने अत्यधिक प्रयत्न किया कि वह अब संगीत के संसार में ही आगे पग बढ़ाये पर गले की व्याधि के कारण उसके स्वर में वह मिठास न रही थी। वह अब थक भी अति शीघ्र जाती थी। पति की अत्यधिक व्यस्तता ने शनैः-शनैः उसे रोगी बना दिया। वह सुहास के साथ निमित्त तृषिता बन तरसती रहती पर नाम व धन कमाने की क्षुधा ने उसके पति के नयन घरद्वार से पूर्ण रूप से मूँद लिए। वह भूल गया कि सुगन्धा मांस मज्जा मंडित एक मानवी है। उसे भी अभिलाषा रहती है कि वह पति संग अपना जीवन बिताये न कि ईंट-पत्थरों के बने हुए बँगले पर कृत्य दासों के संग। यदि नातेदारी में विवाह इत्यादि समारोहों में जाना पड़ता तो सुगन्धा एकाकी ही जाती या तो सुहास जाता ही नहीं जाता था तो केवल सुगन्धा को लेने के समय। बन्धु-बान्धवों के व सखी-सहेलियों के कटाक्ष व व्यंग सहन कर कर सुगन्धा का अन्तर मन बिंध गया। रुग्ण तन-मन लिये वह एक हताश जीवन जीने लगी। "अरे!"

''अरे! कोई और रख छोड़ी होगी तभी तो इसे पूछता नहीं'' हृदय विदीर्ण कर देते अपने कहे जाने वालों के कटाक्ष। साम दण्ड भेद नीति सब तरह से पति के साथ हेतु उसने प्रयत्न किया। दो बार निद्रा देवी का आह्वान करने वाली औषधि अधिक मात्रा में खाई पर सेवकों द्वारा समय पर अस्पताल पहुँचाने के कारण बचा ली गयी।

''गन्धा तू मेरा जीवन है। तेरे ही कारण मैं जीवन की इन ऊँचाइयों तक चढ़ पाया हूँ प्रिया, देखना एक दिन मैं तुझे सारी दुनिया घुमाऊँगा। तू पहले अपनी बीमारी से छुटकारा पा ले।" सुहास मिश्री मंडित स्वर में बोला एक दिन।

''सुहास, मुझे कोई बीमारी नहीं मेरी सारी बीमारी का कारण है तुम्हारा मुझे समय न देना। प्लीज, आज मेरे पास बैठो न।" दीन हीन याचक तुल्य सुगन्धा ने विनती की।

''मेरे पास मरने की भी फुरसत नहीं है और हर समय ये कहती रहती है मेरे पास बैठो... मेरे पास बैठो... हूँ। मैं तेरी तरह निठल्ला हूँ क्या? मर जाऊँगा तो चैन पड़ेगा तेरे को।'' अकस्मात् ही सुहास क्रोधित हो उठा। उसका सप्तम स्वर में चिल्लाना सुन पीपल के पत्ते सम काँप उठा सुगन्धा का हृदय। अश्रु पूर्ण नेत्रों से वह मूक बधिर बन जाते पति को देखती रही।

रात्रि के बारह बजे होंगे जब लाड़पूर्ण स्वर में सुहास पत्नी से अपने अभद्र व्यवहार के लिए क्षमा माँग रहा था, ''तू तो मेरे सफल जीवन की नींव है गन्धा, मुझे माफ़ कर दे प्रिय, क्रोध में न जाने क्या अंट-शंट बक गया।''

''मुझे सोने दो'' निर्लेप स्वर में सुगन्धा बोली।

"पहले कहो तुमने मुझे माफ़ कर दिया, नहीं तो मैं रात भर कुर्सी पर बैठा रहूँगा," ठुनकते हुए सुहास बोला।

"सुहास क्षमा किस बात की माँग रहे हो? मैं भला महत्त्व ही क्या रखती हूँ तुम्हारे जीवन में।" कातर स्वर में सुगन्धा बोली।

''तू ही तो मेरे जीवन की नींव...'' शेष शब्द सुहास के कंठ में ही घुमड़ कर रह गये। सप्तम स्वर में चिल्ला उठी सुगन्धा, ''नहीं, मैं तुम्हारी कुछ भी नही हूँ। मेरी समता हर समय निर्जीव नींव से मत किया करो। नींव तो निर्जीव होती है। हरे भरे घरद्वार तले उसे सदा सर्वदा के लिए मौन रहकर ही पड़े रहना है। पर... पर मैं तो हाड़ मांस की बनी स्त्री हूँ। मेरे पास हृदय है और हृदय में है आशा आकांक्षा-अभिलाषा। वह अभिलाषा है तुम्हारे साथ की, तुम्हारे साथ जीने की, तुम्हारे साथ खाने की, तुम्हारे साथ पीने की, तुम्हारे साथ उठने-बैठने की और जीवन के पल क्षण तुम्हारे साथ बिताने की... सुहास, मैं स्त्री हूँ स्त्री। मुझे जीवन चाहिए और वह केवल तुम ही दे सकते हो। मैं नींव नहीं हूँ... निर्जीव नहीं हूँ... मुझे साथ दो अपना साथ...'' हृदय का समस्त आक्रोश लावा बनके फूट पड़ा

सुगन्धा के मुख से। अत्यधिक उत्तेजना के कारण शून्य में विलीन हो गयी सुगन्धा की चेतना। सुहास केवल अस्फुट स्वर में मेरी नींव जा... कहकर मौन हो गया।

उसे समझ नहीं आ रहा था वह क्या करे। भला हो ईश्वरदास का जिसने उसे समय रहते चेताया और फिर पल क्षण की देरी किये बिना सुगन्धा की प्रायः निर्जीव पड़ी काया को सुहास अबेर किये बिना अस्पताल ले गया। डॉ. के अथक प्रयत्न ने यमद्वारे जाते हुए प्राण लौटा लिये सुगन्धा के। निरन्तर एक मास की सुहास की सेवा शुश्रूषा ने नवजीवन प्रदान कर दिया सुगन्धा को। एक दिन वह जब तकिये के सहारे बैठी फल रस पी रही थी तो सुहास निर्निमेष निहार रहा था अपनी गन्धा को अनुराग पूर्ण नेत्रों से कि सुगन्धा बोली– "सुहास जाओ तुम्हें देर हो रही होगी अब नींव बिल्कुल मजबूत व ठीकठाक है।"

सुहास ने अवरुद्ध कण्ठ से कहा, "तू मेरी केवल नींव ही नहीं है सुगन्धा बल्कि मेरी पहली और अन्तिम अभिलाषा है। मेरी इच्छा है। मेरा जीवन है। जीवन की ज्योति है। मुझे क्षमा कर दे गन्धा, अब भविष्य में तू निर्जीव नींव बनकर ही नहीं जियेगी बल्कि मेरा जीवन बनकर जियेगी। विदेश हो या देश आफिस हो या घर हर स्थान पर तू मेरे साथ रहेगी, मेरी जिन्दगी मेरी बन्दगी।" मानो सुहास के इस कथन की गन्ध से ही सुगन्धा की काया में सुहासित सुगन्ध का वास हो गया और उसका पतझड़ी जीवन महकती हुई बसन्ती ब्यार से भर उठा। वह उस महकती हुई बसन्ती ब्यार का नेत्र मूँद कर आनन्द अभी उठा ही रही थी कि सुहास पुनः बोल उठा, "मैं भूल गया था कि निरन्तर काम करने से शरीर रूपी मशीन भी एक दिन खराब हो जाती है। उसे भी विश्राम चाहिए। माना कि आज तक जीवन में मैं काम को ही अत्यधिक महत्त्व देता था। उसके आगे और मुझे कुछ नहीं सूझता था। पर वह मेरी भूल थी जीवन में और भी तो कई कर्तव्य होते हैं–पत्नी के प्रति, घर के प्रति और समाज के प्रति। मैंने तुम्हारे बीमार पड़ने से पहले केवल धन कमाने के कर्तव्य का ही पालन किया पर अब मैं अपने हर कर्तव्य का पालन करूँगा। तुम्हें व घर को पूरा-पूरा समय दूँगा। तुम्हारे रोगी होने ने मेरी आँखें खोल दी हैं गन्धा, मुझे क्षमा कर दो।" सुहास का स्वर अत्यधिक कोमल हो चला था।

"मन छोटा क्यों करते हो? सुहास क्षमा कैसी माँग रहे हो? अब मैं बहुत प्रसन्न हूँ। सुहास तुम्हारी नींव अत्यधिक प्रसन्न है आज। क्योंकि अब तुम मुझे व घर द्वार को पूर्ण समय दिया करोगे।" किसी चंचल चपला किशोरी सम बोली सुगन्धा।

सुपात्र

शताब्दी द्रुतगति से जयपुर की ओर भागी जा रही थी कि पिंगला की तन्द्रा भंग की साथ वाली सीट पर बैठी हुई महिला के स्वर ने, ''क्या तुम्हारे पास कोई सरदर्द की दवा होगी। निःशब्द पिंगला ने एक कष्ट निवारक औषधि की गोली उस महिला के करतल पर रख दी।

''कहाँ जा रही हो बहन?" लगभग आधे घण्टे पश्चात् उस महिला ने पुस्तक के पृष्ठ पलटती हुई पिंगला से पूछा।

''जी, मैं जयपुर जा रही हूँ।'' पिंगला ने संक्षिप्त सा उत्तर दिया।

''वहाँ क्या घूमने जा रही हो?" पुनः प्रश्न किया उस महिला ने।

''जी, ऐसे ही एक सम्बन्धी के पास कुछ दिनों के लिए जा रही हूँ और आप।'' ऐसे ही शिष्टाचार वश पूछ लिया पिंगला ने।

''मैं अपनी पुत्री के पास जा रही हूँ। उसने पिछले साल भी आने को कहा था पर जा न सकी।'' कुछ क्षणों उपरान्त वह पुनः बोली, ''मेरा नाम आशा नागी है। मैं देहली में एक प्राइमरी पाठशाला में पढ़ाती हूँ और आप... आप क्या करती हैं?'' आशा वाक्प्रिया लगती थी।

''जी मैं ऐसे ही कुछ लिख लेती हूँ।'' पिंगला।

''अच्छा तो आप ही हैं वह प्रसिद्ध लेखिका पिंगला भारती।''

''जी, हाँ मैं ही हूँ पिंगला भारती।'' पिंगला।

''एक बात कहूँ बुरा तो न मानेंगी।'' आशा।

''कदापि नहीं,'' पिंगला।

''आप बहुत ही बढ़िया लिखती हैं। आपकी कई कहानियाँ पढ़ी हैं मैंने। पल भर रुक कर वह पुनः बोली, ''मैं आपको एक कहानी लिखने के लिए एक अच्छा विषय देती हूँ। यह तब की बात है जब मेरी एक प्रतिवेशनी तिब्बती महिला थी नव जीवन विहार में। यह आज से कोई चार वर्ष पूर्व की बात है। यह महिला कहीं नौकरी करती थी या क्या...यह वही जाने। हाँ, पहली को हर मास को वह अपनी गृह स्वामिनी के करतल पर मोटा किराया रख देती थी। बड़ा ही रहस्यात्मक जीवन था उस स्त्री का। उसकी एक सेविका थी, नाम था—डोलमा। वह सदा बहुत

ही क्लान्त अशान्त दिखाई देती थी। धीरे-धीरे डोलमा ने मेरे पास आना आरम्भ कर दिया। आरम्भ से ही एक पहाड़ी परिवार के निकट रहने से उसे हिन्दी का भी अच्छा ज्ञान था। धर्मशाला में मकलोड गंज की रहने वाली थी वह निर्धन निराश्रय नारी। उसके पहाड़ी प्रणयी को निष्ठुरता से विलग करवा दिया था उसकी अपनी बिरादरी के महारथियों ने। उनका कहना था—चाहे कुछ भी हो जाए हम यहाँ के लोगों के साथ किसी प्रकार भी घुलेंगे-मिलेंगे नहीं। उसकी दबंग स्वामिनी के संग उसे देश निकाला दे देहली भेज दिया गया। जैसी सरल हृदय वह थी वैसा ही पहाड़ी निर्मल झरने की धार सा सरल व भीरु प्रकृति का था उसका अनाड़ी प्रणयी जो प्रताड़ना से भय खा गृहत्याग ही कहीं चला गया। तब से प्रतिशोध की ज्वाला जल रही थी डोलमा के दग्ध तन मन में।'' आशा सुनाती चली गयी और पिंगला सुनती चली गयी। आशा ने जो कुछ भी पिंगला को सुनाया उसे सुन पिंगला अचम्भित रह गयी। मानव को निर्धनता इतना धूर्त भी बना देती है क्या! पिंगला अवाक् थी। जो सूत्र उसे आशा थमा गयी चलते-चलते, उसके आधार पर पिंगला ने एक नवीन रचना लिखी। यथार्थ को कल्पना के अलंकारों से अलंकृत कर दिया उसने।

डोलमा के घर के निकट ही एक परिवार रहता था। ये तिब्बत से चीनियों द्वारा भगाये गये तिब्बती विस्थापक थे। उनके दो बेटे थे क्रमशः दस व बारह वर्षों के। नाम था तेंजिग धुमन और तेंजिग ग्यास्तो। इन बालकों के पिता का नाम था तेंजिंग वोंगचुक। तेंजिंग वोंगचुक की भार्या भी उसी समान स्थूलकाय कदर्य कदली स्तम्भ तुल्य जाँघों वाली स्त्री थी। वोंगचुक तो नशा करके हर समय ऊँघता रहता था। या कभी-कभी बिरादरी के भय से कर में थमी सुमरनी को फेरने लगता। अब ये तो उसका अंतर्यामी ही जानता था कि वे अपने आराध्य की उपासना करता था या...

डोलमा की बाल्यावस्था मकलोड गंज में ही व्यतीत हुई थी। उस जनकगण विहीन बालिका को उसकी एक नातेदार दयामयी महिला ने ही पाला था। वह बालापन से ही धीर गम्भीर प्रकृति की बालिका थी। डोलमा जब प्रतिवेशनियों के बालक-बालिकाओं को मन भावन खाते हुए देखती या मन भावन पहनते हुए देखती तो उसे स्वयं पर दया आने लगती। वह निरीहता से मौसी से प्रश्न पूछती, ''हम इतने गरीब क्यों हैं मौसी?'' वह निरुपाय सदा मौन रहती उसका यह प्रश्न सुनकर नयनों में विवशता का नीर लिये। ''नहीं नहीं, मैं वह सब नहीं कर सकती जो मेरे प्रतिवेशी करते हैं।'' उस विवश नारी का अन्तर्मन चीत्कार कर उठता। पर शनैः-शनैः डोलमा मौसी के मौन का रहस्य स्वयं ही समझने योग्य हो गयी। एक दिन डोलमा सब समझ भी गयी उसने जब एक अमरीकन दम्पति को अपने प्रतिवेशी वोंगचुक को कर बद्ध प्रार्थना करते हुए सुना तो— "शाब कहाँ से पढ़ाये

बच्चों को यहाँ तो पेट ही खाली रहता है।" अभिनय पटु वोंगचुक ने सम्पूर्ण करुणा विवशता मुख पर अंकित कर अश्रु पूर्ण स्वर में कहा।

"तुम बिल्कुल भी फ्रिक न करो। आज से तुम्हारे दोनों बेटे हमारे हुए। इन्हें पढ़ाओ-लिखाओ ताकि ये अपने देश को स्वतंत्र करवा सकें कल को।" मिस्टर थामसन ने भाव विभोर हो कहा।

"तुमको कितना रुपया माँगता इन बच्चों को एजुकेशन वास्ते।" मिसेज थामसन ने पूछा।

"कोई दस-बारह हजार रुपये महीना।" वोंगचुक ने दीनहीन स्वर में कहा।

"ओ.के. डोण्ट वरी हम तुमको हर महीने डालर भेजेगा। तुम पढ़ाओ इनको।" मिस्टर थामसन ने कहा।

"क्या नाम है चाइल्ड?" थामसन की भार्या पुनः बोली वोंगचुक के कनिष्ठ पुत्र से।

"तेंजिग धुमन," लजाते हुए रक्तिम कपोल गोल मटोल धुमन के और अधिक रक्तिम हो उठे।

"और तुम्हारा।"

"तेंजिग ग्यास्तो" वोंगचुक का ज्येष्ठ पुत्र कुछ-कुछ निडर स्वर में बोला।

तेंजिग वोंगचुक की भार्या जो उसी के समान स्थूलकाय कदर्य कर्कशा थ ने न जाने कैसे जने थे ये गलगोथन से गौर वर्णीय पुत्र जो आज उनका कल्पतरु बने हुए थे।

थामसन दम्पति हर मास बारह हजार तक की धनराशि के डालर वोंगचुक को भेज देता और वोंगचुक के घर में सदा त्योहार सा उत्सव ही बना रहता। अपनी कामधेनु गाय को वह मास में एक बार ही नहीं अपितु अनेको बार दोहते थे। न जाने और कितने विदेशियों के मुँह बोले पुत्र बना दिये गये थे तेंजिग बन्धु। नियमित रूप से मिलने वाली धनराशि से निर्बाध गति से चल रहा था वोंगचुक का ऐय्याशी ठाट-बाट केवल वोंगचुक की नहीं अपितु उनकी बिरादरी के एक विशाल भाग ने यह व्यवसाय बना लिया कि कोई भी विदेशी यदि मोटी असामी हो तो उसके सम्मुख अपनी दयनीय दशा का वर्णन कुशल नट की भाँति करते। वह अकिंचन वास्तविकता से अनभिज्ञ उनके करुणा क्रन्दन के धूर्तजाल में फँस उनकी एक न एक सन्तान के लालन-पालन व पढ़ाई का व्यय स्वयं वहन करने को तत्क्षण ही तैयार हो जाते। ऐसे मोटे-मोटे चार छः मुर्गे फाँस वे लोग चैन की बंसी बजाते। कभी मुर्गा बनाया जाता तो कभी पूरे के पूरे बकरे का मांस पका बन्धुजनों को न्योता जाता। भविष्य की चिन्ता किसे थी। वोंगचुक सम्पूर्ण धूर्त बिरादरी में अत्यधिक धूर्त व कपटी प्रकृति का मानव था। कर में सुमरनी थामे न जाने वह किस आराध्य की आराधना में लीन रहने का इतना सजीव अभिनय

करता कि कई बार उसे स्वयं पर ही शंका होने लगती। जहाँ अन्य बिरादर तो केवल दो या तीन स्थानों से ही खा-खाकर बिन डकार मारे ही पचा रहे थे। न बच्चों को पढ़ाया न लिखाया मोटी तृप्त जोंक सम वे मनभावन व्यंजन उदरस्थ कर सम्पूर्ण दिवस पड़े ऊँघते रहते वहाँ वोंगचुक अत्यधिक धूर्त कपटी था। एक नहीं अनेक विदेशियों के सम्मुख अपनी निर्धनता विवशता बेचारगी का रोना रो वह चार स्थानों पर अनुज पुत्र व तीन स्थानों पर अग्रज पुत्र को मुँह बोले पुत्र बना चुका था। जो मोटी धनराशि उसे मिलती उससे वह ठाट-बाट से जीवन व्यतीत कर रहा था। केवल यही नहीं अपितु उसने अपने पुत्रों को तो अपने अन्य बिरादर के सम्मुख भी तगड़ा उत्कोच ले अभिनय करने निमित्त भेजना आरम्भ कर दिया था यदि भूले भटके कोई विदेशी पुनः मकलोड गंज पहुँच भी जाता अपने कथित पुत्र की प्रगति देखने तो अब कौन सी उसको स्मरण रहती उस पुत्र की मुखाकृति या देहयष्टि। वोंगचुक को तगड़ा उत्कोच दे तब वह तिब्बती उसके पुत्र को विदेशी के सम्मुख खड़ा कर गद्गद स्वर में बखान करने लगते उस अन्नदाता का कि उसके कारण ही उनका पुत्र इतना योग्य सुशील बन तन्मयता से पढ़ता हुआ सफलता के सोपान चढ़ता जाता था। अब हर मास हर दिवस तो कोई भी विदेशी पुनः मकलोड गंज या धर्मशाला तो आता नहीं था। यह तो यदा कदा होता था कि कभी कोई भूले भटके पुनः पाँच या दस वर्ष पश्चात् आ गया। बहुधा तिब्बती अपने बच्चों को इन विदेशियों से धनराशि लेकर भी अच्छे विद्यालय में पढ़ने नहीं भेजते थे। समय आने पर वे वोंगचुक को धन दे, उसके पुत्र अपने बता धनराशि भेजने वाले विदेशियों के सम्मुख खड़े कर देते क्योंकि वोंगचुक के पुत्र सुन्दर सुशील वाक्पटु थे। सुचारु रूप से चल रहा था यह उन धूर्तों, धन लोलुप लोगों का धन्धा कि वोंगचुक काण्ड हो गया।

डोलमा ने जिस दिवस सुना कि वोंगचुक की अच्छी थू-थू हुई सम्पूर्ण बिरादरी में तो बहुत कुछ उसके हृदय में जलती हुई ज्वाला शान्त हो गयी। उसके पहाड़ी प्रणयी को देश निकाला दिलवाने में वोंगचुक ने ही मुख्य भूमिका निभाई थी। अपने समाज के कर्णधारों को अतिशयोक्ति का छौंक लगाकर उसने यह प्रणय प्रसंग इस प्रकार उनके सम्मुख परोसा कि वे बिगड़ैल घोड़े से बिदक उठे। परिणामतः डोलमा को कठोर हृदय अपनी स्वामिनी के संग देहली भेज दिया गया। अब पारी थी वोंगचुक की। प्रकृति ने भी खूब छला उस कपटी को। उसको सम्भवतः अजीर्ण हो गया था बिना परिश्रम का सुस्वादु भोजन कर-कर के। हर समय इस उधेड़ बुन में रहता कि कब अपने किस बिरादर को नीचा दिखाए समाज के कर्णधारों के सम्मुख। पर सब को छकाने वाला सताने वाला एक दिवस स्वयं कोप भाजन हो गया नियति नटी का। डोलमा को उस सर्व शक्तिमान न्यायाधीश के न्याय पर पूर्ण विश्वास था सो उसका विश्वास विजयी हो गया। धूर्त

को उसकी धूर्तता का उचित दण्ड मिल गया।

मिस्टर थामसन को एक दिन उसकी भार्या ने कहा, ''स्वीट हार्ट, मैं पुनः भारत जाना चाहती हूँ। पिछली बार हम दक्षिण भारत न जा सके हमारी वाईन बर्ड (पुत्री) के अकस्मात् बीमार पड़ने के कारण। हम मकलोड गंज भी जायेंगे तेंजिग धमन और तेंजिग ग्यास्तो को भी देखेंगे।"

''जैसी तुम्हारी इच्छा डार्लिंग, मैं अभी सब प्रबन्ध करवाने आरम्भ कर देता हूँ। सर्दियों से पहले ही हम भारत में होंगे।'' थामसन ने सौम्य स्वर में पत्नी से कहा।

अब यह तो संयोग मात्र ही था ना कि उनके संग उनके दूर के रिश्ते की भगिनी मारिया भी चल पड़ी और मारिया के संग था उसका देवर जोनसन जो शिकागो से न्यूयार्क आया था। पत्नी सहित अपनी भाभी के संग भारत भ्रमण करने हेतु। अब यह भी संयोग मात्र था जो वोंगचुक के दोनों पुत्रों का व्यय वहन कर रहा था और उनमें से एक का मारिया भी कर रही थी। अब वोंगचुक को स्वप्न में भी विचार नहीं आया कि न्यूयार्क रहने वाली मारिया वाशिंगटन में रहने वाले थामसन की भगिनी होगी और शिकागो में रहने वाला जोनसन मारिया का देवर होगा। नियम ने अति कुशलता से इन कठपुतलियों की डोरी थाम इन्हें एक ही समय में मलकोड गंज भेज दिया।

अति उत्कण्ठा व उत्साह के साथ थामसन दम्पति अपने पोष्य पुत्रों को देखने गया। वहाँ वोंगचुक के घर एक नूतन आश्रयदाता के संग मोल भाव हो रहा था वोंगचुक के कल्पतरुओं का। अब यह भी संयोग ठहरा कि वह विदेशी भी अमरीकन ही था और थामसन का परिचित भी। उसने अति उत्साहित स्वर में थामसन को बताया, ''मिस्टर थामसन, आज से ये दोनों बालक मेरे पोष्य पुत्र हैं। कितने होनहार बालक दिखाई देते हैं न। मैं इन्हें पढ़ाऊँगा लिखाऊँगा ताकि ये अच्छे इनसान बन सकें बिचारे। विपत्ति के मारे हैं इनके माता-पिता। तिब्बति स्कूल में तो ये बस पढ़ते ही हैं अब मैं इन्हें कान्वेंट में पढ़ाऊँगा।"

"पर मिस्टर जान फ्रेजर इन बच्चों का तो मैं पाँच वर्षों से निरन्तर व्यय वहन कर रहा हूँ। ये देखो इन दोनों के चित्र और मिस्टर वोंगचुक का मुझे लिखवाया गया पत्र।'' अचम्भित स्वर में थामसन ने कहा। वोंगचुक को काटो तो खून नहीं। अब उसे क्या पता था थामसन चित्रों सहित ही उपस्थित हो जाएगा मकलोड गंज में। वह भी बिना किसी पूर्व सूचना के। अभी इस अचम्भे से अचम्भित ये लोग उभर भी न पाये थे कि मारिया और जोनसन भी वहाँ पहुँच गये।

"मैं न कहती थी मैं आप सबको सरप्राइज दूँगी। देखो ये धुमन मेरा पोष्य पुत्र है।" मारिया ने प्रफुल्लित स्वर में सगर्व थामसन व जोनसन पर दृष्टिपात करते हुए कहा।

"पर ये दोनों तो मेरे पोष्य पुत्र है मैं इन्हें सात वर्ष से निरन्तर धन भेज रहा हूँ।" स्तब्ध से जोनसन ने कहा।

"ये कै... कैसे हो सकता है?" आश्चर्य चकित मारिया ने अस्फुट स्वर में कहा।

"यही सब हुआ है।" थामसन ने कहा। थामसन पहले वोंगचुक के घर पहुँच गया था और उसके पीछे-पीछे मारिया जोनसन अपने किसी मित्र से मिलकर आ रहे थे। वह मित्र अकस्मात उन्हें मकलोड गंज के बाज़ार में ही मिल गया था तो ये लोग बातें करने लगे। थामसन ने उन्हें पता एक पृष्ठ पर लिखकर दे दिया। थामसन ने उन्हें उस पते पर आकर मिलने को कहा और अपने पोष्य पुत्र दिखाने की बात की। मारिया व जोनसन ने उस समय ध्यान नहीं दिया कि जो पता उन्हें थामसन दे रहा है उसी पते पर तो उनको भी जाना था। 'चलो छोड़ो ये प्रसंग। मेरे तिब्बती पात्र व अमरीकन पात्र दोनों ही भली प्रकार हिन्दी भाषा में बात कर रहे हैं—कारण कि कथा भी तो यह हिन्दी में ही कही ज़ा रही है ना। लो मैं फिर पथ भटकने लगी' पिंगला ने सोचा व पुनः अपनी रचना में लीन हो गयी। थामसन ने कहा, "यही सब हुआ है। इस धूर्त वोंगचुक ने हम सबको ही मूर्ख बनाया है। एक ही समय में कई-कई विदेशियों से अपनी मिथ्या चाशनी चढ़ी बातें कर धन ऐंठा है। मैं अभी इनके धर्मगुरु हिज हाईनैंस से सम्पर्क कर उन्हें पूर्ण स्थिति से अवगत करवाता हूँ।"

"और मैं भी इसे इसकी करनी का फल दिलवा के रहूँगी।" अतीव क्रोध से मारिया के नथुने फड़क रहे थे।

"चलो, मैं भी तुम्हारे संग चलकर इस फरेबी की पोल खोलता हूँ।" जोनसन भी अत्यधिक क्रोधित था।

"मैं तो बाल-बाल बच गया इसके कपट जाल में फँसने से।" जोन फ्रेजर ने कहा।

"अभिनय पटु वोंगचुक व उसके दक्षनट से पुत्र सब दीनहीन मुद्रा में क्षमा याचना करने लगे। वोंगचुक सौगन्ध खाने लगा कि अब वह ऐसा कपट फिर कभी भी भविष्य में न करेगा। कई प्रतिवेशियों ने मध्यस्थता की। वोंगचुक ने येन-केन श्रीमती थामसन का हृदय जीत ही दिया, "अब आप तो इनकी असली जननी हैं ना। एक बार इन्हें पुत्र मान चुकी हैं। इनका भविष्य अन्धकारमय होने से बचा लीजिए। मैं कभी भी भविष्य में यह अपराध नहीं करूँगा। इन बच्चों के लिए ही मैंने यह सब किया। अब मैं उस महाविभूति की सौगन्ध खाता हूँ आगे से ऐसे कभी भी न करूँगा। आप सब मुझे व इन बच्चों को क्षमा कर दें।" श्रीमती थामसन का हृदय द्रवित हो उठा। उसके कहने से सबने वोंगचुक परिवार को क्षमा कर दिया और भविष्य में कभी भी उसको एक भी पैसा न देने की सौगन्ध खाई।

वोंगचुक की कड़ी भर्त्सना हुई चहुँओर। धर्म पिता ने भी दण्ड दिया इस कृत्य के लिये उसे जब उनके कर्णद्धार तक यह प्रपंच की कथा पहुँची तो।

थामसन समुदाय ने यह प्रण किया कि यदि किसी को पोष्य पुत्र बनाना भी होगा या किसी की सहायता करनी होगी तो सुपात्र को ही चुनेंगे। सम्पूर्ण परिस्थितियों की छान-बीन भली प्रकार कर ही किसी निर्णय पर पहुँचेंगे ताकि कोई वोंगचुक उनके धन का अपव्यय न करे। करुणा दया ममता सहायता का अधिकारी सदा सर्वदा सुपात्र होता है कुपात्र नहीं और सुपात्र को पूर्ण रूपेण देख परख कर ही चुनना चाहिए।

अपनी माँ

प्रातः उठ जब मैंने बरामदे में से बाहर पग धरा तो भयभीत स्वर में चिल्ला पड़ीं। सामने धरती पर एक काला लगभग चार फुट लम्बा सर्प मरा पड़ा था और उसके पास हमारा पालतू नेवला 'भूरा' मग्न मन घूम रहा था। मैं चिल्ला कर माँ से लिपट गयी जो विस्फारित नेत्रों से मृतक सर्प को निहारती हुई 'हनुमान चालीसा' के पाठ में अवरुद्ध कण्ठ से जुटी हुई थी। बड़े भैया ने माँ को पुकारा—चाची (मैं व भैया 'मा' को चाची ही कह कर पुकानते थे)। भूरे ने काले भुजंग को दूसरी दुनिया में पहुँचा दिया था। माँ की जैसे चेतना लौट आयी। तेरह वर्ष का भैया उस समय घर में एकाकी पुरुष था। माँ को मानो सान्त्वना मिली, विश्वास मिला। वह बोली, "रवि, भूरे ने आज तेरे प्राण बचाये हैं! बेटा, छोटी चारपाई पर सोने की जिद न किया कर। काला तुझे डस ले... ता तो...तो..." शेष शब्द माँ के कण्ठ में ही घुमड़ कर रह गये। अनुजा जिसे स्नेहवश हम कहते थे अभी स्वप्न संसार में खोई पड़ी थी।

मेरे पिता श्री पं. शिवनन्दन बाली उस समय में राजस्थान में 'अलवर' के जंगलों में रहते थे। वहाँ उन्होंने जंगल में लकड़ी का कोयला तैयार करवाने का ठेका ले रखा था। माँ मेरे भैया व अनुजा के संग देवनगर में अपने निजी गृह में रहती थी। उस घर में चार विशाल कक्ष, दो आगे पीछे बरामदे बने हुए थे। पीछे के बरामदे के साथ लगभग हज़ार गज़ स्थान में चारदीवारी बनी हुई थी। कुछ स्थान पर तो साग भाजी उगाई गयी थी और कुछ स्थान पर विभिन्न प्रकार के सुगन्धित पुष्पों की वाटिका थी। शेष लगभग छः सौ गज जगह में झाड़ वृक्ष लताएँ उगी पड़ी थीं। वह स्थान किसी छोटे-मोटे जंगल से कम न था। जहाँ अम्बुआ की डाली पे कोकिला कूकती थी वहाँ उस जंगल में सर्प बिच्छुओं का बसेरा भी था। आम के वृक्ष पर मेरा झूला भी पड़ा हुआ था। माँ ने सम्भवतः विषैले जीवों से ही शंकित होकर ही भूरे को पाला था। भूरा निस्संकोच सम्पूर्ण घर की जब चाहे परिक्रमा कर लिया करता था और एक था हमारा कुत्ता 'टाईगर' जिसे भैया ने अत्यधिक दुलार चाव के साथ पाला था। बस यही छः प्राणी थे उस समय हमारे परिवार के।

मेरी माता श्री लक्ष्मी देवी अमृतसर के निकट एक गाँव की रहने वाली थी। सौम्य प्रकृति की अपनी धीर गम्भीर माँ को मैंने सदा 'क्रीम' रंग की असल रेशम

की साड़ी गर्म शाल, पूरी बाजू की कुरती पहने देखा। गर्मियों में वह वायल की 'फिनले' की शुभ्रवर्णीय छोटी किनारी की साड़ियाँ पहनती थी। जब घर में बाहर जाती तो गर्मियों में रेशम का व सर्दियों में गर्म कश्मीरी कढ़ाई का शाल ओढ़ती। वह धर्मभीरु महिला थी। भोजन वह स्वयं पकाती थी शेष कार्य 'गिराज चौहान' जो भैया से पाँच वर्ष बड़ा था वह कर देता था। रात्रि समय गिराज अपने काका के पास 'खजूर रोड' सोने चला जाता था।

भैया रविवार को जन्मे थे इसलिए उनका नाम रविशंकर रखा गया। माँ ने ऐसा ही बताया था। अल्पभाषी भैया पढ़ने में कुशाग्र बुद्धि थे। सदा सर्वदा कक्षा में प्रथम पद पर आसीन रहते थे। चक्षुओं पर चश्मा बालापन में ही चढ़ गया था। चक्षुओं ने भैया के भविष्य में पग-पग पर प्रतिबन्ध लगाये। नयन रोग हौवा बनकर जब चाहे पथ अवरुद्ध कर खड़ा हो जाता तो नेत्र चिकित्सक उनकी पढ़ाई बन्द करवा देता तब बड़े भैया पतंगबाजी या लट्टू चलाने में महारथी बने रहते। सौम्य प्रकृति की अनुजा मणिका भैया से घुमाने के लिए हर समय कहती रहती। बाल्यावस्था में सदा रुग्ण रहती वह। दुर्बल काया के कारण माँ का विशेष स्नेह बना रहता उस पर।

मेरा मन तो बाल्यावस्था से ही कल्पना के पंख लगा दूर अति दूर नीले नभ पर मुक्त उड़ानें भरा करता। रंग-बिरंगे सुमन सौरभ से मह-मह कर के महकती वाटिका, पतझड़ में वृक्षों से झर-झर करके झरते हुए पीताभ पत्ते, वृष्टि की टिपुर-टिपुर झिलमिल तारों भरी चुन्नर ओढ़े विभावरी का या तिमिराच्छादित अमावस्यी रात्रि, प्रकृति का हर रूप, हर समय मेरा मन मोह-मोह लेता। जिस घर में हम रहते थे उस पूरे घर में एक भी साँकल न थी। माँ रात्रि समय बाहर खुलने वाले दोनों द्वारों के पीछे विशालकाय दो-दो पत्थर लुड़का देती थी। चिन्ताएँ, दुश्चिन्ता, हर व्यथा माँ के भाग्य में थी। निष्पाप बचपन के भाग में थी चंचलता, चपलता, उत्साह उमंग के हिल्लोरे। जब मैं अपने झूले पर खड़ी होकर पेंग बढ़ाती तो अपूर्व आनन्द की अनुभूति से हृदय मस्त हो मयूर सम नृत्य करने लगता। गुड़िया खेलना मुझे बहुत ही सुहाता था। नानी माँ असल लम्बे काले केश लगा कर गुड़िया बना कर देती और गुड़िया के रंग-बिरंगी छींट के लहंगे, कुरतियाँ, आँचल मेरी छोटी सी सन्दूकची में बन्द रहते।

एक दिन मैं व मेरी बाल्य सखी रीमा गुड़िया का ब्याह रचाने में व्यस्त थे कि मेरी माँ ने पुकारा—"कनिका, कनिका बेटे, इधर आओ।"

"क्या है माँ, क्यों बुला रही हो? अभी बहुत काम पड़ा है। आज हमारी गुड़िया अनु का विवाह है न।" मैंने अनु के एक लहंगे की तह लगाते हुए उत्तर दिया।

"कनि, तू जाती क्यों नहीं? मौसी बुला रही है तो कोई जरूरी ही काम होगा।" किसी बड़ी पुरखन के सम रीमा ने करतल पर सुपारी मलते हुए कहा।

''अच्छा बाबा जाती हूँ।'' मैंने बेमन से उठते हुए उत्तर दिया।

जब मैं अतिथि कक्ष में पहुँची तो मेरे पिता श्री एक अपरिचित अप्सरा सी सौन्दर्य मयी स्त्री संग बैठे थे। मैंने करबद्ध नमस्कार किया दोनों को। सौन्दर्यमयी ने मधुर मुस्कान मुख पर बिखेरते हुए मुझे मिश्री मंडित स्वर में कहा, ''इधर आओ बिटिया, हमारे पास आओ।'' मैं विस्फारित नेत्रों से कभी पिता को निहारती तो कभी उस रूपसी को। पुनः वह मीठा स्वर गूँजा, ''बिटिया, तनिक हमारे पास आओ।'' मैं मन्त्रमुग्ध सी उस रूपसी के निकट जाकर खड़ी हो गयी।

''क्या नाम है तुम्हारा?'' रूपसी ने मेरे कपोल थपथपाते हुए पूछा।

''कनिका बाली,'' मैंने अपना नाम बता दिया।

''कौन सी कक्षा में पढ़ती हो? किस स्कूल में पढ़ने जाती हो?" मन्द-मन्द मुस्काते हुए उसने कहा।

"पाँचवीं कक्षा में पढ़ती हूँ और सनातन धर्म पाठशाला में पढ़ने जाती हूँ। अब मैं जाऊँ मौसी, आज हमारी गुड़िया का विवाह है।'' मुझे वहाँ बैठना अब अरुचिकर लग रहा था।

''अच्छा जाओ बेटी, हम कल तुमसे मिल लेंगे।'' रूपसी की यह बात मुझे तनिक उलझन में डाल गयी, 'क्या ये कल फिर आएगी? ओहो! मैं किस चक्कर में पड़ गयी आये या न आये। मुझे तो इस समय केवल गुड़िया का विवाह करना है न,' मन मस्तिष्क को झटक कर मैं रीमा के पास भाग गयी और गुड़िया के विवाह में व्यस्त हो गयी।

दूसरे दिन वही रूपसी पुनः आयी मेरे पिता श्री संग। भैया तो उसके सम्मुख न गये मैं व मणिका गये। मुझे उसने काली शनील का भालू दिया जिसका आँखें पीले चमकीले बटनों से बनी हुई थीं व मणिका को ताली बजाने वाला बन्दर दिया। हम दोनों बहनें खिलौने पा मग्न मन खेलने लगीं। माँ के नेत्रों में भरे अश्रु हमें उस समय दिखाई न दिये।

''लक्ष्मी तू बैठकर राज करना। घर का सारा काम यह दुःखहारी सन्तोष कर लिया करेगी। मैंने इस असहाय औरत को सहारा दिया है। अब तू मेरी लाज रख। मैंने हरिद्वार में गंगाजली सर पर रख कर सौगन्ध खाई है कि इसे पत्नी बना कर तेरे चरणों में रखूँगा।'' दीन हीन याचक सम पिताजी बोले।

''अरे वाह रे पुरुष। सौतन को लाकर मेरी छाती पर बैठाते हो और कहते हो यह मेरे चरणों में बैठेगी। आज तो यह मेरे चरणों में बैठेगी ही पर कल को मुझे अपने चरणों में बैठाएगी और फिर घर से निकालेगी। एक म्यान में दो तलवारें कभी भी नहीं रखी जा सकतीं या इस घर में यह रहेगी या मैं।'' माँ तीखे स्वर में बोली। मैं, मनी व भैया श्वास रोके द्वार की झिरी में से सब देख व सुन रहे थे।

''दीदी, मेरे पर दया करो, मेरा विश्वास करो मैं इनके ही नहीं तुम्हारे भी चरणों की दासी बनकर इस घर में रहूँगी। आपको कभी भी मेरे कारण कोई कष्ट न

होगा। विधाता ने मेरे सारे आसरे छीन लिए हैं। यदि तुमने भी मुझे ठुकरा दिया तो मेरा अन्तिम आसरा गंगा मैया की गोदी ही होगा तब। मुझे मत ठुकराओ दीदी, मैं तुम्हारी दासी बनकर रहूँगी।" प्रायः विलाप सा करने लगी सन्तोष। सन्तोष वही रूपसी थी जिसे हमने दो दिन पहले पिताजी के साथ देखा था। सन्तोष के अविरल गति से बहते हुए अश्रुओं ने अन्ततः माँ के पाषाण हृदय को पिघला दिया। उसने सन्तोष को वहाँ रहने की स्वीकृति दे दी पर एक वचन भी ले लिया समाज के सम्मुख वो केवल इस घर की दासी ही कहलायेगी। सन्तोष ने माँ का यह निर्णय भी स्वीकार कर लिया और हमारे घर में रहने लगी। माँ का कितना बड़ा उपकार था उस पर यह बात हम अब समझने लगे थे। कहते हैं–सौतन तो माटी की भी अच्छी नहीं होती पर वो तो हाड़ मांस निर्मित नारी थी। पर वह नारी भी धन्य थी जिसका हृदय विशाल गहरे सागर सम था। कितना स्नेह करती थी वह हमें। शब्द व्यक्त नहीं कर सकते उस स्नेहमयी के स्नेह को। हम सब भाई बहिन उसे अब मौसी पुकारने लगे थे। मौसी प्रातः चार बजे उठकर घर के कार्यों में व्यस्त हो जाती। वह हम सबकी इच्छा करतल पर पूर्ण करती। माँ को नयन तारा सम मानती। पिताजी व माँ की सेवा में उसे असीम सन्तुष्टि मिलती। सन्ध्या उपासना के समय मौसी तन्मय होकर अपने मधुर स्वर में मीरा, तुलसी, कबीर व नानक आदि सन्तों के भजन गाती तो घर में एक अलौकिकता सी छा जाती। मेरी बालपन से ही संगीत में रुचि थी सो मैं भी मौसी के संग गाने लगी। शनैः-शनैः मौसी मेरे व मनी को संगीत भी सिखाने लगी। घर में हर सुख-सुविधा का साम्राज्य था और माँ थी उस साम्राज्य की सम्राज्ञी। अब वह हर समय प्रसन्नचित्त रहती थी व पिताजी भी। न जाने विधाता की दृष्टि वक्र क्यों हो गयी। एक तिमिराच्छादित रात्रि में जब प्रकृति ताण्डव नृत्य कर रही थी तो पिताजी के हृदय में शूल उठा व देखते ही देखते उन्हें दूसरे लोक में ले गया। हमारा समस्त परिवार हाहाकार कर उठा। इस झंझावात ने सब कुछ धूल-धूसरित कर दिया। कारवां गुजर चुका था अपने पीछे एक विवर्त छोड़कर। दो-चार दिनों पश्चात् ही हमारे अपने नितान्त अपने कहे जाने वालों ने भी मुख मोड़ लिया। रिश्ते की चाची ने तो माँ को कहा, "लक्ष्मी भाभी, इस मुस्टण्डी को अब निकाल दे। अब नौकरानी तू कहाँ से रखेगी। तुझे तो पता नहीं कैसे अपने बच्चे पालने होंगे। तू कहे तो इनसे कहकर कहीं खाना बनाने का काम दिलवा दूँ तुझे।" एक विद्रूप मुस्कान थी चाची के मुख पर। माँ अवाक् सी अश्रु बहाती रह गयी।

"दीदी, कहीं काम करने नहीं जाएगी। काम मैं करूँगी। बच्चे मैं पालूँगी।" दृढ़ स्वर में सन्तोष मौसी बोली।

"चल हट! ज्यादा बक-बक न किया कर। भाभी, तूने इस दो टके की नौकरानी को बहुत सिर चढ़ा रखा है।" तिरस्कार पूर्ण स्वर में चाची ने कहा। माँ ने कोई उत्तर नहीं दिया। केवल नयनों से गंगा यमुना बहाती रही। बन्धु-बान्धव

कहे जाने वाले प्राणियों ने हृदय खोल कर उपहास उड़ाया, व्यंग्य बाण चलाये माँ के टूटते हुए घरौंदे पर। ऐसे में जब घटाटोप अन्धकार ने पथ को लील लिया था तो सन्तोष मौसी ज्योति स्तम्भ बनकर जगमगा उठी हम असहाय प्राणियों के जीवन में। पिताजी के समस्त अन्तिम संस्कार सम्पन्न करने के पश्चात् मौसी ने माँ से नम्र स्वर में कहा, ''दीदी, यदि आप आज्ञा दें तो एक निवेदन करूँ।"

''क्या कहना चाहती है तू?'' माँ ने जिज्ञासु स्वर में पूछा।

''दीदी, मैं संगीत सिखाने के लिए स्कूल खोलना चाहती हूँ।'' मौसी

''क्या! क्या कहा तूने?'' माँ ने आश्चर्य से पूछा।

''हाँ दीदी, मैं बच्चों को संगीत सिखाया करूँगी। मैंने बचपन से ही संगीत की शिक्षा ली है। शास्त्रीय व सुगम संगीत दोनों ही सीखती रही हूँ। मेरी बचपन से ही संगीत में रुचि देख पिताजी ने मुझे संगीत की उत्तम शिक्षा दिलाई। मैं संगीत के कार्यक्रम में भी भाग लिया करती थी। अनेकों-अनेक पुरस्कार भी जीते थे। पिताजी को मुझसे बड़ी आशायें थीं। उन्होंने माँ-बाप दोनों का ही कर्तव्य निभाया था। माँ तो मुझे दो वर्ष का छोड़ कर ही इस संसार से विदा हो गयी थी। इतने सुख-सुविधा ने सम्भवतः मेरे को अविवेकी बना दिया था या मेरे विपरीत काल ने मेरी बुद्धि का विनाश कर दिया जो एक लम्पट को अपना सर्वस्व मानने लगी। एक दिन पिता का द्वार त्याग सदा के लिए उस कपटी के संग चली गयी। जब तक मेरे पास धन था, जेवर थे वह भ्रमर सम मेरे चहुँओर मँडराता रहा। हम कलकत्ते से भागे और सीधे मसूरी गये। वहाँ एक मास कैसे कटा पता ही नहीं चला। मेरे बारम्बार कहने पर भी उसने मेरे साथ विवाह नहीं किया। एक रात वह अपने मित्र कहे जाने वाले दो लड़कों को साथ ले आया। वे तीनों मदिरापान में व्यस्त हो गये। किसी अनिष्ट की आशंका से मेरा हृदय काँप रहा था। उस पिशाच का वास्तविक रूप अब मेरे सामने आ चुका था। वे सब मेरे से भी मदिरा पीने का आग्रह करने लगे। मैंने बहुत कठिनता से उन्हें मनाया। आज मुझे विवश पिता के अश्रुओं के अधीर श्राप मार रहे थे। मन ही मन अपने दुर्भाग्य पर अश्रु बहा रही थी मैं। एक दृढ़ संकल्प ले मैं स्नान गृह में चली गयी। स्नान गृह का द्वार बाहर की ओर खुलता था। उसे खोल मैं सड़क पर आ गयी और आगे बढ़ती चली गयी। जब चेतना लौटी तो मैं एक सुनसान स्थान पर खड़ी थी। मैं खाई में कूदकर प्राण देना चाहती थी कि उन्हें एकाएक विधाता ने भेज दिया। ये कहीं निकट खड़े नववधू सम जगमगाते देहरादून को निहार रहे थे कि इन्होंने मुझे देख लिया। मेरी अस्त-व्यस्त दशा देख मेरे पास आये मैं सप्तम स्वर में चिल्ला उठी, "दूर रहो! मुझे मत छूना। मैं मरना चाहती हूँ। मैं मरूँगी।'''

"देखो तुम मेरी एक बात सुन लो फिर चाहे तो मर जाना। मैं तुम्हें नहीं रोकूँगा।'' इन्होंने मीठे स्वर में कहा।

मैं मौन खड़ी अश्रु बहाती रही।

"आत्म हत्या तो कायर करते हैं। जीवन संघर्ष से घबरा के मरना कायरता ही कहलाती है। तुम्हें भी जीवन की हर चुनौती का सामना डटकर करना चाहिए। लगता है तुम बड़ी परेशान हो। शायद मैं तुम्हारी परेशानी दूर कर सकूँ। अगर घर जाना चाहो तो चलो मैं तुम्हें तुम्हारे घर छोड़ आऊँ।" सान्त्वना भरे मृदु स्वर में ये बोले तो मैं दुगने वेग से रो पड़ी, "घर! कौन सा घर!! किस का घर!! मेरा कोई भी नहीं है। मैं विपत्ति की मारी हूँ।" रोते-रोते मैंने इन्हें कहा।

"चलो तो मेरे घर चलो।" इन्होंने कहा।

"क्यों तुम मेरे क्या लगते हो जो मुझे ले जाना चाहते हो? क्या मुझे बेचना है? हिम्मत है तो मेरे साथ विवाह करो। मैं एक पतिता हूँ। क्या पतिता से विवाह करोगे?" मैं विवेक शून्य हो चुकी थी। जो मन में आ रहा था बोले जा रही थी। इन्होंने मुझे मध्य में ही टोका, "इनसान का इनसान से क्या रिश्ता होता? क्यों एक आदमी दूसरे की सहायता करना चाहता है? लगता है तुम्हें कोई गहरी चोट लगी है। डरो नहीं, अपनी विपत्ति मुझे बताओ। मैं तुम्हारी हर प्रकार से सहायता करूँगा।" मैं कुछ-कुछ संयत हो गयी थी सहानुभूति भरे बोल सुनकर। अपने दुर्भाग्य की पूर्ण गाथा इन्हें कह सुनाई और कुछ इनके बारे में जाने बिना आग्रह करने लगी कि तुम मेरे साथ विवाह कर लो। ये मुझे मेरे पिता के घर छोड़ना चाहते थे। उस लम्पट को सजा दिलवाना चाहते थे पर मैं किसी भी विपत्ति में अब नहीं पड़ना चाहती थी। पिता के द्वार तो मैं स्वयं छोड़ आयी थी अब कौन सा मुख उन्हें दिखाती। ये मुझे अपने साथ होटल में ले गये और आप सब के विषय में विस्तार से बताया कि यदि लक्ष्मी तुम्हें स्वीकार कर लेगी तो मैं तुम्हें दूसरी पत्नी बना लूँगा। मैंने हठधर्मी की कि गंगाजल उठाकर सौगन्ध खाकर मुझे अपनी पत्नी कह दो फिर चाहे मैं तुम्हारे द्वारे एक दासी बनकर ही समस्त जीवन व्यतीत कर दूँगी। इन्होंने और आपने मेरी लाज रख ली। दीदी, आपके चरणों में मैं एक सम्मानित जीवन जी रही हूँ। जिस देव ने मेरा कर थाम मुझे आपके चरणों में छोड़ा उसकी आराधना करते हुए उसके द्वारा अधूरे छोड़े हुए समस्त कार्य मैं सम्पन्न करूँगी। आप तनिक भी विचलित न हों। चिन्ता न करें। लक्ष्मी को आज वास्तविकता पता चली थी सन्तोष की। वह मन ही मन उससे घृणा करती थी। एक दासी केवल रोटी कपड़े के व्यय पर मिली हुई थी इसलिए शान्त रहती थी। पति के पास तो उसके लिए ही समय न था तो वह सन्तोष को क्या देता। पर आज वही, एकाएक वही सन्तोष जीवन आधार बन गयी थी। डूबते का आसरा थी। लक्ष्मी ने उसे संगीत विद्यालय खोलने की अनुमति दे दी।

दो कक्षों में संगीत विद्यालय खोल दिया मौसी ने। दिनचर्या वही थी प्रातः चार बजे उठकर घर के कार्य निबटाना और फिर दस बजे विद्यालय खोलना। विद्यालय में शनैः-शनैः अनेक विद्यार्थी आने लगे। वास्तविक रूप से विद्यालय दो बजे से लेकर

रात्रि के आठ बजे तक ही चलता। दस बजे तो केवल संगीत में रुचि रखने वाली दो-चार गृहिणियाँ ही आतीं। मौसी के अथक परिश्रम व लगन ने विद्यालय को सुचारु रूप से चला दिया। अब उनके सीखे शिष्य रेडियो, दूरदर्शन व विभिन्न संगीत समारोह में भी भाग लेने लगे। मैं भी संगीत के क्षेत्र में पग रख चुकी थी।

देखते ही देखते दस वसन्त बीत गये मैं नियमित रूप से दूरदर्शन के कार्यक्रमों में भाग लेने लगी। मौसी की अनुकम्पा से मैं शनैः-शनैः सफलता के सोपान चढ़ती हुई प्रसिद्धि की डगर पर चल रही थी। अब मैं एक जानी मानी दूरदर्शन कलाकार थी। भैया की अभिरुचि वायलिन में थी तो मौसी के प्रोत्साहन से वे एक कुशल वायलिन वादक बन चुके थे और उन्होंने रेडीमेड कपड़ों का एक स्वयं का शोरूम भी खोल लिया था। अनुजा की संगीत में रुचि न थी वह फैशन डिजाइनिंग का कोर्स कर रही थी। माँ का तो रोम-रोम आभारी था। माँ को कभी शल्य की चुभन भी न होने दी मौसी ने। समय आने पर मेरा भैया व अनुजा के प्रतिष्ठित घरों में विवाह सम्पन्न हो गये। सम्पूर्ण श्रेय किसे जाता था—सन्तोष मौसी को।

काल चक्र चलायमान था। बन्धु बान्धव विस्फारित नेत्रों से देखते थे मौसी के त्याग व तपस्या को। विधि का विधान देखो ठीक बीस वर्ष पश्चात् उसी दिन उसी रात को मौसी ने प्राण त्यागे। मैं व अनुजा माँ के घर आये हुए थे। भैया के पुत्र का मुंडन संस्कार था। समस्त कार्य सुचारु रूप से सम्पन्न हो गये। दूसरी रात्रि मैं माँ के कक्ष में सोयी हुई थी व अनुजा भैया भाभी के पास प्रथम खंड पर। दस वर्ष पूर्व चार कक्षों वाला घर अब तक तीन खंडों वाला भवन बन गया था। मैं कहाँ भटक गयी? मैं तो मौसी की कहानी कह रही थी न। हाँ तो हम निद्रा देवी की गलियन में विचरण कर रहे थे कि मौसी का स्वर सुनाई दिया। मैं आरम्भ से ही श्वान निद्रा सोती थी। मैं अविलम्ब उठकर बैठ गयी। मौसी कह रही थी, ''दीदी, उठो यदि कोई भूल हो गयी हो तो क्षमा करना अपनी दीदी को। मैं जा रही हूँ अपने देव के पास.. .दी...'' शेष स्वर मौसी के कंठ में ही घुमड़ कर रह गये। पक्षी अनन्त उड़ान पर उड़ चुका था। मौसी के हाथों ने अभी तक माँ के पाँव पकड़े हुए थे और शीश भी माँ के चरणों पर था। माँ विक्षिप्त की भाँति मौसी को अपलक निहार रही थी। मैं वेगवती सरिता सम अश्रु बहा रही थी। मेरे अवरुद्ध कंठ से निकला, 'मौसी....' माँ ने मध्य में ही टोक दिया, ''शी, रो मत तेरी माँ मीठी नींद में सोयी हुई है।''

''वह माँ कैसे हो गयी? वह तो तुम्हारी दासी थी दासी,'' मैंने अवरुद्ध कंठ से उपालम्भ भरे स्वर में माँ से कहा।

''छीः वह न दासी थी न मौसी वह तो तुम्हारी अपनी माँ थी अपनी। सन्तोष सुनती जाओ तू दासी नहीं थी, तू मौसी भी नहीं थी। तू ही इन बच्चों की अपनी माँ थी। अपनी माँ...सुन रही हो न तुम...जाने वाली तो कब की महायात्रा पर जा चुकी थी।" माँ की ध्वनि स्वयं के कर्ण द्वारों से ही टकरा कर रह गयी।

कर्मयोगिनी

"जल्दी करो एन्सी, गाड़ी छूट जाएगी" बैग में कपड़ों को लगभग ठूँसते हुए नीना जोसफ ने कहा।

"मैं तो तैयार हूँ। तू जल्दी कर," एन्सी बोली। एन्सी और नीना जोसफ दोनों सखियाँ आज दस दिन के अवकाश पर केरल जा रही थीं। अपनों से मिलने की आकांक्षा, माँ के हाथ के बने इडली डोसा खाने की चाहना, अपने चहुँओर अपने मन की महक महसूस करने की अभिलाषा सब मिलेजुले भाव मन-मस्तिष्क पर छाये हुए थे। जैसे ही एन्सी और नीना ने हाथों में बैग उठाये तो सुरेखा व लीला आ गयीं। अबेर किये बिना चारों सखियाँ स्टेशन पर पहुँचीं। जैसे ही चारों ने प्लेटफार्म पर प्रवेश किया तो गाड़ी चलने में कुछ क्षण ही शेष थे। शीघ्रतापूर्वक एन्सी व नीना अपनी आरक्षित सीटों पर जा बैठीं। सौभाग्य से आरक्षित डिब्बा सामने ही खड़ा था। जैसे ही वे अपनी सीटों पर बैठीं तो गाड़ी चल पड़ी। गाड़ी ने प्लेटफार्म पर ही गति पकड़ ली थी। गाड़ी के डिब्बों के अन्दर व बाहर हर्ष-विषाद के भावों से पूर्ण हाथ लहरा रहे थे। सुरेखा व लीला भीगे मन से अपने गन्तव्य की ओर चल दीं।

एन्सी, नीना जोसफ, सुरेखा, लीला, जूही व कैथी ये छह युवतियाँ एक ही फ्लैट में मालवीय नगर में रहती थीं। केरल के विभिन्न भागों से आकर अब ये अभिन्न मित्रों की भाँति एक ही छत के तले वास करती थीं। केरल ने सदा सर्वदा से ही सम्पूर्ण देश को अन्य विभूतियों के साथ-साथ योग्य नर्सें भी प्रदान की हैं। मानवता की सेवा करने वाली व्यथा से व्याकुल विकल प्राणी को सहानुभूति व सेवा के लेप लगाकर कष्ट निवारण करने वाली ये नर्सें अपनी योग्यता के कारण अस्पतालों व नर्सिंग होमों में शीघ्र ही नौकरी पा जाती हैं। ऐसे ही ये छह सखियाँ दक्षिणी देहली के एक प्रतिष्ठित व प्रसिद्ध 'नर्सिंग होम' में कार्यरत थीं। 'संयोग नर्सिंग होम' एक सम्पूर्ण आधुनिक शल्य व अन्य उपकरणों व विशेष योग्य डाक्टरों से सुसज्जित समस्त सुविधापूर्ण नर्सिंग होम था। यह सब सुप्रसिद्ध शल्य चिकित्सक डॉ. संयोग साधू के अथक परिश्रम, लगन व अपनी माटी से जन्मे बन्धु बान्धवों का कष्ट हरने निमित्त अपना सर्वस्व अर्पित करने के सेवाभाव का ही प्रतिफल

था। वह अपने नर्सिंग होम को कर्मयोग के मन्दिर तुल्य मानते और अपने सम्पूर्ण सहयोगियों को अपने परिजनों जैसे स्नेह करते थे। उनकी सम्पूर्ण सुविधाओं का ध्यान रखते थे। अपने नर्सिंग होम के निकट ही उन्होंने ये तीन कक्षों वाला एक प्रथम खण्ड लिया हुआ था। जिसमें सब नर्सें एक परिवार तुल्य रहती थीं। यदि रात्रि की 'ड्यूटी' सुरेखा व नीना देकर आतीं तो वे लगभग साढ़े आठ बजे तक आकर नित्य कर्म से निवृत्त हो जलपान कर सो जातीं। लीला व कैथी ड्यूटी पर जाती तो एन्सी व जूही दोनों मिलकर भोजन बनाती व अन्य घर गृहस्थी के काम देखतीं। ऐसे ही जीवन चक्र चल रहा था। एन्सी को घर वर पसन्द करने हेतु बुलाया गया था। नीना का घर भी उसके घर के निकट था। अतः वह भी अवकाश लेकर एन्सी के साथ गयी थी।

जैसे ही एन्सी गाड़ी से उतरी, 'एन्सी, मेरी बच्ची।' शेष शब्द एन्सी की जननी के कण्ठ में ही घुमड़ कर रह गये और ममता अश्रु धारा बन नयनों से बह निकली फैली हुई भुजाओं के घेरे में एन्सी माँ के हृदय से लिपट गयी। माँ बेटी के मधुर मिलन को भाव विभोर हो निहार रही थी नीना। कुछ समय उपरान्त सब घर की ओर चल पड़े।

चार्ल्स वाशिंगटन एक होनहार युवक था। वह भी देहली में स्टेनो के पद पर एक प्रतिष्ठित संस्थान में कार्यरत था। एन्सी व चार्ल्स प्रथम दृष्टि में ही एक दूसरे पर मुग्ध हो गये और अपने निर्णय से परिजनों को अवगत करवा दिया। दोनों परिवारों को तो यह सम्बन्ध पहले से ही स्वीकार था। अतः हर्षोल्लास के साथ एक दूसरे को अँगूठी पहनाकर सगाई की रस्म पूर्ण की गयी। हर्ष दिवस वैसे ही द्रुतगामी होते हैं। अब एन्सी के जाने में एक दिन शेष था। सन्ध्या का समय था। एन्सी गुनगुनाती अपनी वाटिका में घूम रही थी। एक ओर कोकोनट के ऊँचे-ऊँचे वृक्षों की कतार झूमती हवा संग झूम-झूम के नाच रही थी तो दूसरी ओर कटहल के विशालकाय वृक्ष मदमस्त गज तुल्य झूम रहे थे। खिली-खिली दूब की धुली-धुली हरी चुनरी लहरा रही थी और रंग-बिरंगे पुष्पों की मिनी सुगन्ध से वाटिका मह-मह कर महक रही थी। ऐसे लगता था जैसे प्रकृति प्रिया अधरों पर मधुर हास्य लिए अपनी चंचल चितवन पर सृष्टि को ही नचा रही हो।

"लिए सन्देशा मधुर मिलन का सन्ध्या रानी आयी है" एन्सी के अधरों से मधुर गीतों का स्रोत सा फूट पड़ा। वह तन्मय हो कर गा रही थी।

"ब्यूटीफुल' गीत की समाप्ति पर नीना ने ताली बजायी।

"चल हट!" एन्सी मधुर नायिका सी लजा उठी।

"एन्सी, तू बड़ी किस्मत वाली है।" नीना ने प्रशंसात्मक स्वर में कहा।

"वह कैसे।" अनजान बनी एन्सी ने पूछा।

"तुझे चार्ल्स जैसा स्मार्ट सुन्दर योग्य पति मिल रहा है।" नीना का उत्साही स्वर गूँजा।

"हाँ, सो तो है। पर क्या भाई जान हममें एक भी 'क्वालिटी' नहीं है? क्या हमारी सूरत उससे... यानी... कि वो... पेड़ों पर निवास करने वाले... अपने 'फोर फादर' की धर्मपत्नी..." किसी विदूषक की भाँति एन्सी ने कहा तो उसका आशय समझ नीना मुक्त कण्ठ से चहुँओर हास्य बिखेरने लगी।

"अरे नहीं, जानूं तू भी किसी 'हेलन आफ ट्राय' से कम नहीं।" नीना ने कृत्रिम गम्भीरता ओढ़े हुए आगे कहा, "मुझे माफ कर दो, मुझसे भूल हो गयी।"

"जा तुझे माफ़ किया। तू भी क्या याद रखेगी कि किस शहज़ादी से पाला पड़ा था।" गर्वीले स्वर में एन्सी बोली।

"ये क्या नोक झोंक चल रही है? तुम दोनों अन्दर आ जाओ। मैंने ओनियन उत्तपम बनाया है।" एन्सी की माँ का मधुर स्वर गूँजा। उत्तपम की भीनी-भीनी सुगन्ध ने क्षुधा को द्विगुणित कर दिया था। हास-परिहास के मध्य दोनों सखियाँ उत्तपम खाने लगीं व कॉफी पीने लगीं।

एन्सी को लौटे हुए एक सप्ताह बीत चुका था उसने अपनी अन्य मित्रों और डॉक्टरों को भी माँ के हाथ के बने हुए कोकोनट के लड्डू व केले के चिप्स खिलाये और हर एक से बधाई के पुष्प गुच्छ एकत्रित किये।

काल चक्र अपनी गति से चलायमान रहता है। देखते ही देखते ऋतुएँ चंचल चपला सम अपना-अपना नृत्य दिखा लोप हो जाती हैं। कभी सावन की रिमझिम वृष्टि की टिपुर-टिपुर मनभावन लगती है तो कभी शरद ऋतु की शीतलहर अपनी ओढ़नी ओढ़ा सम्पूर्ण देहली को शीतलता का रसास्वादन करवाती है। कभी पतझड़ में झरते पीले पत्ते वेगवती वायु संग उड़कर दूर अति दूर जा गिरते हैं। श्रीहीन वृक्ष लताएँ वाटिकाओं व उद्यानों में ऋतु राज वसन्त की आतुरता से प्रतीक्षा करती हैं। जब ऋतुराज वसन्त अपनी जादुई बाँसुरी पर मधुरतम तान छेड़ता है तो हरीतिमा झूम-झूम कर तीव्र गति से नृत्य करते हुए चहुँओर अपना हरियाला आँचल फैला देती है। हर कली प्रस्फुटित हो अपना अनमोल अनुपम सौन्दर्य द्विगुणित रूप से दर्शाने लगती है। लता, वृक्ष, कुंज, सब पर प्रकृति प्रिया अपनी जादुई छड़ी घुमा बहार ही बहार का साम्राज्य फैला देती है। यदि मानव संघर्षमय जीवन में से कुछ पल निकाल किसी वाटिका या उद्यान में प्रति दिन जाए तो उसे स्वयं में एक अभूतपूर्व परिवर्तन प्रतीत होगा। वह प्रातः या सन्ध्या भ्रमण का लाभ तो उठायेगा ही साथ ही वह प्रकृति के विभिन्न चित्ताकर्षक रूपों को भी निहारेगा। वह अपने मन-मस्तिष्क व काया में एक नयी स्फूर्ति का अनुभव करेगा। कुमकुम को प्रकृति प्रिया संग एक विशेष ही लगाव था। वह दोनों समय नियमपूर्वक, भ्रमण हेतु जाती थी। जीवन तो अन्ततः जीवन ही होता है ना। उसमें रोग शोक तो कभी न कभी आते ही रहते हैं। ऐसे ही कुमकुम कई दिनों से अस्वस्थ थी। उसे नित्य कर्म में निवृत्त होने में भी कुछ कष्ट होता था और चलने फिरने में भी असुविधा। उसने

डॉ. संयोग साधू को दिखाया। मृदुभाषी डॉ. संयोग के यह अथक परिश्रम व कार्य कुशलता का ही परिणाम था कि इतनी अल्पायु में ही उन्होंने इतनी ख्याति यश अर्जित कर ली। अपनी औषधि मंजूषा की अद्‌भुत औषधियों और हाथ के जादुई स्पर्श से उन्होंने कई मृत्युपथ गामी रोगियों का पथ बदल उन्हें नवजीवन प्रदान किया। वह हर वर्ग विशेष में लोकप्रिय चिकित्सक थे। जैसे वह स्वयं मृदुभाषी कार्य कुशल कर्तव्यनिष्ठ थे वैसे ही उनके इस नर्सिंग होम के अन्य चिकित्सक व नर्सें थीं। डॉ. साहिल खान, डॉ. रहमत अली, डॉ. प्रेम सिंह व डॉ. संध्याराय, ना जाने कितने, जानेमाने सिद्धहस्त चिकित्सकों व एन्सी, लीला, कैथी, सुरेखा इत्यादि कुशल नर्सों से उनका नर्सिंग होम सुसज्जित था।

कुमकुम के पहले भी दो आपरेशन डॉ. संयोग कर चुके थे। अब उन्होंने व डॉ. संध्याराय ने कुमकुम को भली प्रकार देखा। उसके सब आवश्यक टैस्ट व एक्स-रे भी करवाये अन्ततः निष्कर्ष निकला ऑपरेशन। कुमकुम का गर्भाशय निकालना था और नित्यकर्म से भली प्रकार निवृत्त हो सके उस निमित्त भी कुछ और ऑपरेशन करना था। सो उसका तीन नवम्बर को ऑपरेशन हो गया। ऑपरेशन लगभग तीन साढ़े तीन घण्टे का था।

सन्ध्या समय कुमकुम की चेतना लौट आयी। ऑपरेशन के कष्ट से अधिक उसे 'ओनू इर्सथीजिया' ने कष्ट दिया। उसे पोस्ट-ऑपरेटिव रूम में रखा गया। वह वेदना से व्याकुल थी। उसने क्षीण स्वर में सिस्टर को कहा—सिस्टर मैं कुल्ला करना चाहती हूँ।

सिस्टर सुरेखा ने नम्र स्वर में कहा, "आपको पानी नहीं देना है। आप शान्त होकर लेट जाएँ। ऐसे दर्द बढ़ेगा।"

"नहीं सिस्टर मुझे कुल्ला करवाओ मुझे उल्टी आ रही है।" कुमकुम ने व्याकुल स्वर में कहा।

"नहीं मैडम, मैं कुल्ला नहीं करवा सकती। डॉ. गुस्सा करेंगे ना।" सिस्टर ने कुमकुम को समझाते हुए कहा।

कुमकुम क्षीण स्वर में बोली, "सिस्टर मुझे बहुत दर्द है।" एक ओर 'यूरिन बैग और ग्लूकोस' लगा हुआ था दूसरी ओर सिस्टर सुरेखा व लीला हर पाँच-दस मिनट पश्चात् 'ब्लड प्रेशर' चेक कर रही थीं। ऑक्सीजन मास्क बारम्बार कुमकुम उतारकर रख रही थी। वह अत्यधिक व्याकुल थी। उसकी व्याकुलता देख सिस्टर सुरेखा ने उसे कुल्ला करवा दिया तथा साथ ही यह भी समझाती जाती कि एक बूँद जल भी उसके अन्दर नहीं जाना चाहिए। डॉ. रहमत अली भी बराबर कुमकुम पर दृष्टि रखे हुए थे। डॉ. आर.एम. चक्रवर्ती भी बीच-बीच में आकर रोगिणी की दशा देख जाते। धीरे-धीरे रात्रि के नौ बज गये। कुमकुम अत्यधिक व्याकुल थी। वह हर पाँच मिनट पश्चात् समय पूछ रही थी। उसे ऐसे प्रतीत हो रहा था मानो

समय एक स्थान पर रुक गया था या रेंग रहा था। समय तो अपनी गति से चलायमान था। वेदना की व्याकुलता से कुमकुम को ऐसे ही भान हो रहा था कि जैसे समय रुक गया था। डॉ. साहिल ने उसे इंजेक्शन दिलवाया तो उसे कुछ-कुछ चैन मिला। नियत समय पर उसे हर औषधि व इंजेक्शन दिया जा रहा था। पर ऑपरेशन तो अन्ततः ऑपरेशन ही था। कुछ दर्द तो सहन करना ही पड़ता। ये डा. साहिल मिश्री मंडित शब्दों में कुमकुम को समझा रहा था। कुमकुम अबोध बालिका तुल्य उसकी हर बात मान रही थी। दूसरे दिन दिवस प्रातः दस बजे उसे डॉ. संयोग ने देखा। वह बारम्बार उल्टी के लिए कह रही थी सो उसकी नासिका छिद्र में उल्टी का पाइप लगा दिया गया और औषधि में आवश्यक परिवर्तन कर दिया गया। दो रात्रि दिवस कुमकुम को पोस्ट-ऑपरेटिव रूम में रखा गया। यद्यपि उसे अधिक कष्ट प्रतीत हो रहा था पर डॉक्टरों व नर्सों के ममता भरे शब्दों व स्नेहिल स्पर्शों ने कष्ट की तीव्रता अनुभव नहीं होने दी। रात्रि दिवस जो डॉक्टर व नर्सें 'ड्यूटी' पर थे, उन्होंने सम्पूर्ण निष्ठा व तत्परता से अपनी ड्यूटी निभाई। तीसरे दिवस प्रातः कुमकुम को तीन गिलास जूस पिलाया गया जो औषधियों की गन्ध लिए पाइप से बाहर आ गया पर कुमकुम की व्याकुलता किसी सीमा तक कम हो गयी। उसे पोस्ट-ऑपरेटिव रूम से हटा कर भूखण्ड पर कक्ष नम्बर दस में भेज दिया गया। सम्पूर्ण कक्ष सुगन्धित सुमन सौरभ से महक रहा था। परिजन व मित्रगण अपनी शुभकामनाओं के संग सुहासित पुष्प गुच्छ भी लाये थे। कुमकुम को लगा लम्बी काली रात जिसका उसे कोई ओरछोर दिखाई नहीं दे रहा था समाप्त हो चुकी थी और उदय हो रहा था किरण भरी गगरी छलकाता नूतन प्रभात। दो-तीन दिनों पश्चात् उल्टी वाली पाइप व यूरिन बैग दोनों ही हटा लिये गये। कुमकुम अब पहले से अधिक अपने आप को स्वस्थ अनुभव कर रही थी। अनुभवी चिकित्सक संयोग साधू की औषधि मंजूषा के जादुई स्पर्श से वह अब पर्याप्त स्वस्थ हो गयी थी। कुमकुम को डॉ. ने चलने के लिए कहा तो वह धीरे-धीरे उठकर वहीं बरामदे में लगभग दस से बीस मिनट तक घूमती। प्रतिदिन रात्रि को उसके पति पी.के. भट्ट सोते और प्रातः कोई परिजन या मित्र उसके पास रहता। एक दिन रात्रि के समय कुमकुम को नींद नहीं आ रही थी। वह धीरे-धीरे चलते हुए नर्सों के कक्ष में पहुँच गयी।

"आओ मिसेज भट्ट, आओ," डॉ. साहिल ने कहा।

"आन्टी ये ठंडा खायेगा क्या?" एन्सी।

"यह क्या है?" मिसेज भट्ट।

"मालूम नहीं, इसे शायद रस मलाई कहते हैं।" कैथी ने कहा।

"नहीं मुझे इच्छा नहीं है। धन्यवाद, आप ही खायें," विनम्र स्वर में मिसेज भट्ट ने आगे कहा, "पर यह किस खुशी में खाई जा रही है।" मिसेज भट्ट पुनः बोली।

"ये डॉ. साहिल खिला रहे हैं। उनकी सगाई हो गयी है।" सुरेखा ने उत्तर दिया।

"क्यों डॉक्टर?" मिसेज भट्ट ने प्रश्न सूचक स्वर में कहा।

"हाँ मैडम, यह ठीक है," डॉ. साहिल ने कोमल स्वर में उत्तर दिया।

"अच्छा आंटी, आप क्या लिखती हैं?" सुरेखा ने जिज्ञासु स्वर में पूछा।

"हाँ थोड़ी बहुत लेखनी चला ही लेती हूँ" मिसेज भट्ट ने उसकी जिज्ञासा शान्त की।

"मैंने सुना आप कहानी भी लिखती हैं।" एन्सी ने प्रश्न किया।

"कभी-कभी कहानी भी लिखती हूँ।" मिसेज भट्ट

"आन्टी, एक बात कहूँ।" एन्सी।

"कहो, एक नहीं जितनी बातें कहना चाहती हो कहो," मिसेज भट्ट ने मीठे स्वर में उत्तर दिया।

"क्या आप मेरे पर कहानी लिखोगी?" एन्सी ने गम्भीर स्वर में पूछा तो मिसेज भट्ट के उत्तर देने से पूर्व ही सुरेखा ने विनोदी स्वर में कहा, "तेरे बारे में लिखने को है ही क्या? झट बड़ी हुई पट पढ़ी और अब सैंडिल खटखटाती नर्स बनी फिरती है।"

"तुझे क्या? तू तो यूँ ही हँसती रहती है। पर मैं चाहती हूँ आंटी मेरे पर एक स्टोरी लिखे," रुष्ट स्वर में एन्सी बोली। मिसेज भट्ट व डॉ. साहिल दोनों की नोक झोंक का आनन्द ले रहे थे। सौभाग्य से आज नर्सिंग होम में मिसेज भट्ट के अतिरिक्त और कोई रोगी नहीं था। अतः वातावरण में पर्याप्त निश्चिन्तता थी। सोई-सोई रात्रि के जगे-जगे एहसास में सब मग्न मन बतिया रहे थे।

"मैडम, मैं भी आपकी लिखी कहानी पढ़ना चाहता हूँ।" साहिल ने कहा।

"क्या आप हिन्दी जानते हैं?" आश्चर्य मिश्रित स्वर में मिसेज भट्ट ने कहा।

"क्यों नहीं? मैं हिन्दी मीडियम स्कूल में लखनऊ में पढ़ा हूँ।" डॉ. साहिल ने शिष्ट स्वर में आगे कहा, "हिन्दी से मुझे विशेष लगाव भी है और मुझे हिन्दी का कथा साहित्य बहुत पसन्द भी है।"

"सुनकर बहुत प्रसन्नता हुई।" मिसेज भट्ट ने कहा।

"पर आंटी, आप मुझ पर तो जरूर स्टोरी लिखना। जब मैं मर जाऊँगी तो घरवाले भी उस स्टोरी को पढ़-पढ़ कर मुझे याद करेंगे। हाय! तब कितना मज़ा आएगा हाँ!" एन्सी न जाने क्या-क्या बोलती चली गयी। बित्ते भर की छोकरी की बातें सुनकर मिसेज भट्ट उद्विग्न सी हो गयीं। उन्हें क्या मालूम था कि विश्वविधाता ही एन्सी के मुख से बोल रहा था।

"शुभ-शुभ बोल, एन्सी, ऐसे नहीं कहते," मिसेज भट्ट ने उसे समझाना चाहा।

"तो कैसे कहते हैं? आन्टी मौत से डरना क्या वह तो इक दिन आती ही है।" एन्सी ने स्पष्ट स्वर में कहा।

"हाँ, वह एक दिन आती है पर वह तब ही अच्छी होती है जब वह ठीक समय पर ठीक पात्र को चुनती है।" शान्त स्वर में मिसेज भट्ट बोलीं।

"पर आंटी गॉड के तो अपने ही कानून हैं ना। वह हमारी मरज़ी से थोड़ी ना चलता है।" एन्सी।

"अब बस भी कर एन्सी," सुरेखा ने उकताये स्वर में आगे कहा, "क्या बात करने को और कोई बात नहीं है।"

"है क्यों नहीं?" एन्सी।

"देखो, तुम सब सिस्टर्स मेरे घर खाने पर आना। मैं आप सबको कश्मीरी 'नान वेजिटेरियन' खाना खिलाऊँगी और हाँ, डॉ. साहिल आप भी आना। मैं घर जाकर कुछ ठीक होने के बाद बुलाऊँगी आप सबको।" मिसेज भट्ट ने उठते हुए कहा।

"शुभ रात्रि मैडम," डॉ. साहिल ने शिष्ट स्वर में कहा तो दोनों सिस्टर्स ने भी उसका अनुसरण किया।

'अस्पताल का वातावरण देख कुमकुम भट्ट को ऐसा नहीं लगता था कि भारत में जातिवाद ही सर्वोपरि है? हाँ, थोड़े बहुत बर्तन तो हर रसोई घर में खटकते हैं। कितने मेल से रहते हैं ये लोग। डॉ. साहिल मुस्लिम हैं एन्सी क्रिश्चियन तो सुरेखा हिन्दू। काश! कि सम्पूर्ण भारत में सब जातियाँ मिल जुलकर बन्धु बान्धवों तुल्य रहें तो जातिवाद का यह विष अपने आप ही अमृत बन जाए व भारत की जड़ें खोखली होने से बच जाएँ। अस्पतालों के अतिरिक्त मुम्बई की चलचित्र नगरी के वासी भी भ्रातृभाव का अनुपम उदाहरण हैं। कैसे स्नेह पगे वातावरण में मग्नमन तीनों मिलकर खा रहे थे और हँस बोल रहे थे। जितने मग्नमन वे आनन्द मनाते हैं उतनी ही तत्परता से कर्तव्य का पालन भी मिलकर करते हैं। रोगी का आधा रोग तो स्नेही स्पर्श व मिश्रीमण्डित स्वर ही हर लेते हैं...' ऐसा सोचते हुए मिसेज भट्ट निंदिया रानी की गलियन में विचरण करने लगीं।

लगभग सात दिन मिसेज भट्ट ने नर्सिंग होम में रहीं। जब उन्होंने नर्सिंग होम छोड़ा तो मन पुलकित हो उठा नर्सिंग होम के प्रत्येक प्राणी की कर्त्तव्य परायणता देखकर। जब वह अपने घर आईं तो तन मन पहले से अधिक स्वस्थ था।

शनैः-शनैः बीस दिन व्यतीत हो गये और फिर एक मास। मिसेज भट्ट समय-समय पर नर्सिंग होम में दिखाने जाती रहीं। औषधि के नियमित सेवन और अनुशासित जीवन ने उन्हें शीघ्र स्वास्थ्य लाभ करवा दिया। दो मास बीत चुके थे। एक शनिवार रात्रि भोजन पर उन्होंने नर्सों को बुलाया। डॉ. साहिल जूही व कैथी

उस दिन रात्रि ड्यूटी पर थीं। अतः लीला, सुरेखा, एन्सी व नीना ही खाने पर आयीं। कश्मीरी रोगनजोश, कीमे के कोफ्ते, साबुत पत्ते की पालक का साग व दही डली मूली की चटनी, सब ने अत्यधिक चाव के साथ खाई।

"आंटी ये रोगन जोश कैसे बनता है?" एन्सी।

"हाँ, आंटी, बताइए, हम भी बनायेंगे।" सुरेखा ने ठुनकते हुए कहा।

"हाँ-हाँ, बताती हूँ। मांस के बड़े-बड़े टुकड़े कटवाए जाते हैं। घर लाकर उन्हें भली प्रकार धोकर एक कड़ाही में तेल गर्म कर लो और जब तेल अच्छी तरह गर्म हो जाए तो एक कटोरी दही में कश्मीरी लाल मिर्च भली प्रकार मथकर डाल दो। वह जब पूरी तरह पक जाए तो मीट के टुकड़े डालकर लाल होने तक तलो और कुछ घुली हुई हींग के कतरे डाल दो। तलने के पश्चात् पीसे गर्म मसाले, सौंफ, सोंठ, नमक डाल कर भली प्रकार मिला दो और थोड़ा पानी डाल दो। मीट अच्छा हुआ तो दस मिनट में कुकर में पक जाएगा, नहीं तो अधिक से अधिक पन्द्रह मिनट लेगा।'' ऐसे ही वार्तालाप करते हुए भोजन समाप्त हुआ और सबने प्रसन्नचित्त मिसेज भट्‌ट से विदा ली।

एन्सी अति प्रसन्न थी। उसने एक छोटे से घर का जो मेघ मालाओं की छाँव में बना होगा स्वप्न सँजो रखा था। वह तत्परता से अपने ड्यूटी निभाती तथा नियत समय पर अपनी अन्य दिनचर्या निपटा अपने प्रियतम को मिलने जाती। कभी प्रणयी युगल इंडिया गेट जाता तो कभी कुतुबमीनार। कभी पुराना किला देखते तो कभी जन्तर-मन्तर अर्थात रुपहले सुनहरे दिवस बीत रहे थे। आगामी दस फरवरी को एन्सी का विवाह था। शनैः-शनैः समय व्यतीत होता जा रहा था। प्रतीक्षा के पल समाप्त होने वाले थे। जगमग-जगमग आशा के दीप लिए स्वर्ण मंडित दिवस व रजत मंडित रात्रि की वेला अब अधिक दूर नहीं थी। ऐसा एन्सी सोचती थी। कुमकुम के घर भी कभी-कभार वह व अन्य नर्सें आती जाती थीं। इन सब प्रवासिनियों को कुमकुम एक आत्मीय स्वजन से कम नहीं लगती थी। एन्सी ने उसे भी अपने विवाह में आने का निमन्त्रण दिया था। दस फरवरी को एन्सी का विवाह था। वह एक सप्ताह पहले बीस दिवस का अवकाश लेकर घर चली गयी। घर जाने से एक रात पहले सबने मिलकर भोजन तैयार किया। कुमकुम को भी बुलाया और सबने मिलकर भोजन किया।

फिर आरम्भ हुआ गाना बजाना। आनन्दी सुरेखा ने तो समाँ ही बाँधकर रख दिया। वह नाचने में दक्ष थी और सुजाता गाने में। दोनों ने अपनी-अपनी कला का खुलकर प्रदर्शन किया। केरल की कन्या सुरेखा ने पंजाबी के सुप्रसिद्ध लोक गीत–कुट कुट बाजरा मैं कोठे उते पानि आं हाय मां मेरिये मैं कोठे उते पानि आं..... पर जमकर नृत्य किया और सुजाता ने अपनी पुष्ट हथेली की थाप दे-देकर भली प्रकार संगत देते हुए अपने तीखे मीठे स्वर से वहाँ रंग जमा दिया। रतजगा रात्रि के तीन बजे तक चलता रहा। भाँति-भाँति के गीत संगीत से घर महक उठा।

तत्पश्चात् सभी सखियाँ बतियाते हुए निंदिया रानी संग दूर-दूर गलियों में विचरण करने लगीं। कुमकुम को भी उन्होंने मध्य रात्रि से पूर्व नहीं छोड़ा था। दूसरे दिन एन्सी को भाव भीनी विदाई दी गयी व उसके मंगलमय विवाहित जीवन की कामना की गयी।

ग्यारह फरवरी को सुरेखा ने कुमकुम से दूरभाष पर बात की–

सुरेखा–हैलो

कुमकुम–हैलो, मैं कुमकुम बोल रही हूँ।

सुरेखा–आंटी, समझ में नहीं आता आपको कैसे बताऊँ?

कुमकुम–क्यों, क्या बात है? जल्दी बताओ सुरेखा।

सुरेखा–आंटी, एन्सी....एन्सी...

कुमकुम–क्या हुआ एन्सी को। शीघ्र बताओ।

अवरुद्ध कंठ से सुरेखा बोली–"आंटी, एन्सी नहीं रही।"

दिशा ज्ञान विहीन सी कुमकुम सप्रभ स्वर में चीत्कार कर उठी, "क्या कह रही हो? सुरेखा, कल तो उसका विवाह था?"

"विवाह तो अवश्य हुआ पर विवाहित जोड़े ने घर पहुँचने से पहले ही मृत्यु को गले लगा लिया। विवाह होने के बाद गिरजाघर से जब वे लोग गाड़ी में बैठकर घर की ओर रवाना हुए तो एक पियक्कड़ ड्राइवर ने नशे की झोंक में अपनी टैम्पो उनकी मारुति पर चढ़ा दी। दूल्हा तो घटनास्थल पर ही मर गया और एन्सी ने अस्पताल में जाकर सदा के लिए आँखें बन्द कर लीं। इधर नर्सिंग होम में भी सब हैरान परेशान हैं। यह भगवान का कैसा न्याय है। मन बहुत ही परेशान है। मैंने सोचा आपको भी बता दूँ। अच्छा, आंटी, फोन बन्द करती हूँ।"

किंकर्तव्यविमूढ सी कुमकुम रिसीवर हाथ में थाम कर बैठी दूर शून्य में निहारने लगी। उसके अन्तःकरण में एक अंधड़ सा चल रहा था, "या संसार के रचयिता यह कैसा तेरा न्याय है। एक कली को खिलने से पहले ही धूल में मिला दिया। असंख्य स्वप्न लिए पथ के मध्य ही उसकी आशाओं की आकांक्षाओं की धज्जियाँ उड़ा दीं। क्या बीत रही होगी उन अभागे माता-पिता पर जो डोली सजाते जाते अर्थी सजाने के लिए विवश हो गये। हे! विधाता मृत्यु तो एक दिन हर प्राणी को आती है पर मृत्यु आप समय पर सब को दें तो कितना अच्छा हो। न कोई हृदय इतना हाहाकार कर उठेगा और ना कोई नयन इतना नम होगा।" सम्पूर्ण रात्रि कुमकुम ने नयनों में ही काटी। निद्रारानी तो दूर अति दूर निकल गयी थी। मन की गलियों में कुमकुम कभी इधर तो कभी उधर भटकती रही। दूसरे दिन कुमकुम भी नर्सिंग होम गयी। एन्सी को श्रद्धांजलि अर्पित की गयी। डॉ. संयोग ने अवरुद्ध कंठ से एन्सी की निष्ठा, परिश्रम, लगन इत्यादि गुणों की प्रशंसा करते हुए दिवंगत आत्मा की शान्ति निमित्त प्रार्थना की। हर नयन नम था और हर हृदय भारी। हर मुख वीरान था और हर वाणी मूक। बोझल मन से कुमकुम भी घर

आ गयी।

संसार चलता है चलता रहेगा। न राजा निमित्त रुकता है न रंक निमित्त। शून्यता ने पूर्ण रूपेण कुमकुम के मन में डेरा डाल लिया। मन अत्यधिक व्याकुल था एन्सी की असमय मृत्यु पर। एक दिन सन्ध्या समय कैंथी, सुरेखा और लीला कुमकुम को मिलने आयीं तो उनके साथ एक अपरिचित बाला भी आयी। एन्सी के विषय में बात होने लगी तो कुमकुम के नयम भर आये–

"जितना जीवन मिला एन्सी ने उसे भरपूर जिया। कर्म व कर्तव्य में विश्वास रखा। यदि मानव यही सोच ले कि एक दिन तो उसने मरना ही है तो वह हाथ पर हाथ रखकर बैठ जाए। मरना तो निश्चित है ही पर कायर मृत्यु से पूर्व ही मर जाते हैं। जबकि कर्मयोगी कर्म में विश्वास रख उसका पालन करते हैं व जीवन को पूर्ण रूपेण जीते हैं और जीवन भी तो चलने का नाम ही है न सो चलते ही रहना चाहिए।" वह नितान्त अपरिचित बाला भाषण दिये जा रही थी व कुमकुम उसे अपलक निहारे जा रही थी। कुछ पल विश्राम निमित्त वह रुकी और पुनः कह उठी, "इसका अर्थ यह नहीं है कि हम अपने परलोकवासी प्रियजन को भूल जाते हैं बल्कि उनकी याद हमें जीवन संघर्ष के लिए एक नयी स्फूर्ति देती है। यह उमंग देती है कि जो काम वह अधूरा छोड़ गया है हम उसे दुगने उत्साह से पूरा करें। वह प्रिय की याद ही क्या जो मानव को कुष्ठरोगी सा गला कर तिल-तिल कर मरने के लिए छोड़ दे। याद तो वह है जो उसके हृदय में बस कर उसे कर्म करने के लिए प्रेरित करे। प्रिय के अधूरे छोड़े हुए कार्य को पूर्ण करने की शक्ति दे। उसे कर्मयोगी बनाये। हमारी एन्सी जीवन को भरपूर जीने में विश्वास रखती थी सो उसको विधाता ने जितना जीवन दिया उसने उसे अच्छी तरह जिया।" कुमकुम अवाक् रह गयी जो जीवन दर्शन बित्ते भर की छोकरी एन्सी की अनुजा लोना ने उसको समझाया उसे समझकर। लोना तीव्र बुद्धि थी एन्सी के स्थान पर संयोग नर्सिंग होम के कर्मक्षेत्र में अब वह उतरी थी अपना कर्म करने निमित्त। भावुक कुमकुम एन्सी की असमय मृत्यु को लेकर समय असमय अब नहीं अकुला उठती थी क्योंकि लोना की सीख ने मन दर्पण पर छाई धुन्ध को धो पोंछ कर दर्पण को साफ स्वच्छ कर दिया। वह स्वयं ही कह उठी, 'वाह! ठीक ही तो कहती है लोना–सबको अपने-अपने कर्मक्षेत्र में सम्पूर्ण निष्ठा व लगन के साथ कर्म करना चाहिए व जितना जीवन मिला है उसे पूर्ण रूपेण जीना चाहिए कर्म करते हुए कर्मयोगी बनकर। वाह री! छुटकी कर्मयोगिनी।'

नूतन प्रभात

"मेघना, जैसे अत्यधिक अमृत विष का कार्य करता है वैसे ही अत्यधिक विश्वास विनाश का कारण बनता है।" मेघना की सखी सुलभा ने उसे समझाते हुए कहा।

"अर्थात्" मेघना ने कृत्रिम आश्चर्य से पूछा। वह उत्तमी के निमित्त दिया हुआ सुलभा का संकेत समझा चुकी थी।

"तुझे अर्थात् की परिभाषा भी अब क्या समझानी पड़ेगी? तूने उत्तमी की गिद्ध दृष्टि पर क्या कभी विचार किया है? कैसे-कैसे वह निहारती है कभी तुझे मानो तेरा सम्पूर्ण अस्तित्व ही निगल जाना चाहती है।" सुलभा की चेतावनी मेघना के उन्मुक्त हास्य में उपहास का विषय बन कर रह गयी। पर आज का सत्य कितना विकृत कटु कसैला है कदाचित शत-शत नीम रस कटोरों से भी अत्यधिक आज के कटु सत्य को जानने से पूर्व हमें कुछ वर्ष पीछे जाना पड़ेगा, जब सुलभा व उत्तमी मेघना के संग विशाल आँगन में बाल्य सुलभ क्रीड़ायें करती हुई खेला करती थीं। मेघना के पितृगृह के विशाल भवन का विशाल आँगन मन भावन क्रीड़ा स्थली थी तीनों सखियों की।

दयामयी अपने नाम अनुरूप ही दया ममता व करुणा की सागर थी। कोई भी दीन हीन कभी उसके द्वार से रिक्त करों से नहीं लौटता था। दयामयी के पति को हृदय रोग ने दो वर्ष पूर्व ग्रस लिया था। ममतामयी नारी अपनी दोनों सन्तानें मेघना व विनोद को वैभव के हिंडोलने में झुला-झुला कर पाल रही थी। अपनी स्व की सन्तान की प्रत्येक इच्छा करतल पर पूर्ण करने के साथ ही साथ वह निर्धन व दलित वर्ग की आवश्यकताओं की पूर्ति हेतु भी सदा तत्पर रहती थी। समाज के इस शोषित वर्ग का जहाँ तक हो सकता हर सम्भव प्रयास द्वारा कष्ट क्लेश दूर करने का प्रयत्न करती।

एक कालिमापूर्ण झंझावात से सहमी सिकुड़ी रात्रि को दया ने परिस्थितियों द्वारा छली गयी हताश क्लान्त प्रेमवती व उसकी अबोध पुत्री को कुछ वर्ष पूर्व आश्रय दिया था। प्रेमवती के अत्यधिक मद्यपान करने वाले पति मोहन का निधन होते ही उसके दोनों धूर्त भाइयों ने उसके खेत हड़प लिये। खेतिहर मजदूरों से दिन भर चाकरी करवाते वे दोनों प्रेमवती के तन-मन से काले देवर व संध्या के धरा पर

अवतरित होते ही बिगड़ैल वृषभ तुल्य लाठी उठाये गाँव भर में हुंकारे मारते फिरते।

गाँव की हर किशोरी उन क्षुधातुर नर पिशाचों की गिद्ध दृष्टि को भली भाँति पहचानती थी। अतः वे अपनी कुशलता इसी में समझती कि वे अपने आँचल समेटे सतर्कता से उनकी कलुषित छाया की परिधि में न आने पाएँ। कपटी महाजन के साथ मिलकर इन मोहन के दुलारे अनुजों ने अक्षर ज्ञान विहीन असमय वैधव्य की ओढ़नी ओढ़े अपनी निस्सहाय, निरुपाय भाभी से अग्रज मोहन के नेत्र मूँदते ही उसके खेतों से सम्बन्धित हर कागज पर अँगूठा लगवा, मोहन के खेत उदरस्थ कर लिये। भीगे नेत्रों से सरल हृदय नारी पति द्वारा छोड़ी हुई समस्त सम्पत्ति स्वयं ही कर कटा, उनको समर्पित कर चुकी थी। अब विस्तृत व्योम के तले वह अकिंचन एक जीर्ण शीर्ण झोंपड़ी की ही स्वामिनी थी। अँगूठा न लगाती तो क्या करती वह विवश नारी? क्या वे तक्षक उसे डसे बिना छोड़ते यदि वह उनकी इच्छा पूर्ण न करती तो।

धीरे-धीरे चार मास व्यतीत हो गये। सोहन व रामकिशोर अपनी कुटिल योजनाओं में लिप्त रहते। दिन भर प्रेमवती खेतिहर मज़दूरों तुल्य खेती में हाड़ तोड़ परिश्रम करती व रात्रि की वेला में रूखा-सूखा खा अपनी अबोध पुत्री उत्तमी के संग सो जाती। जग के पालनहार को लक्ष-लक्ष प्रणाम करती कि उसने उसे झोंपड़ी तो रहने को दी हुई थी और परिश्रम करने को दो हाथ। जब एक रात्रि स्वयं के देवर ही रिश्ते की डोर को स्व करों से टुकड़े-टुकड़े कर, मद्यान्ध हो, उसकी झोंपड़ी का जर्जर द्वार खटकाने लगे और असभ्यता की पराकाष्ठा को भी पार कर शब्द चुन-चुन कर अपनी भाषा को अलंकृत करने लगे तो सम्पूर्ण गाँव श्वास रोके पड़ा था। अब किस ग्रामवीर के वक्ष स्थल पर इतने रोयें थे जो इन लुटेरों के संग लोहा लेता। वो तो भला हो सुरा सुन्दरी का जिसके मद में चूर वे स्वयं ही निढाल हो प्रेमवती की देहरी के बाहर ही गिर पड़े। हृदय को कड़ा कर प्रेमवती ने उत्तमी को वक्ष के साथ चिपका अत्यन्त सावधानीपूर्वक प्रातः चार बजे के लगभग जब दूर मन्दिर में पूजा-अर्चना निमित्त शंखनाद हो रहा था, अपने एक मात्र अवलम्बन को भी त्याग दिया। मद्यान्ध देवर पिशाच चेतना शून्य से अभी भी वृषभ सम पसरे पड़े थे उसकी देहरी के सम्मुख। दिग्भ्रान्त सी प्रेमवती मानो उड़कर गाँव के निकट स्टेशन पर जा पहुँची और जो गाड़ी खड़ी थी उसमें ही चढ़ गयी। क्षणांश में गाड़ी रेंगने लगी तो प्रेमवती ने दीर्घ श्वास छोड़ा। अश्रुपूर्ण नेत्रों से विभावरी को लोप होते व प्रभात को आते एंव उसकी ज्योति में भागते हुए खेत-खलिहानों को निहारने लगी।

तीन दिवस व तीन रात्रि प्रेमवती ने कैसे व्यतीत किये, ये वह भुक्त भोगी नारी ही जान सकती थी। पैसे का चुग्गा डाल इस समाज के लोलुप नर रूपी व्याघ्र उसकी देहयष्टि की एक-एक पर्त मानो अपने क्षुधातुर नेत्रों से उघाड़ कर रख देना

चाहते थे। सम्भवतः निष्ठुर भाग्य को ही उस पर दया आ गयी जो द्वार पर खड़ी दयामयी ने प्रेमवती की शोचनीय स्थिति देख उसे अपने निकट आने का संकेत किया। दयामयी के स्नेहिल स्पर्श से प्रेमवती की अश्रुधारा वेगवती नदी तुल्य बह निकली। आद्योपांत प्रेमवती ने उसे अपनी करुण कथा कह सुनाई। दयामयी ने प्रेमवती को आश्रय दिया। अपने बंगले के पिछवाड़े बने हुए भृत्य निवास में से दो छोटे कक्षों वाला जीवनोपयोगी वस्तुओं से भरपूर एक छोटा सा घर दिया। प्रेमवती को माहेश्वरी परिवार के लिए दोनों समय का भोजन व प्रातः जलपान इत्यादि बनाना होता था। उसने अपने परिश्रम व सेवा भाव से माहेश्वरी परिवार का मन मोह लिया। वह प्रातः दैनिक क्रियाकलाप से निवृत्त हो अपने काम में दयामयी के निर्देशानुसार एकाग्रचित्त हो जुट जाती। उसके निश्छल स्नेह सेवाभाव व अथक परिश्रम ने दयामयी के घर में उसका एक विशिष्ट स्थान बना दिया। प्रेमवती को क्या चाहिए था—रहने को घर, पहनने को वस्त्र व खाने को दो समय भोजन सो उसे उपलब्ध हो गया। दयामयी ने एक राजकीय कन्या पाठशाला में उत्तमी को प्रवेश दिलवा दिया। पाठशाला से घर वापस आने के पश्चात् संध्या समय मेघना, उत्तमी व सुलभा तीनों अपनी किलकारियों से माहेश्वरी आँगन को गुंजारित करने लगीं। इस प्रकार अपने परिश्रम व लगन से प्रेमवती ने अपने तिमिराच्छादित भविष्य को उज्ज्वल बना दिया। उत्तमी का शैशव मेघना के संग निर्विघ्न उल्लासमय वातावरण में व्यतीत होने लगा। रूपमती मेघना जितनी चपल चंचला मानिनी मुखरा थी उससे भी अधिक करुणामयी थी वह। उत्तमी करबद्ध मेघना की सेवा में हर समय प्रस्तुत रहती। वह मेघना की हर इच्छा देवाज्ञा तुल्य पूर्ण करने का प्रयत्न करती। इस प्रकार स्मित हास्य बिखेरते हुए जीवन व्यतीत होने लगा। मेघना प्रसन्न थी कि उसकी हर उचित-अनुचित इच्छा पूर्ण होती थी। उत्तमी प्रसन्न थी कि वह हर सम्भव-असम्भव प्रयास द्वारा मेघना की इच्छा पूर्ति कर उसे सन्तुष्ट रख सकती थी।

समय चक्र अपनी अबाध गति से घूम रहा था। मेघना को नवयौवन ने अपनी जादुई छड़ी के स्पर्श से अत्यधिक लावण्यमयी बना दिया था। मेघना हँसती तो मानो वीणा के तार झंकृत हो उठते। नख से शिख तक विधाता ने मुक्त करों से लुटाया था रूप को इस रूपमती को घड़ने निमित्त। अमूल्य परिधान में सजी धजी मेघना हर अच्छाई-बुराई से दूर अपने ही स्वप्निल संसार में खोई रहती। वह अपनी हर छोटी से छोटी इच्छा के लिए भी उत्तमी पर निर्भर रहती। उत्तमी के हृदय में कहीं ईर्ष्या का बीज बाल्यावस्था में ही रोपित हो चुका था। जो शनैः-शनैः विष वृक्ष का रूप धारण कर चुका था। 'इतना वैभव इतना रूप लावण्य इतनी सुविधाएँ ये सब मेघना के लिए क्यों हैं? उस निमित्त संसार के रचयिता ने कुछ भी नहीं बनाया क्या? वह साधारण रूप रंग वाली क्यों है? वह मेघना की उतरन ही क्यों

पहनती है। वह वैभव के हिंडोले में क्यों नहीं झूलती?' उत्तमी सोचा करती। प्रेमवती के हृदय में भी शल्य की सी चुभन होती उत्तमी की मनोदशा देखकर। यद्यपि वह पुत्री को बहुत समझाती तो भी उत्तमी की समझ में कुछ न आता। वह नागिन सी फुंकार उठती, "चुप रह माँ, तूने तो केवल भाग्य के साथ समझौता करना सीखा है। पर मैं! मैं तो भाग्य को ही बदल के रख दूँगी। हूँ। बड़ी आयी रूप सुन्दरी मेरे पर हुक्म चलाने वाली। उत्तमी, मेरा अलां काम कर उत्तमी, मेरा फलां काम कर और आ, पहन मेरी उतरन, खा वे खाद्यान्न जो रानी जी ने न खाया हो। हाथ में लेकर चल रानी जी द्वारा फेंके गये पर्स। माँ, तू चिन्ता न कर, एक दिन मैं भी राज करूँगी राज और तुझे भी राज करवाऊँगी।" सन्निपात के रोगी अनुरूप बड़बड़ाने लगती उत्तमी तो प्रेमवती सहम कर रह जाती। पर मेघना के सम्मुख यही कटु जिह्वा तीन तार की चाशनी में पग मधुर वचनों का वेद मन्त्रों तुल्य उच्चारण करने लगती।

विधि की विडम्बना देखिये, उत्तमी को ईर्ष्या, द्वेष की आँधी ने इतना अंधा कर दिया कि वह जिस थाली में खाती थी उसी में छेद करने की सोचने लगी। मेघना के एक से बढ़कर एक कीमती परिधान, मुक्त कर से धन व्यय करना व उच्च स्तरीय रहन सहन फूटी आँख न भाते उत्तमी को। 'बस मेरा एक दाँव केवल एक दाँव लग जाए तो इन वैभव शालिनी माँ बेटी का सम्पूर्ण वैभव निकाल कर रख दूँगी। संसारी बिसात पर माँ बेटी को चारों खाने चित न गिरा दिया तो मेरा नाम उत्तमी नहीं, उत्तमी।' क्रुद्ध नागिनी सदृश फुफकार उठी उत्तमी।

आज माहेश्वरी परिवार अति आनन्द मग्न था। मेघना का रिश्ता स्वयं देहली के प्रतिष्ठित व्यवसायी नवीनचन्द्र ने अपने इकलौते पुत्र मन्दार के लिए माँगा था। पुरातन देहली में माहेश्वरी परिवार की चार पीढ़ियाँ लोहे का थोक व्यापार करती आ रही थीं। विधाता ने जैसे मुक्त करों से वैभव लुटाया था इस माहेश्वरी परिवार पर वैसे ही मुक्त करों से मन्दार को शरीर सौष्ठव, कुशाग्र बुद्धि व विद्या प्रदान की थी। यह वीणा धारणी की महान अनुकम्पा थी कि मन्दार ने मकेनिकल इंजीनियरिंग में प्रथम स्थान प्राप्त किया था। तत्पश्चात् एम.बी.ए. की उपाधि भी विशिष्ट स्थान प्राप्त करते हुए विदेश से ली थी। आजकल वह अपने पिता के व्यवसाय में दायाँ हाथ बन कार्य कर रहा था।

एक सुहावनी सन्ध्या हेमलता अपने पुत्र मन्दार व पति नवीन चन्द्र के साथ प्रगति मैदान में औद्योगिक प्रदर्शनी देखने गयी तो उसे वहाँ दयामयी मेघना व प्रेमवती मिली। दयामयी व हेमलता बाल सखियाँ थीं। सर्वप्रथम दया ने ही स्थूलकाय हेमा में अपनी अल्हड़ हेमू को ढूँढ़ निकाला। इस आनन्दमय मिलन के क्षणों में एक दूसरे के परिवार के साथ परिचय प्राप्त किया गया तथा कुछ समय बतियाने के पश्चात् हेमा ने दया के घर शीघ्र आने का वचन दिया। मन्दार की

मुग्ध दृष्टि को हेमा तत्क्षण ही भाँप गयी थी और मेघना भी कैसे भूल सकती थी उन कमल नयना की अनुरागमयी चितवन। मेघना के मन का बावरा पंछी भी न जाने क्यों मन्दार के चहुँओर मँडरा रहा था।

एक सप्ताह पश्चात् मेघना अन्यमनस्क सी अपने कक्ष में बैठी बंकिमचन्द्र, बंगाल के सुप्रसिद्ध कथाशिल्पी के उपन्यास दुर्गेशनन्दनी के पृष्ठ पलट रही थी कि अतिथि कक्ष में कोई अपरिचित स्वर उभरा "क्षमा करना, हम बिना सूचित किये ही आ गये हैं। क्या दया जी घर में हैं?" द्वार खोला था प्रेमवती ने। उसका स्वर सुनाई दिया। "आप बैठिये, मैं उन्हें अभी बुलाती हूँ।" जैसे ही दया ने अतिथि कक्ष में प्रवेश किया तो वह आनन्दित स्वर में चहक उठी। "आओ हेमा आओ, तुम्हें यहाँ देखकर अति प्रसन्नता हो रही है।"

"और कहो, क्या हाल है दया?" हेमा ने भी मधुर स्वर में कहा।

"बस जीवन की गाड़ी चल रही है।" दया।

"चल रही है या दौड़ रही है।" हेमा के इतना कहते ही दया मुक्त कंठ से हँस पड़ी।

"और बताओ, बेटा श्री क्या कर रहे हैं आज कल और वह तुम्हारी गुड़िया कहाँ है?" हेमा के इतना कहने पर मेघना अपने कक्ष में चौंक कर बैठ गयी।

"विनोद तो अपने पिता का बिजनेस ही सँभाल रहा है और मेघना ने अभी दो मास पूर्व चित्रकला में स्नातक की उपाधि ली है।" अतिथि कक्ष मेघना के बनाये हुए अनुपम चित्रों से सुसज्जित था। अकस्मात् हेमा के पति नवीन चन्द्र ने दया से मेघना को मन्दार के लिए माँगा तो दया ने करबद्ध प्रार्थना की "हेमा, मुझे तो हृदय से यह सम्बन्ध स्वीकार है पर अभी विनोद दो दिन पश्चात् कलकत्ता से आएगा तब ही मैं निर्णय कर पाऊँगी कि आगे क्या करना है?" नवीन चन्द्र अत्यधिक प्रभावित हुआ था मेघना द्वारा निर्मित चित्र अतिथि कक्ष में देखकर। सो सुघड़ सुपात्री देख अपने पुत्र निमित्त माँग ली दया से।

"दया, किसी औपचारिकता में मत पड़ो। तुम्हारी हीरे की कणी तो हम पहले ही माँग चुके हैं। विश्वास रखो, ममता व स्नेह के उसी हिंडोले में उसे मैं भी अपने घर झुलाऊँगी जिसमें तुम उसे झुला रही हो। शेष हमें कुछ भी नहीं चाहिए। अपनी बिरादरी में तो वैसे ही लेन-देन के लिए अपकीर्ति पताका लहराती है।" दया को स्पष्ट शब्दों में नवीन की इच्छा देखते हुए हेमा ने कहा। पुत्र की इच्छा तो वह प्रथम दिवस ही। मेघना से मिलन की घड़ी में उसके नेत्रों से जान चुकी थी।

जैसे ही दया ने मेघना से विवाह की बात की तो उसके झुके नेत्रों में कामना की भाषा पढ़ ली। अन्धा क्या चाहे दो नेत्र—उल्लसित हृदय क्या चाहे—आनन्द का स्रोत सो मेघना को मिल ही गया। विनोद के देहली से आते ही विवाह की तिथि निश्चित कर दी गयी। ठीक एक मास पश्चात् मन्दार व मेघना प्रणयसूत्र में

बँध गये। बरातियों का हृदय खोल कर स्वागत किया गया। जल के स्थान पर शीतल पेय की बोतलें व विभिन्न प्रकार के फलरस रखे गये। भोजन व मिष्ठान के विषय में क्या कहना—षट्रस परिपूर्ण, अति स्वादिष्ट व्यंजन पाक कला विशेषज्ञ हलवाइयों ने अपना पूर्ण कौशल दिखाते हुए ऐसे पकाये कि पंडाल में पग धरते ही उनकी मह-मह करती महक क्षुधा को द्विगुणित कर जाती। दामी असल जरी की बनारसी साड़ी व हीरे जवाहरात जड़ित आभूषणों से अलंकृत मेघना प्रिय के द्वार जा पहुँची। चहुँदिक् उल्लास, उत्साह व आनन्द का साम्राज्य था। अमावसी अन्धकार था तो केवल उत्तमी के मन में। उत्तमी के हृदय पर विवाह का हर क्रियाकलाप लक्ष-लक्ष घाव किए जा रहा था। उसका अंतर्मन घायल सिंहनी सदृश था, पर उसने स्वयं के मनोभाव संयम का चाबुक मार-मारकर साध रखे थे। मेघना की दृष्टि में तो उत्तमी उसकी सखी-सहेली अग्रजा अनुजा सब कुछ थी, सब कुछ। मेघना का श्वसुर गृह में हार्दिक अभिनन्दन हुआ। स्वर्णिम दिवस व रजतमयी रात्रियाँ व्यतीत करने लगी सौभाग्यशालिनी मेघना।

प्रेमवती ने हाड़-तोड़ परिश्रम किया मेघना के विवाह में। उसकी मुक्त कंठ से जब घरातियों व बरातियों दोनों ने प्रशंसा की तो वह गद्गद हो उठी। दो-तीन मजनूं नुमा युवक तो उत्तमी का आँचल थामने को भी आतुर थे पर सजग सतर्क उत्तमी ने ऐसा अवसर ही नहीं आने दिया जो किसी अप्रिय घटना को निमन्त्रण देता। ऐसे अवसर पर वह किसी कुशल अभिनेत्री तुल्य विनम्रता प्रदर्शित करते हुए उस प्रसंग को ही परिवर्तित कर देती तथा उन मजनूं नुमा नायकों के लिए कुछ न कुछ लाने हेतु वहाँ से चल देती। फिरकनी सी घूमती उत्तमी भी माँ के संग विवाह के कार्य कर रही थी। उसकी वाक्पटुता व कार्यक्षमता देख एक-दो खोटे सिक्कों के जनकगण भी उसे अपनी पुत्रवधू बनाने को लालायित हो उठे। पर जैसे ही उन्हें मालूम हुआ कि माँ पुत्री माहेश्वरी परिवार की दया पर जीवन व्यतीत कर रही थीं तो जैसे ही कामना का ज्वार उन्हें चढ़ा था वैसे ही उतर गया। वाह रे! भारतीय पुत्र के जनक गण सम्भवतः दहेज का चुग्गा चुने बिना आप पुत्र का विवाह ही नहीं कर सकते। प्रेमवती के लिए यह स्थिति अति वेदनामयी थी। दया ने उसे आश्वासन दिया कि वह उत्तमी के लिए स्वयं ही योग्य वर खोजेगी और स्वयं ही उसका विवाह सम्पन्न करवायेगी तो प्रेमवती के नेत्र कृतज्ञता से भर उठे।

प्रेमवती ने दयामयी के द्वारा दिया गया सोने का हार जब उत्तमी के करतल पर रखा तो उसने धरा पर पूर्ण शक्ति से पटक दिया उस स्वर्ण हार को और अपमानित नारी सदृश चीत्कार उठी। प्रेमवती ने उसे करबद्ध चुप रहने का संकेत किया तो धीमे पर विषैले स्वर में वह बोली, "बड़े आये रईसजादे सोने का हार देने वाले। इस नाजों पली का दर्प चूर्ण मैंने न किया तो मैं उत्तमी नहीं। मुझे दो टके की बाँदी समझती है क्या। इसे तो मैं सीधा करूँगी।" और वह लीन हो गयी

अपनी विचारधारा में। किसी विषैली चाल को परिणाम देने के लिए धधक उठी उसके हृदय के कलुषित भावों की ज्वाला। उसने मन ही मन कोई दृढ़ संकल्प किया और उठकर अपने कक्ष में चली गयी।

आजकल उत्तमी की मन्दार पर विशेष कृपा थी। वह मन प्राण से उसकी हर इच्छा पूर्ति के लिए तत्पर रहती। हर समय उत्तमी का मेघना के घर आना और उसके कक्ष में बैठे रहना मन्दार को तनिक भी न भाता था। जब अत्यधिक औदार्य से उत्तमी अपना आँचल गिरा मन्दार से लहरा-लहरा कर अमर्यादित व्यवहार करती तो मन्दार कुपित हो उठता। मेघना हँसकर बात टाल देती तो मन्दार की मांस-मज्जा तक दग्ध हो उठती। ''मेघना, उत्तमी को इतना बढ़ावा देना ठीक नहीं है। उसका अशोभनीय व्यवहार मुझे तनिक भी नहीं भाता।'' एक दिन मन्दार ने क्रोधित स्वर में कहा।

मेघना ने लाड़पूर्ण स्वर में उत्तर दिया, ''मन्दार, मन्दार, आप उत्तमी को समझ नहीं पाये। वह तो मेरे पूर्व जन्म की बहिन है। उसके अर्पण में तो केवल उत्सर्ग ही उत्सर्ग है। आप से तनिक मेरी बहन होने के नाते हँस बोल लेती है तो आप इसको भी अन्यथा लेते हैं।''

मन्दार ने क्षुब्ध व व्यंग्यपूर्ण स्वर में कहा, "कह दो अपनी लाडली भगिनी से कि मेरे पथ में कभी न आया करे। मुझे उसका छिछोरापन देखकर घृणा होती है। जिस दिन यह उत्तमी तुम्हारे पितृगृह में कुछ अति उत्तम घटित करवायेगी उसी दिन तुम्हारे नेत्र खुलेंगे।" इतना कहकर मन्दार क्षुब्ध हृदय लिये स्नानगृह में चला गया। मेघना नतमुखी आहत मन लिये वहीं बैठी रह गयी और उत्तमी को मेघना के कक्ष की ओर बढ़ते हुए पग धरा में धँसते हुए प्रतीत हुए जब उसने मन्दार की व्यंग्यपूर्ण बातें सुनीं तो दीर्घ श्वास छोड़ते हुए जैसे आहट किए बिना उत्तमी आयी थी वैसे ही वापस लौट गयी। वह मन ही मन जगत के रचयिता को धन्यवाद दे रही थी कि समय रहते ही वह मन्दार की मनोवृत्ति से परिचित हो गयी अथवा कितनी अशोभनीय स्थिति हो जाती जब वह मन्दार को स्पष्ट शब्दों में कहती कि वह उसके बिना आधी अधूरी है। एक विद्रूप भरी मुस्कान आ गयी उत्तमी के मुख पर।

पुत्री का सुखमय दाम्पत्य जीवन देख दयामयी को परम सन्तोष का अनुभव होता था। वह अपना अधिक समय पूजा पाठ में व्यतीत करने लगी या समाज सेवा में रुचि लेती। घर की सम्पूर्ण देखभाल का दायित्व उसने प्रेमवती व उत्तमी को सौंप रखा था। दयामयी तो उत्तमी को पुत्री तुल्य ही स्नेह करती थी पर उत्तमी के अन्तर्मन में कुछ और ही था। उस छलनामयी का वास्तविक रूप स्नेह के मोटे पर्दे से ढके नेत्र न पहचान सके। दयामयी ने कई परिचितों को उत्तमी के लिए योग्य वर व विनोद के लिए योग्य वधू ढूँढ़ने को कहा हुआ था। पर अभी तक

उसके अभीष्ट की सिद्धि नहीं हुई थी।

घर की ओर से दयामयी की विमुखता ने उत्तमी को अपना जाल फैलाने का अति उत्तम अवसर प्रदान कर दिया। आजकल वह विनोद की छोटी से छोटी इच्छा को पूर्ण करने हेतु शत-शत प्राणों से न्यौछावर हो-हो जाती थी। वह अति सावधानी पूर्वक एक-एक पग बाट की पहचान कर धरती थी। वह यत्नपूर्वक उसके कक्ष को सजाती-सँवारती। विनोद कब कैसे वस्त्र पहनता है, क्या खाता है इत्यादि विनोद के एक-एक क्रियाकलाप पर निरन्तर दृष्टि रखती थी। स्वयं करों से विनोद के वस्त्र धोती, प्रेस करती व जूते पालिश करती। यदि कभी विनोद उसे टोकता भी तो अत्यन्त शालीन स्वर में उत्तर देती, "यह तो मेरा घर है। घर का कार्य करना मुझे बहुत अच्छा लगता है। घर का काम करने में कैसी लज्जा?" उत्तमी का एक-एक शब्द तीन तारी चाशनी में पगा होता। प्रेमवती पुत्री की गृहकार्य में रुचि देख पुलकित हो-हो जाती। यदि दयामयी कभी उत्तमी के क्रियाकलाप की ओर ध्यान देती भी तो परम सन्तोष का अनुभव करती कि जिस घर में यह कन्या जाएगी उसे जगमगा देगी। कई बार मेघना ने उत्तमी को उसके घर न आने के कारण टोका तो वह मेघना को स्नेहिल स्वर में कहती, "मेघना, अपने घर में दिल लगा मेरी गुड़िया? मैं वहाँ आकर क्या करूँगी? कुँवर जी को मेरा वहाँ आना नहीं भाता है मेरी बहन, वह सोचते हैं दाल भात में मूसलचंद का क्या काम?" और फिर मुक्त कण्ठ से ऐसे मधुर हास्य बिखेरती कि उसकी मुखानन क्री निर्दोष चावनी मेघना का मन मोह लेती।

विनोद आयु की उस देहरी पर खड़ा था जहाँ मानव स्वप्निल संसार की रचना करता है। उत्तमी के मनोभाव विनोद से छुपे नहीं थे। वह समझता था कि उत्तमी उससे प्रणय करने लगी थी। वह प्रणय जिसका कोई नाम नहीं है। जो प्रसून का वह परिमल है जिससे तन-मन का उपवन ही नहीं अपितु सम्पूर्ण सृष्टि ही सुवासित होती है। उत्तमी की वाकपटुता व सम्पूर्ण उत्सर्ग की भावना ने विनोद का मन मोह लिया। वह उत्तमी के लिए अपने हृदय के अन्तकःक्ष में एक विशिष्ट स्थान अनुभव करने लगा। उसी भावना के वशीभूत हो एक दिवस विनोद उत्तमी के लिए एक सुन्दर सी बहुमूल्य कलई घड़ी ले आया। जब रात्रि समय उत्तमी उसके कक्ष में दूध भरा गिलास लेकर आयी तो विनोद ने कहा, "उत्तम, नेत्र बन्द करो।"

"क्या बात है? आज क्यों नेत्र मूँदने को कह रहे हो?" उत्तमी ने मधुर स्वर में कहा।

"पहले नेत्र बन्द करो तो बताऊँगा।" विनोद।

"लो, बन्द कर लीं आँखें मैंने।" उत्तमी ने ऐसा कहते हुए नयन बन्द कर लिए तो विनोद ने घड़ी का डिब्बा उसके करतल पर रख दिया। उत्तमी ने जब

सुन्दर घड़ी देखी तो धीमे पर मधुर स्वर में बोली, "मेरे पास यह घड़ी है न विनोद बाबू। मुझे इस कीमती घड़ी का क्या करना है? मेरी अमूल्य निधि तो आपका यह मन्दिर जैसा पावन पवित्र घर ही है। अतः केवल एक ही कामना शेष है मेरे मन में कि इस मन्दिर में आपकी सेवा करते हुए आपके चरणों में शेष जीवन व्यतीत कर दूँ।" यह कहते हुए उत्तमी ने विनोद के चरणों पर अपना मस्तक रख दिया। यौवनमयी के प्रथम स्पर्श से झंकृत हो उठा विनोद का तन-मन। उसने आह्लादित हो उत्तमी को अपने चरणों पर से कम्पित करों से कन्धे पकड़ कर उठा लिया। उत्तमी सकुचाई सी, लजाई सी, छुईमुई सी नतमुखी हो खड़ी हो गयी। आवेश में आकर विनोद ने उत्तमी को अपने आलिंगन में ले लिया तो उत्तमी निःशब्द उसके हृदय से लग गयी। विनोद के विवेकी चित्त ने उसे संयम की चाबुक मारी तो विनोद की चेतना लौटी। उसने धीरे से उत्तमी को स्वयं से अलग किया। धीरे-धीरे पग रखती उत्तमी विनोद के कक्ष से बाहर चली गयी।

विनोद के नेत्रों से निंदिया रानी कोसों दूर थी। वह विचार मग्न था, धत् माँ कहाँ-कहाँ ढूँढ़ रही है इस घर की बहू को जबकि उत्तमी जैसी सर्वकला सम्पूर्ण लड़की तो घर में ही विराजमान है और हमें दिखाई नहीं देता। कितनी गुणी लड़की है यह। कितना ध्यान रखती है उत्तमी इस माहेश्वरी सपूत व घर का। अच्छा सा अवसर देख माँ से शीघ्र ही बात करूँगा। इतना निश्चय्र कर विनोद निद्रा देवी का आह्वान्न करने लगा और शनैः-शनैः निंदिया रानी की गलियों में विचरण करने लगा।

दूसरे दिन ही विनोद को व्यवसाय सम्बन्धी आवश्यक कार्य सम्पन्न करने हेतु बम्बई जाना पड़ा। जब वह दस दिवस पश्चात् वहाँ से लौटा तो उसे माँ घर पर दिखाई नहीं दी। विनोद ने कोमल स्वर में उत्तमी से पूछा, "उत्तम, माँ कहाँ है?"

"अपने गुरुजी से मिलने हरिद्वार गयी हुई हैं।" उत्तमी ने संक्षिप्त सा उत्तर दिया।

"कब गयी थीं?" विनोद।

"गुरुवार को ही गयी थीं।" उत्तमी

"कब तक लौटेंगी?" विनोद।

"नहीं मालूम कब तक लौटेंगी। सम्भवतः सात-आठ दिन और लग जायेंगे।" उत्तमी ने अन्यमनस्क से स्वर में कहा।

"क्या बात है? आज कुछ उद्विग्न दिखाई दे रही हो।" विनोद ने व्याकुल स्वर में कहा।

"विनोद बाबू, आप कहीं न जाया करें। आपके बिना बिल्कुल अच्छा नहीं लगता।" उत्तमी ने उदास स्वर में कहा।

"अच्छा, प्राणप्रिया मैं कहीं नहीं जाया करूँगा।" विनोद ने नाटकीय मुद्रा में

पर उल्लसित स्वर में कहा तो उत्तमी भी हँसे बिना न रह सकी।

"उत्तम, माँ जब हरिद्वार से आएगी तो मैं अपने विवाह की बात उससे करूँगा।" चहकते हुए विनोद ने कहा।

"ऐसा भूलवश भी न करना।" उत्तमी ने गुरु गम्भीर स्वर में कहा।

"क्यों?" विनोद का जिज्ञासु स्वर गूँजा।

"माँ जी, कभी भी नहीं हामी भरेंगी इस विवाह के लिए। कहाँ राजा भोज कहाँ गंगू तेली। कहाँ मैं धरा की धूल व कहाँ तुम अम्बर के चमकते चन्द्र? कहाँ मैं अनाथ विवश, पराधीन आपके ही टुकड़ों पर पलने वाली व कहाँ आपका माहेश्वरी घराना? माँ जी भी तो यह जानती हैं कि घर में ही एक युवा कन्या है फिर क्यों वह आप व मेरे निमित्त दूसरे वर खोज रही हैं नहीं-नहीं वह कभी भी नहीं मानेंगी और समाज..."

"मैं परवाह नहीं करता समाज-वमाज की।" व्याकुल स्वर में विनोद ने उत्तर दिया।

"समाज में रहकर समाज की मान्यताएँ माननी ही पड़ती हैं। मुझे वचन दो जैसा मैं कहूँगी वैसा करोगे। मुझे वह मार्ग मालूम है जिस पर चलकर हम अपने लक्ष्य को पा सकते हैं।" उत्तमी ने विनोद के नेत्रों में झाँकते हुए कहा।

"अच्छा बाबा, वचन देता हूँ। अब बताओ कैसे समाधन होगा इस समस्या का?" उत्सुक स्वर में विनोद बोला।

"अभी नहीं, अभी तनिक धीरज धरो। रात्रि को भोजन के पश्चात् बताऊँगी।" उत्तमी ने अपने भृकुटी विलास से उसको लक्ष्य बनाते हुए मिश्री मंडित स्वर में कहा।

उत्तमी उस घर की केवल वधू ही नहीं बनना चाहती थी अपितु चाहती थी विनाश, महाविनाश माहेश्वरी घराने का। वह धूल-धूसरित करना चाहती थी उस घर की मान मर्यादा को। 'अब पता चलेगा बच्चू को उच्च कुल की वधू बनने का जब भाई की राख उड़ेगी गली कूचों में। बड़ी आयी कपटी बुढ़िया दया-दृष्टि डालने वाली। अपनी बेटी को तो अमीरजादे के साथ ब्याहेगी और मेरे लिए ढूंढ़ेगी कोई क्लर्क या मुनीम।' अपनी निर्धनता को लेकर उपजा आक्रोश वह इस परिवार को धूल चटा शान्त करना चाहती थी। बालपन से जो धनवानों के प्रति उपजी उद्दाम कुंठायें थीं वे फन फैला स्वयं उसे ही डसने को तत्पर थीं। यह नहीं जानती थी उत्तमी कि उसका प्रतिशोध उसको पतन के गर्त में गिरा कर सदा सर्वदा के लिए उसके भविष्य को घोरतम अन्धकारमय बना देगा।

सजधज के रजनी बाले जब सितारों जड़ित ओढ़नी ओढ़े वसुन्धरा पर अवतरित हुईं तो उत्तमी ने यत्नपूर्ण शृंगार किया और अपना सबसे उत्तम परिधान धारण किया। इधर उत्तमी विनोद को कुछ अधिक ही मदिरापान करने के लिए प्रेरित

करती थी। प्रेमवती से आग्रह करके उत्तमी ने सुस्वादु व्यंजन तैयार करवाये कि विनोद का अमुक-अमुक व्यंजन खाने का मन करता था। भोजन कक्ष में मनभावन सामग्री देख विनोद प्रसन्नचित्त भोजन करने लगा। कुछ खाद्य सामग्री स्वादिष्ट कुछ उत्तमी का आग्रह तथा अत्यधिक मदिरापान ने स्वयं विनोद को ही धराशायी कर दिया। मुग्ध नागिन तुल्य उत्तमी विनोद को निहारने लगी। उसके वक्र अधरों पर एक कुटिल मुस्कान उभर आयी। निद्रा लोक में विचरण करते विनोद के निकट ही वह शैया पर लेटकर स्वप्नों के संसार में सो गयी।

उत्तमी ने प्रेमवती को जानबूझ कर दूध में नींद की गोलियाँ खिला दीं। एक नौकर तो पहले ही छुट्टी पर गया हुआ था दूसरे को भी उत्तमी ने फार्म हाउस पर सोने के लिए भेज दिया था। दयामयी तो परलोक सुधारने हेतु गुरु चरणों में बैठी ही थी। ऐसे में उत्तमी को मनचाहा करने का जो विधाता ने उत्तम अवसर प्रदान किया उसका वह पूर्ण रूपेण लाभ उठाना चाहती थी।

अधिक भोजन करने के पश्चात् विनोद के नयन निद्रादेवी के आह्वान पर वैसे ही मुँदे जा रहे थे। वह शीघ्र सो गया। ऐसे में सपने में विनोद को उत्तमी स्वर्ग की अप्सरा प्रतीत हो रही थी। जिसके भृकुटी विलास में मानो सृष्टि ही विलय हुई जा रही थी। वह निद्रालोक में भी उत्तमी के स्वप्न जाल में फँसा हुआ था।

प्रेमवती तो नींद की गोलियाँ खाने की अभ्यस्त थी तो भी वह प्रातः कुछ देर से उठी। पर जब विनोद दस बजे तक भी न उठा तो प्रेमवती कुछ चिन्तित हुई। उत्तमी ने कहा, "रात विनोद बाबू देर तक अपनी कम्पनी का कार्य करते रहे इसलिए अब तक सोये हुए हैं।"

"बेटे मुझे तो बाजार जाना है।" प्रेमवती ने विवशता से कहा।

"माँ तुम बाजार जाओ। जब विनोद बाबू उठेंगे तो मैं उन्हे जलपान दे दूँगी। हाँ, बाजार गाड़ी ले जाओ। ड्राइवर आया हुआ है।" प्रेमवती को शीघ्र अति शीघ्र बाजार भेज, उत्तमी कुटिल मुस्कान मुस्काई। सर्वप्रथम उसने अपने बाल बिखेरे और तत्पश्चात् उच्च स्वर में विलाप करने लगी। उत्तमी का करुण क्रन्दन सुन विनोद का नशा हिरण हो गया। वह दिग्भ्रान्त सा उठ बैठा।

"उत्तम, क्यों रो रही हो?" विनोद ने व्याकुल स्वर में पूछा।

"विनोद मुझे मझधार में तो नहीं डुबो दोगे? रात तुमने मेरा सर्वनाश कर दिया। अब केवल मृत्यु ही मुझे आश्रय दे सकती है। हाय! विवाह पूर्व ही मेरा सर्वस्व हरण कर लिया तुमने।" उत्तमी चीत्कार कर उठी।

"क्यों बिलख रही हो? उत्तम मैं आज ही तुम्हारे साथ मन्दिर में विवाह कर लेता हूँ। यदि मैं तुम्हारे सम्मुख अपराधी हूँ तो चलो, उठो, अभी मन्दिर चलते हैं।" तनिक क्रोधित स्वर में विनोद बोला।

"यह सब इतना सरल नहीं है जितना आप समझते हैं। मेघना, माँजी, मेरी माँ

व आपके वह मन्दार साहब कभी भी इस विवाह को स्वीकार नहीं करेंगे। हाय! मैं तो लुट गयी। विनोद बाबू।'' दीन हीन याचक तुल्य उत्तमी विलाप करने लगी। विनोद निर्णय ही नहीं कर पा रहा था कि वह क्या करे। क्योंकि अत्यधिक मदिरापान के कारण स्वयं को एक अपराधी समझने के कारण विनोद का मन मस्तिष्क काम ही नहीं कर रहा था। उसे सब कुछ बोझिल सा लग रहा था। ''तो अब क्या करना चाहिए उत्तम?'' विनोद ने उद्विग्न स्वर में कहा।

''अब तो केवल एक ही विकल्प बचा है मेरे पास विनोद। घर में जो आभूषण रखे हैं, वह ले चलते हैं और तुमने कल बैंक से जो दो लाख रुपया निकलवाया है वह भी ले चलते हैं। बम्बई जाकर निर्वाह कर लेंगे। दो-तीन दिन पश्चात् तुम माँ को सूचना भेज देना। वह जब हमें स्वयं घर बुलायें तभी घर आएँगे। हमारे ऐसे विवाह करने से उनका समस्त विरोध भी समाप्त हो जाएगा। बेटा खोने के भय से माँ स्वयं ही मेघना व मन्दार को भी मना लेगी। मैं अपनी माँ को आज कह दूँगी कि मैं आगरा मौसी के घर कुछ दिनों के लिए जा रही हूँ क्योंकि आजकल कालिज में तो ग्रीष्मकालीन अवकाश है ना।" कुशल नटनी की भाँति उत्तमी ने कहा।

ठीक ही कहा गया है जब विपरीत काल आता है तो बुद्धि का विनाश हो ही जाता है। विनोद तो पहले ही सम्पूर्ण विवेक को तिलांजलि दे चुका था। कहते हैं प्रेम अन्धा होता है और इस अन्धेपन के लिए कोई दिशा काल समय निश्चित नहीं होता। जैसे पथिक बाट की पहचान नहीं करता तो अधिक भटकता है लक्ष्यहीन जैसे ठीक वैसे ही पढ़ा-लिखा कुशल व्यवसायी विनोद भी बिन विचारे प्रणय रूपी सागर में कूद पड़ा तथा सब दिशा ज्ञान विस्मृति के गर्त में डाल दिये विनोद ने उस समय।

माँ को चिचौरी कर मना लिया उत्तमी ने कि वह सप्ताह या दस दिन पश्चात् आगरा से वापस आ जाएगी। विनोद उसे बस में बिठा देगा। विनोद ने प्रेमवती को संकेत दिया कि वह स्वयं भी व्यवसाय सम्बन्धी कार्य सम्पन्न करने बम्बई जा रहा है कुछ दिन पश्चात् लौट आएगा।

मग्न गन उत्तमी विनोद के संग बम्बई जाकर एक दामी होटल में ठहरी। महानगर के वैभव को देख उसके नेत्र और अधिक चुंधिया गये। मन में वैसे ही फुलझड़ियाँ चल रही थीं कल की कंगली कल की सेठानी बनेगी। अब मजा आएगा जब बुढ़िया और उसकी बेटी के मुख मेरे सम्मुख काले पड़ जाएँगे। कि सपूत इतना कपूत निकला कि होटल में जाकर ब्याह रचाया इक उनकी ही दया पर जीवित रहने वाली के संग। ओह हो! ओह हो!! मैं किस पचड़े में फँस गयी। मरने दो बुढ़िया को जलने दो उसकी वैभव शालिनी पुत्री को। हूँ! बड़ी आयी मेरी माँ को नौकरानी बनाने वाली। माँ कल से तू सेठानी की माँ होगी सेठानी की और जब उस बुढ़िया की चुटिया पकड़ कर सीधा करूँगी तभी मेरे दग्ध हृदय को शान्ति

मिलेगी। उस मन्दार के बच्चे को भी मैं देख लूँगी। पर विधाता सम्भवतः उस लोक में बैठा अट्टहास कर रहा था। नर के मन कुछ और है नारायण के कुछ और। सत्यतः दूसरे को खाई में फेंकने वाला स्वयं ही खाई में गिरता है।

जिस होटल में उत्तमी व विनोद ठहरे थे उसमें एक युवा दम्पति भी ठहरा हुआ था। जब विनोद विवाह का प्रबन्ध करने गया तो उस युवा दम्पति ने इस उड़न चिड़िया को पहचान स्वयं के चलचित्र में नायिका बनाने का ऐसा चुग्गा डाला कि सारे आभूषण व धन लेकर उत्तमी उस छद्म वेशधारी दम्पति के साथ विनाश की डगर पर चल पड़ी समस्त विवेक व प्रतिशोध की भावना को तिलांजलि दे।

जब विनोद विवाह का सम्पूर्ण प्रबन्ध कर व उत्तमी के लिए नवीन परिधान लेकर लौटा तो होटल का रिक्त कक्ष उसका मुँह चिढ़ा रहा था। कुछ देर तो वह, किंकर्तव्यविमूढ़ सा बैठा रहा। तत्पश्चात् उत्तमी को इधर-उधर ढूँढ़ने निकला। अब किससे क्या पूछे? सम्भवतः घर लौट गयी हो यह सोच तीन दिन भटकने के पश्चात् वह भी घर लौट गया।

विनोद निःशब्द स्वयं के कक्ष में शैया पर जाकर कटे वृक्ष सादृश्य लेट गया। संध्या समय दो दिन पूर्ण ही हरिद्वार से लौटी माँ को सम्पूर्ण वृत्तान्त विनोद ने कह सुनाया तो वह भी पश्चात्ताप की अग्नि में दग्ध होने लगी, ''हाय! मैं क्यों युवा पुत्र को एक युवा कन्या के संग छोड़कर चली गयी। मुझे पहले पुत्र व उत्तमी का विवाह करना चाहिए था। अब मैं क्या करूँ हे अन्तर्यामी! हे माँ भगवती! मेरी सहायता करो माँ। इस भँवर में से निकालो माँ मुझे। पहले तो दयामयी को प्रेमवती पर भी अत्यधिक क्रोध आया पर फिर यह सोच शान्त हो गयी कि जब उस पढ़ी-लिखी ने ही विचार नहीं किया तो यह अकिंचन प्रेमवती अनपढ़ स्त्री क्या कर सकती थी। अपने स्तर पर माँ-बेटे ने उत्तमी की बहुत खोज की। कई बार समाचार पत्रों में भी निकाला, कई प्राइवेट डिटेक्टिव उसे खोजने के लिए लगाए गये पर परिणाम ढाक के तीन पात ही रहा। उत्तमी को न मिलना था न मिली।

पुत्री के वियोग में निरन्तर रुदन से प्रेमवती की नयन ज्योति जाती रही। दयामयी ने उसके नेत्रों की बहुत चिकित्सा करवाई तो वह अभागी एक नेत्र से तनिक देख पाने लगी। समय चक्र अपनी पूर्व गति से चलायमान था। देखते ही देखते दो वर्ष व्यतीत हो गये। एक सुघड़ सुयोग्य कन्या देखकर विनोद का विवाह कर दिया दयामयी ने। विवाह के एक वर्ष पश्चात् विनोद के घर एक देवकन्या सी सौन्दर्यमय कन्या पधारी। विनोद का अपनी पुत्री वाणी व मेघना का अपने जुड़वाँ पुत्रों अभिजात व अभिनव के संग घर आँगन गुंजारित हो उठा। शनैः-शनैः उत्तमी को लोप हुए चार वर्ष व्यतीत हो गये।

एक अस्थि पंजर को कँपा देने वाली शीत कालीन संध्या को क्लान्त म्लान तन-मन लिए उत्तमी माहेश्वरी द्वारे लौट आयी। उत्तमी थी या उसका कंकाल यह

निर्णय कर पाना अत्यन्त कठिन काम था। जब प्रेमवती को मालूम हुआ पुत्री लौट आयी तो उसने दुर्वासा सी क्रोधित हो दुहत्तड़ मार-मार कर पुत्री को अधमरा कर दिया। विनोद व उसकी पत्नी भागे आये व करुण क्रन्दन करती प्रेमवती को यत्नपूर्वक पकड़कर उत्तमी से अलग किया। उत्तमी धरा पर मूर्च्छित पड़ी थी। प्रेमवती को पकड़कर विनोद उसके कक्ष में ले गया और निद्रा लाने वाली औषधि खिला दी। विनोद की पत्नी ने अबेर किये बिना गृह चिकित्सक को दूरभाष पर आने के लिए कह दिया।

उत्तमी को आये तीन दिवस व्यतीत हो चुके थे। अब वह अपने को पहले से कहीं अधिक स्वस्थ महसूस कर रही थी। जलपान पश्चात् नयनों से नीर बहाते हुए उत्तमी ने अपनी सम्पूर्ण कथा—कैसे धूर्त दम्पत्ति ने उसे चलचित्र में नायिका बनाने का झूठा स्वप्न दिखा उसका सर्वस्व हरण कर लिया। उसको टूटने में दो दिवस से अधिक समय न लगा। रात्रि दिवस की नगाड़ों सम धुनाई व अन्न जल विहीन देह ने उसे दो दिवस में ही तोड़ कर रख दिया। और फिर आरम्भ हुआ कभी न रुकने वाला त्रास चक्र। उत्तमी को उस नरक में ढकेल दिया गया जिसके समस्त द्वार अन्दर की ओर खुलते थे। रात्रि दिवस के व्यभिचार ने उसका तन मन जर्जर कर उसे राज रोग उपहार में दे दिया। कितना बड़ा पुरस्कार मिला था उसे अपने अनूठे प्रतिशोध का। अब उत्तमी उन देह व्यापारियों के लिए बोझ बन गयी थी। श्वान जैसे दुत्कार कर उस द्वार से उन लोगों ने उसे खदेड़ दिया। वह कितने यत्न कर पहुँची यहाँ, वह भी अपने में ही एक कथा थी। उत्तमी ने बिलखते हुए दयामयी को आगे कहा, "माँ जी, विनोद बाबू बिल्कुल निर्दोष हैं। मैं ही छलबल से और त्रिया चरित्र दिखा उन्हें फाँस बम्बई ले गयी थी। हाय! वह तो मेरे संग विवाह करने का प्रबन्ध करने गये थे। मैं उस लम्पट दम्पत्ति के छलावे में आ अपना सब कुछ गँवा बैठी। मैं पापिन तो आपसे क्षमा माँगने का भी अधिकार नहीं रखती अब। मुझ पतिता कुल्टा के लिए एक ही स्थान बचा है और वह है—उस जगत पिता का घर। मैं यहाँ केवल आपसे, विनोद बाबू व माँ से क्षमा माँगने आयी हूँ। मैं चौबीस घण्टे पश्चात्ताप की अग्नि में जलती हूँ। मुझे क्षमा कर दो माँ, मुझे माफ़ कर दो।" सन्निपात के रोगी सम उत्तमी प्रलाप करते हुए भरभरा कर धरा पर गिर पड़ी। चिकित्सक के परामर्श अनुसार उत्तमी को अस्पताल में दाखिल करवा दिया गया। माहेश्वरी परिवार ने हर परिस्थिति का धैर्य से सामना किया। लगभग दो मास तक उत्तमी अस्पताल में रही। दयामयी, विनोद, विनोद की पत्नी व मेघना के स्नेहिल स्पर्शों ने व मधुर बेलों ने उसके हृदय का समस्त सन्ताप हर लिया। अब प्रेमवती भी उससे स्नेहपूर्वक बातें करती थी।

चाहे उत्तमी घर आ चुकी थी पर उसकी चिकित्सा अभी भी हो रही थी। एक गुनगुनाते सुहावने प्रातः दयामयी ने उत्तमी के मस्तक पर अपना स्नेह पगा हाथ

रखा। स्नेहिल स्पर्श को अनुभव कर उत्तमी के नेत्रों से गंगा-जमुना की धारा बह निकली। वह पुनः प्रलाप करने लगी, "माँ, मैं पापिनी हूँ। मैंने राहू बन आपके घर को ग्रस लिया है। मैं केवल माहेश्वरी परिवार के बिखरने का, टूटने का नज़ारा अपनी आँखों से देखना चाहती थी। जिस थाली में खाती थी उसमें ही छेद किया जिस डाल पर बसेरा था उसको ही काटा। मुझे माफ़ कर माँ, क्षमा कर... जिसने तन ढाँपने को वस्त्र, खाने को रोटी व सिर पर छत दी, जिसने हाट बाज़ार में प्राण त्यागने से, द्वार-द्वार भटकने से बचाया, उसका ही सत्यानाश चाहा मैंने। कितनी नीच हूँ मैं।" नयनों से निरन्तर नीर बहाती हुई उत्तमी दयामयी के चरणों से लिपट गयी।

दयामयी ने आदेशात्मक स्वर में कहा—"उत्तमी, उठो, तुमने बहुत पश्चात्ताप कर लिया है अपनी मूर्खता पर। अब तुम दीन-हीन याचक नहीं हो अपितु मेरी पुत्री हो। मुझे देवासन पर मत बिठा बेटे। मानव से मानवता की ही आशा करनी चाहिए। पश्चात्ताप की अग्नि में निरन्तर जल प्रायश्चित्त बहुत कर चुकी हो तुम। अब तो तुम अपने जैसी पथ भटकी युवतियों का मार्ग दर्शन करोगी। हम सब तुम्हारे साथ हैं ना, कोई चिन्ता न करो अब। वास्तव में वही प्राणी मनुष्य कहलाने का अधिकारी है जो गलती कर सुधार कर ले।"

"हाँ उत्तम, अपने को हमसे अलग न समझो। अपने भविष्य निर्माण में जुट जाओ। समस्त सुविधाएँ तुम्हें हम उपलब्ध करवाएँ।" विनोद की पत्नी ने धीमे स्वर में कहा।

"अरे दीदी, इतनी दीन-हीन क्यों बनती हो? इतनी ऊँचे उठ जाओ कि हम सब बौने दिखाई दे तुम्हें वहाँ से।" बोझिल वातावरण को सहज करने निमित्त मेघना ने चुहल की।

"उत्तम अपने भीतर छिपी शक्ति को पहचान। यदि जीवन में कुछ अप्रिय घटित भी हो जाए तो जीवन नहीं समाप्त हो जाता। जो प्राणी पग-पग ठोकर खाकर भी निरन्तर प्रगति पथ पर बढ़ता है, सफलता सदा उसका वरण करती है। जीवन संग्राम में तन मन से जुट जा बेटी, हम अब तेरे साथ हैं।" दयामयी ने ओजपूर्ण स्वर में कहा।

सो उत्तमी मन वचन कर्म से जुट गयी जीवन संग्राम में विजयश्री को वरण करने निमित्त। सर्वप्रथम उसने अपनी पढ़ाई पूर्ण की। उसके अथक परिश्रम ने, माहेश्वरी परिवार के स्नेह बन्धन ने उसे लक्ष्य प्राप्ति के समस्त साधन जुटा दिये।

आज माहेश्वरी परिवार ही नहीं अपितु प्रेमवती के संग शत-शत हृदय भी गर्व प्रतीत करते थे उत्तमी पर। सर्वप्रथम दयामयी ने उसे एक विद्यालय खोलने में सहायता दी। तत्पश्चात् माहेश्वरी परिवार के सहयोग व अपने अथक परिश्रम के बल पर उत्तमी उस बालिका विद्यालय को पंचम कक्षा से बढ़ाते-बढ़ाते बारहवीं

कक्षा तक ले गयी और उसे अवासिये विद्यालय का रूप दे दिया। एक आश्रम 'नूतन प्रभात' की भी स्थापना की गयी। जहाँ तन मन से क्लान्त अशान्त युवतियों की हर सम्भव सुविधा निःशुल्क प्रदान कर, आश्रय दे, उन्हें स्वावलम्बी बनाने का, स्व की योग्यतानुसार शिक्षण दिया जाता। एक आश्रम की स्थापना 'महकते पुष्प' के नाम से की गयी। जहाँ कई अनचाहे पुष्पों की उचित देखभाल की जाने लगी। इस प्रकार असमय मुरझाकर समाज निमित्त कोढ़ बनाने के स्थान पर ये पुष्प वास्तव में ही पुष्प बन अपनी सुमन सुगन्ध सौरभ समाज में बिखेरने लगे। समाज को इस 'महकते पुष्प' वाटिका पर गर्व होने लगा। कई निःसन्तान दम्पति चहचहाते हुए दत्तक पुत्र व पुत्री इस वाटिका से गोद लेने लगे। कई समाज द्वारा ठुकराई हुई विवश नारियाँ स्वावलम्बी बन सम्मानपूर्वक जीवन व्यतीत करने लगीं। उत्तमी समय-समय पर उचित घर वर मिलने पर इन स्वावलम्बी युवतियों के विवाह भी करवाने लगी। आज उत्तमी जीवन संग्राम में एक विजयी नारी थी। समाज में उसका विशेष आदर व सम्मान था। कभी-कभी मेघना चुहल कर उठती, "दीदी, इतनी लड़कियों के घर तो बसा चुकी हो अपना घर कब बसाओगी? प्रौढ़ावस्था भी अब तो बीतने को है।"

"मेघना तुम तो जानती हो मेरा विवाह हो चुका है।" एक दिवस मन्द-मन्द मुस्काते हुए उत्तमी बोली।

"किसके संग?" आश्चर्यचकित मेघना बोली।

"नूतन प्रभात के संग और एक सुन्दर सलोना बेटा भी है मेरा—महकते पुष्प" मुक्त कण्ठ से हँसते हुए उत्तमी ने कहा।

डारजलिंग

फतेहचन्द उर्फ़ फत्ते का जन्म रूलदू राम हलवाई के घर जब विवाह के दस वर्ष पश्चात् हुआ तो रूलदू राम ने प्रसन्न होकर पूरे गाँव में नुकती के मेवा डले लड्डू बाँटे व उस दिन बिन पैसे लिए सारे गाँव वालों को दूध पिलाया। यह अलग बात थी कि मुँहजोर चाचा बनवारी लाल पाँच-पाँच गिलास दूध के अपने पिताश्री का माल समझ पी गया। अब तुम तो जानो पाँच गिलास दूध मलाई डला पीकर बन्ने की क्या दशा हुई होगी। संध्या से लेकर अगली सुबह तक लोटा उठा दिशा जंगल को बीसियों बार हो आया और बाद में लगा कोसने रूलदू को—अबे रूलदू तेरे को लम्बे-लम्बे कीड़े पड़े हैं। क्या जरूरत थी लोंडा जनने की। साला मैं भी तो पेटूमल हूँ न रूलदू ने लोंडा जना और मैं फोकट का माल समझ दूध डचकता चला गया। अब भुगतो बेटा बन्ने। मुफ्त का माल हज्म थोड़ी न होवे। पर यह हाल केवल बनवारी लाल का ही था नहीं तो सारा गाँव तो बलैया ले रहा था फतेहचन्द की।

मोटी गोल मटोल फत्ते की चपटी नाक, भेंगी आँखें और काला भुजंग रंग बरबस दर्शक को अपनी ओर आकर्षित कर लेता। दादी इमरती देवी ने रूलदू के बेटे का नाम फतेहचन्द रखा था।

"अब तू तो जाने जनको, मेरे रूलदू को परमेश्वर ने किरपा कर के दस साल बाद लाल दिया है। इसको पियार से मैं फत्ते कहा करूँगी।" मुँह जोर जनको को इमरती ने पियार से ही यह बात बताई।

"हाँ जीजी, तूने ठीक कहा, फतेहचन्द एक दिन सारे गाँव का नाम रोशन करेगा रोशन।" जनको ने हाथ नचाते हुए नयन मटकाते हुए कहा। बस उसी दिन से फत्ते बना फतेहचन्द धीरे-धीरे मित्र मण्डली का मुखिया बन गया।

मलाई डला दूध पी-पी कर देसी घी के मोती चूर के लड्डू व जलेबी खा-खाकर फत्ते छोटा-मोटा हाथी का बच्चा ही नज़र आने लगा। दिनचर्या थी—दूध पीना, भैंस का दूध फाड़ के बने हुए पनीर के पराँठे जलपान में व दोपहरी में सात-आठ सादे पराँठे, देसी घी डली, धुली उड़द की दाल व आलू की सब्जी संग व भर कटोरा हलवा। अब कहाँ तक हिसाब रखा जाए बिचारे फत्ते के कलेवे व भोजन का। चौदह साल की उमर में पचीस साल का लगने लगा फत्ते। गाँव की सारी

चंडाल-चौकड़ी का इकलौता मुखिया था फत्ते। असीम औदार्य से वह अपनी चौकड़ी को रूलदू की आँख बचाकर चुराया गया माल खिलाता। सारा दिन गाँव के खेत खलिहान में तथा नदी किनारे विचरती वानर सेना और शाम को कोठे पर चढ़कर पतंगबाज़ी की जाती या कबूतरबाज़ी। ऐसी ही एक संध्या फत्ते दिल दे बैठा चौधरी की भैंगी भानजी मिठाई देवी को। बात यूँ हुई कि गजदन्ती गजगामनी मिठाई देवी मामा के गाँव आयी फाग मनाने। चौधरी के इकलौते सुपुत्र दुनीचन्द से फत्ते की खूब पटती थी। बिगड़ैल शहज़ादा था दुनीचन्द भी। जब शहर में दसवीं में तीन बार फेल हो गया तो चौधरी ने उसे गाँव वापस बुला लिया। खेतीबाड़ी तो अब मजूर लोग करते थे। दुनीचन्द तो गाँव में चहुँओर अपनी कीर्ति पताका घुमाता फिरता था "शहर में मैं अलाँ काम करता था फँला काम करता था। अरे फत्ते, मेरे बिना थोड़ी न सरती थी मास्टर जी की और उनकी मुटल्ली की। अब आने वाले माघ में शादी है मेरी फत्ते, दुल्हनियाँ क्या है बस... बस..." फत्ते बात पूरी करता–चाशनी में डूबी जलेबी। हो-हो करके हँस उठता दुनीचन्द। हाँ, अब किस्सा यूँ था कि एक दिन फत्ते दुनीचन्द को मिलने गया–भैया दुनी अभी ये शब्द फत्ते के मुँह में ही थे कि ऊपर से गोबर डला गन्दा पानी डाल उसको महका दिया किसी ने। जैसे ही हडबड़ाकर फत्ते ने ऊपर देखा तो ठीक उस जैसी भैंगी आँखें उसे प्यार से निहार रही थी। दो मिनट मुँह खोले फत्ते उस गजदन्ती को प्यार से निहारता रहा और फिर तीन तारी चाशनी में आवाज डुबोकर बोला, "मैं... भैया दुनी है?" जवाब में मानो शेरनी ने हुंकार भरी व धम-धम करती जीना उतर नीचे आ गयी।

"के बोलो जी थुम क्वारी कन्या संग," गुर्रायी शेरनी।

"जी-जी मैं पूछ रिया था के दुनीचन्द भैया हैं घर पर?" कहते हुए फत्ते ने भरपूर नज़र क्वाँरी कन्या पर डाली–उसी की तरह सुन्दर नयन, काला भुजंग रंग, असल घी खाई पी काया, फत्ते से कुछ-कुछ तीखी नाक वा बड़ी-बड़ी पुष्प हथेलियाँ व कदली स्तम्भ जैसी जाँघें। फत्ते तो निहाल हो गया उस रूपमती पर।

"बोल क्यों नहीं फूट रहे? साँप सूँघ गया के? सबेरे से रोड इंसपेक्टरी पर गया हुआ है वे।" मुँह बिचकाते हुए रूपसी बोली।

"वे किस काम से गया है। थारी बोली मेरी समझ में न आवे।" फत्ते ने नरम निवेदन किया।

"गँवार जो ठहरे। सहर में रहो तो जानो। मैं हूँ मिठाई देवी। दुनी की बुआ की बेटी हूँ मैं। सहर में रहबूं मैं, पाँच जमात पास भी हूँ मैं।" आँखें मटकाते हुए हाथ नचाते हुए मिठाई देवी ने मैं पर जोर डालते हुए गर्व से कहा। बस उस दिन की छवि फत्ते की आँखों में बस गयी रूप सुन्दरी मिठाई देवी की। फत्ते आठों पहर चक्कर काटने लगा दुनीचन्द के घर पर। एकाएक फत्ते के प्यार में हुई बढ़ोतरी

देख दुनीचन्द अति प्रसन्न हुआ। वह इसे भगवान की किरपा समझ बैठा कि रूदलू हलवाई का छोरा उसका पिछलग्गू बन गया था। मिठाई देवी की एक झलक पाने वास्ते कभी रूलदू की दुकान से मौका पा फत्ते असली घी की बनी जलेबी का दोना लाता और कभी असली घी के बने बेसन के लड्डू जो दुनी को भी अति मनभावन लगते थे। अब रूलदू के नौकरों की शामत थोड़ी न आयी थी कि वह हाथी के भैया की शिकायत रूलदू से करके बेभाव के पिटते। सो कभी रूलदू की आँख बचाकर और कभी भीड़ का लाभ उठाकर नौकर खुद दोने सजा-सजाकर फत्ते को देते।

एक दिन फत्ते ने इशारों में माँ को समझाया कि अब वह जवान हो गया है। उसकी जोरू आनी चाहिए जो माँ की सेवा भी करेगी। माँ ने लाख-लाख लाल की बलैया लेते हुए कहा, "छोरी, छोरी तो तेरे वास्ते ऐसी ढूँढूँगी जैसे कि... सरसों... के खेत में भैंस जुगाली करते डोले।" हो-हो कर हँसते हुए दुनी ने आँगन में प्रवेश करते हुए मजाक में कहा।

''भैया तुम तो बस...'' फत्ते ने शरमा कर गरदन झुका ली।

''छोटे कैसी बाते करे।'' फत्ते की माँ ने आँखें ततेरीं।

''चाची, मैं तो मजाक कर रिया था फत्ते संग। लड़की तो फत्ते के जोड़ की ही सुन्दर होनी चाहिए।'' बस फिर क्या था खिल उठी चाची व भर लाई मलाई डालकर दूध का कड़े वाला गिलास। पर दुनी का आज दूध पीने का मन नहीं था सो वह न माना।

''तू तो जाने है दुनी, अपना फत्ते अपना इकलौता है सो इकलौती छोरी चाहिए।'' प्यार भरे स्वर में फत्ते की माँ बोली।

''चाची क्यों फिजूल में चिन्ता करती है। दुनी जिंदा है अभी फत्ते के लिए। वह जान की बाजी लगा देगा।'' दुनी ने ऐसे जोश में कहा मानो पानीपत की लड़ाई विजय करनी थी। कुछ देर बतिया कर दुनी चला गया। अब फत्ते को फिकर थी मिठाई देवी से मिलने की।

एक दिन संध्या समय फत्ते अकेला खेतों में घूम रहा था। दुनीचन्द शहर गया हुआ था और चंडाल चौकड़ी गाँव के मेले में। मिठाई देवी को देखने के बाद फत्ते का किसी काम में मन नहीं लगता था सो अकेला एक खेत के किनारे थक कर बैठ गया।

''थुम याँ के करो जी?'' फत्ते के कन्धे पर दुहत्तड़ मारते हुए मिठाई गुर्रायी। फत्ते ने आँख उठा के देखा। भैंगी आँखें बड़े प्यार से निहार रही थीं उसे। फत्ते जैसे ही हड़बड़ा के उठने लगा कि धड़ाम से सर नीचे व टाँगें ऊपर कर गीली जमीन पर गिर पड़ा। बाल कीचड़ से भर गये व कपड़े गन्दे हो गये। मिठाई देवी पर तो मानो हँसी का दौरा ही पड़ गया। वह थुलथुला पेट ले हँसते-हँसते जमीन पर बैठ गयी।

बेबस फत्ते उसको मुँह फाड़े देखता रहा। "अजी, तुम तो ऐसे सुन्दर लगो जैसे चिड़िया घर में गैंडा लगे।" स्वर में प्यार का पुट देते हुए मिठाई ठुनक कर बोली।

"अजी, तुम मेरी उठने में मदद करो न।" तीन तारी चाशनी में स्वर को डुबो कर फत्ते बोला तो मिठाई को उस पर तरस आ गया। पास के पेड़ से टेक लगा कर उसने फत्ते को दोनों पुष्ट हथेलियाँ बढ़ा उठने में मदद की। पास के कुएँ पर जाकर फत्ते ने कीचड़ धोया।

"मिठाई... मिठा..." फत्ते को बीच में ही टोकते हुए रूपसी ने नखरा दिखाया, "के मिनमिना रहे हो जी, मेंमने की तरा। सीधी तरा से बात बोलो न।"

"मिठाई..., मिठाई देवी, मैं... मैं..." फत्ते को दुबारा टोका मिठाई ने, "फिर मिनमिनाने लगे। मैं जाती हूँ। थुम तो बोल भी न सको। हूँ! क्या खा के इसक करोगे मिठाई के संग।" भैंगी आँखें और भी भैंगी लग रही थीं क्रोध के मारे मिठाई की।

"अजी, सुनो तो मैं कोई डरूँ थोड़ी न थुमसे पियार किया है पियार। पियार किया तो डरना क्या फिर पियार किया तो डरना क्या...।" फटे बाँस की सी आवाज में गा उठा फत्ते। "अब बस भी करो जी थुम। कोई बात करनी है तो करो। मैं लेट हो रही हूँ।" प्यार भरे शब्द फूटे गजदन्ती के मुख से।

"अजी मुझे...। अजी मुझे...।" फत्ते ने शरमा के मुख नीचे की ओर कर के अपनी चिबुक को जिह्वा लगाते हुए कहा।

"ओहो! अजी मुझे... अजी मुझे... क्या लगा रखी है। साफ-साफ कहो क्या बात है जी," झल्लाते हुए पुष्ट हथेली से फत्ते की पीठ पर मिठाई ने दुहत्तड़ मारा।

"अजी मैं कै रया था कि मैं तुमको बोत पियार करता हूँ।" फत्ते ने साहस करके कहा। अन्ततः दिल की बात फत्ते की जब़ान पर आ ही गयी। जिसे सुन मिठाई देवी ने भी शरमा के गरदन झुका ली और प्यार भरी आवाज में बोली, "फत्ते जी, थुम तो मुझे भी बोत अच्छे लगो जी।"

"देवी की सौं," फत्ते ने चहक के पूछा।

"क्यों जी, म्हारे पे यकीन न है जो सौं देवी। लो, तुम्हारी खातिर सौं भी खाती हूँ—देवी की सौं थुम बोत ही अच्छे हो।" कहकर अपनी भैंगी आँख का जादू फत्ते पर चलाया मिठाई ने साड़ी का पल्ला मुँह में ठूँसते हुए।

"ओ मेरी गर्मागर्म जलेबी इमरती। मैं तेरे पर वारे जाऊँ," फत्ते को मानो मुँह माँगी मुराद मिल गयी हो। कुछ देर बतिया कर दोनों अपनी-अपनी राह चल दिए।

फतेहचन्द व मिठाई देवी अब सुबह सबेरे और साँझ ढले खेतों-खलिहानों में तथा अमराइयों में मिलने लगे। जब उनके प्यार के चर्चे आम हुए तो एक दिन फत्ते की माँ ने पूछा, "क्यों फत्ते मिठाई से क्या बात करता रहता है।"

"वो माँ कुछ नईं।"

"हूँ। कुछ कैसे नहीं, मैं सब जानूँ, अरे मरद के बच्चे बता ना माँ को, मिठाई पर मरता है। उससे शादी करना चाहता है।" फत्ते की दादी इमरती देवी कड़की।

"क्या?" आश्चर्य से मुँह खुला रह गया फत्ते की माँ बन्ते का।

"म्हारे घर के लिए वो मुटल्ली भैंगी ही रह गयी है क्या?" बन्तो ने प्रतिवाद किया।

दहाड़ मार के फत्ते रोने लगा और मचलने लगा, "कान खोल के सुन लो मेरी दुलहनियाँ सिर्फ मिठाई ही बनेगी और नहीं।"

"नारो मेरे लाल, चुप कर जा। तू जिसे चाहेगा वो ही तेरी दुलहनियाँ बनेगी। अरी बहू, क्यों छोरे को रुलाया करम जली, अरे मेरा फत्ते गर मिठाई को चाहता है तो क्या कमी है मिठाई में बोलो ना। हूँ! बड़ी आयी मेरे फत्ते को रुलाने वाली।" दादी इमरती ने फत्ते को पुचकारते हुए बन्तो को डाँट पिलाई।

धीरे-धीरे चर्चा चौधरी के कानों तक पहुँची उसने सोचा, "क्या बुरा है जी रूलदू हलवाई का छोरा मिठाई के लिए। भैन तो खुस हो जाएगी ना अकेला वारिस पा कर। क्या खूब जोड़ी जमेगी," ज़ोर से बोल उठा चौधरी।

"किस जोड़ी की बात करोजी थुम," दुनी की महतारी ने पेट खुजलाते हुए कहा।

"अरी अपनी मिठाई व फत्ते की जोड़ी कैसी सुन्दर लगेगी ना।" चौधरी का उत्साह फूट पड़ रहा था।

"ऐसे लगेगी जैसे सरसों के खेत में भैंसा और भैंस घूम रहे हों। हूँ। राम मिलाई जोड़ी एक अन्धा और एक कोड़ी," घुड़क कर पड़ी चौधरी की जोरू सुरजो देवी।

"तू क्यों जले मेरी भैन की छोरी से?" चौधरी दहाड़ा।

"जले मेरी जूती" सुरजो कब डरने वाली थी। जबान रूपी तलवार खींच डट गयी मैदान में।

"जूती मार अपने सिर पर करम फोड़। खबरदार गर मेरी मिठाई को कुछ कहा तो। हाँ मैं आज ही बात करता हूँ रूलदू से शादी की।" चौधरी भुनभुनाता हुआ घर से बाहर निकला तो सुरजो गुस्से में भरी आँगन में बाहर निकल आयी। भरे हुए मटके को कस के लात मारी और एक लात जमा दी आँगन में बैठे काले कुत्ते को। मटका लुढ़क कर फटाक से टूट गया और कुत्ता कूँ-कूँ... करता बाहर भागा। बाहर से गुनी व मिठाई आ रहे थे आँगन में। जैसे ही दोनों ने आँगन में पैर रखा तो वहाँ गिरे पानी पर दोनों का पैर रपट गया और दोनों दायें बायें चित पड़े थे। उन्हें इस हाल में देखकर सुरजो बेहाल हो गयी, "हाय हाय! ये क्या हो गया? मेरा लाल रपट कैसे गया? उठ, मेरे लाल चोट तो नईं लागी। तू भी उठ मिठाई," कुछ देर पहले की कड़वाहट सुरजो भूल चुकी थी।

रूलदू और चौधरी में लेन देन तै हो गया। जयराम जोशी को पैसे देकर चौधरी ने मंगली लड़की की पत्ती बनवा फत्ते से मिला दी। मिठाई की महतारी बोत खुस थी, "चलो छोरी खाते पीते घर मा जा रही है। छोरा भी क्या जोड़ का मिला—एक दम फिट जोड़ी। अजी कै हुआ गर थोड़ा माल भी देना पड़ेगा तो छोरी तो जिन्दगी भर दूध जलेबी खाएगी ना।"

दुनी की शादी के चार दिन बाद मिठाई देवी की शादी थी। आज रतजगा था। गाँव की सब छोरियाँ मिठाई के साथ घर के एक बड़े कमरे में बैठी थीं। बड़े-बूढ़ों की महफिल अलग जमी हुई थी।

"अरी मिठाई, तू तो शहर की है ना। कोई शहरी गीत गा।" शीला ने कहा।

"हाँ हाँ मिठाई ही पहला गान गावेगी और नाचेगी भी।" सारी चौकड़ी बोल उठी।

"मैं न गाऊँ मुझे शरम आवे। कोई अपनी शादी में के आप गावे।" अपने तिरछे नयनों का जादू चलाते हुए कृत्रिम क्रोध के साथ मिठाई बोली।

"अजी सब गावें। हमने तो ऊषा को भी गवाया था और शीला को भी। अब तुझे भी गवाएँगे।" कमर पर हाथ रखते हुए हरमिन्दर जाट की छोरी हरप्रीत ने कहा। दुनी रोशनदान में से सब नज़ारा देख रहा था और देख रहा था अपनी शर्मीली कानी दुल्हनियाँ को। जिसकी एक आँख बिल्लोरी थी। दो लाख के मोटे चुग्गे ने बिल्लोरी आँख को और भी रूप बखस दिया।

"अरे भाभी तू भी नाच," गोमती का हाथ पकड़ा शीला ने। गोमती साड़ी का पल्ला कस फिरकनी सी चक्कर घिन्नी खाने लगी—नज़र लागी राजा तोरे बंगले पर नज़र लागी राजा तोरे बंगले पर। दुनी की खुशी फूट पड़ रही थी। वह चुपके से फत्ते को बुला लाया। दोनों दोस्त रोशनदान में से झाँक रहे थे। फत्ते बाँस की सीढ़ी पर खड़ा था। अब बारी आगी मिठाई देवी की जो बड़े नाजो नखरों से उठी—बिन्दिया चमकेगी चूड़ी खनकेगी... मिठाई देवी झूम-झूम कर नाच व गा रही थी। सब छोरियों का उत्साह फूट पड़ रहा था। वे सबकी सब मस्ती में गा रही थीं। मिठाई ने उत्साहपूर्वक हाथ जो मारा तो शीला के मुँह से आहा निकली। वह जबड़ा पकड़ कर जमीन पर बैठ गयी। अब मिठाई चक्कर घिन्नी सी घूम रही थी—छत टुट दी ऐते टुटने दे टुट जाये—नाच पूरे जोबन पर था। हाँ छत तो नहीं टूटी अलबत्ता फत्ते का बाँस का जीना फिसल गया और उसकी टाँग जरूर टूट गयी जब मिठाई को पता चला तो जार-जार रोने लगी।

फत्ते को पलस्तर चढ़ गया दो मास के लिए। घर आकर चौधरी मामा दहाड़ा—छोरी तने कै जरूरत थी छत टुट दी ऐते टुट जाए गान की। हैं। इब बोल छोरे की टाँग टूट गयी। शादी अब तीन महीने बाद होगी।

"मिठाई" फत्ते ने रोते हुए हाथ पसारे।

''फत्ते, मेरे फत्ते, मेरे डारलिंग,'' मिठाई भाव विकल थी।

''जे डारलिंग के होवे,'' फत्ते ने भोलेपन से पूछा।

''तुम बड़े वो हो जी, न समझो, अंगरेजी में पियारे को डारलिंग कहवें।'' मिठाई ने शरमाते हुए भैंगी आँख का जादू चलाया तो फत्ते सौ-सौ जान से कुरबान हो गया।

''कै मैं भी तुमे डारजलिंग बोलूँ?'' फत्ते ने लाड़ भरे स्वर में कहा तो हँसते हँसते मिठाई देवी की मोटी कमर सौ सौ बल खा गयी ''डारजलिंग नहीं, डारलिंग कहो डारलिंग" मीठी बोली बोली मिठाई।

''हाँ हाँ डारलिंग हाँ डारलिंग अब तीन मास बाद शहनाई बजेगी अपने घर।'' कुछ-कुछ निराश स्वर में फत्ते बोला।

''कोई बात नईं डारलिंग तीन महीने यूँ बीत जाएँगे। मैं जो हूँ थुम्हारे पास। मैं रोज मिला करूँगी।'' शरमा के मिठाई ने गरदन झुका ली।

''सच''

''सच''

''देवी सौं''

''देवी सौं''

''चलो दोनों गाना गाते हैं।'' फत्ते का उत्साह फूट रहा था–हम तुम इक बंगले में बन्द हों... मिठाई ने प्यार से घुड़की मारी–चुप रहो, बेशरम! बड़े-बूढ़े बाहर बैठे हैं। फत्ते भी चुप हो गया और प्यार से देखने लगा उसे। तीन की जगह चार मास बाद शहनाई बजी रूलदू हलवाई की देहरी पर। अब एक ही तो छोरा था। रथ पर बैठ कर जोड़ी आयी रूलदू के द्वार। गाँव भर में शान हो गयी रूलदू की। देसी घी की खस्ता कचौड़ी, जलेबी-इमरती-लड्डू का स्वाद मुँह में ही भरा था अभी गाँव वालों के। ऐसी सोणी जोड़ी देख सब निहाल हुए जा रहे थे।

बनवारी लाल की चटोरी जिह्वा ने उसे फिर कहीं का नहीं छोड़ा। जब सब प्यार भरी नजर से किसन-राधा की जोड़ी देख रहे थे तो बन्ने हाथ में लोटा लिए दिशा जंगल को जा रहा था स्वयं को कोसते हुए–अब मुझ साले को के पड़ी थी सात-सात कचौड़ी खाने की। छः-छः लड्डू भकोसने की और मलाई डले भैंस के दूध के चार-चार गिलास डचकने की। हूँ। रूलदू साले ने क्या इतना खिलाया कि शादी का मज़ा ही किरकिरा गया। उधर रथ पर बैठे फत्ते ने प्यार से मिठाई को चिकोटी काटते हुए धीरे से कहा– "डारजलिंग..."

मित्रघ्न

निरन्तर एक सप्ताह से भीषण अग्नि बरस रही थी। ग्रीष्म ऋतु ने विकराल रूप धारण किया हुआ था। ऐसे समय कल्याणी अपने वातानुकूलित शयन कक्ष में शैया पर निद्रामग्न थी। दिनकर की वक्रभृकुटि से, पागल दीवानी प्रबल वेग से बहती हुई लू से तथा रूखी-फीकी रूपरंग विहीन ऋतु से, हर ओर से निश्चिन्त हो सोयी हुई थी, अपराह्न से कोई एक घड़ी पूर्व, दीपक देवगण की भार्या।

दीपक देवगण का पितामह के समय बना हुआ एक समस्त सुविधापूर्ण साढ़े तीन खंडीय आवास था, दक्षिणी देहली की एक मध्यवर्गीय कॉलोनी में। निःसन्तान दम्पति स्वयं भू-तल पर रहते थे और अपने आवास के द्वितीय तथा तृतीय तल वह भाड़े पर दे देते थे। दीपक देवगण का एक प्रकाशन संस्थान था। अतः वह अति व्यस्त रहता था। कल्याणी ने एकाकीपन से ऊबकर छात्रों को किराये पर एक-एक या दो-दो कक्ष के साथ स्नानगृह तथा पाकशाला इत्यादि भाड़े पर दे दिये थे। अब उसका अधिक समय इन जनकगण से दूर-अति दूर रह रहे छात्रों की देखभाल तथा प्रथम तल पर बने दीपक के गोदाम की देखरेख में व्यतीत हो जाता।

एकाएक घंटी का कर्कश स्वर सुन हड़बड़ाकर उठ बैठी कल्याणी। 'इस तपते मौसम में कौन हो सकता है द्वार पर?', ऐसे सोचते हुए उसने उनींदे नयनों से द्वार खोला।

बाहर किशोरावस्था को लाँघ चुके दो युवक खड़े थे। भीषण उष्णता के कारण स्वेदकणों से परिपूर्ण थे उनके मुखारविंद तथा वस्त्र भीगे पड़े थे। कल्याणी ने उन पर एक प्रश्नसूचक दृष्टि डाली, तो गौरवर्णीय युवक ने शिष्ट स्वर में पूछा, "आंटी क्या आपका फ्लैट भाड़े के लिए खाली है?"

कल्याणी को लगा कि युवक किसी भद्र परिवार से सम्बन्ध रखते हैं, फिर भी उसने पूर्णरूपेण उनके विषय में जानना चाहा, "क्या करते हैं आप लोग?"

"हम पढ़ते हैं—मेरा नाम जलज श्रीवास्तव है और इसका नाम पुनीत सिंह है। हम दोनों बिहारी हैं। यहाँ देहली में दो साल से रह रहे हैं। अभी इस वर्ष बारहवीं कक्षा पास की है हम दोनों ने। अब प्रतियोगी परीक्षाओं में बैठना चाहते हैं, ताकि किसी अच्छी जगह हमें प्रवेश मिल जाए। गौरांग जलज श्रीवास्तव ने शीघ्रतापूर्वक

अपना परिचय देते हुए अपना परिचय पत्र भी दिखा दिया। जब कल्याणी पूर्ण रूप से सन्तुष्ट हो गयी, तो उसने द्वार खोल दोनों युवकों को अन्दर बुला लिया।

"तुम कितने जने रहोगे?" अन्दर आने पर कल्याणी ने पूछा।

"बस, हम दोनों ही रहेंगे।" जलज ने उत्तर दिया।

"खाना?" कल्याणी ने प्रश्न किया।

"हम स्वयं पकाएँगे।" जलज बोला।

"ये लो चाबियाँ, पहले कमरा-रसोई इत्यादि देख आओ।" चाबी का गुच्छा जलज के करतल पर रखते हुए कल्याणी ने कहा।

कक्ष, पाकशाला तथा स्नानगृह इत्यादि दोनों मित्रों को अति पसन्द आये। भाड़ा कल्याणी ने बाजार भाव से कुछ कम ही लिया। ग्यारह मास के लिए कल्याणी ने उन दोनों को अपना यह एक कक्षवाला फ्लैट भाड़े पर दे दिया। उन दोनों को भली प्रकार समझा दिया—"तुम दोनों समय पर आओगे, समय पर जाओगे तथा अपना अधिकाधिक समय विद्यार्जन में ही लगाओगे। प्रतिवेशियों को किसी प्रकार की कोई भी असुविधा तुम्हारे रहने से नहीं होनी चाहिए। हाँ, दो से अर्थ है—केवल तुम दो ही। कोई तीसरा नहीं रहेगा। यदि कोई अतिथि आएगा, तो पहले मुझसे मिलवाओगे। मुझे क्षमा करना मैं तुम्हारे किसी भी अतिथि को बिना देखे रहने की अनुमति नहीं दे सकती। हाँ, तुम लोगों के जनकगण आकर रह सकते हैं।" जलज एवं पुनीत ने कल्याणी की हाँ में हाँ मिलायी और उसके घर में भाड़े पर रहने लगे।

जलज तथा पुनीत को रहते हुए दस मास व्यतीत हो चुके थे। एक दिवस एक युवक कल्याणी से मिलने आया। उसने जलज के विषय में जो कुछ कल्याणी को बताया, उसे सुन वह स्तब्ध रह गयी। युवक का नाम गजेन्द्र सिंह था। जलज ने दादागिरी दिखाते हुए उससे कई बार मार-पीट की थी, पैसे ऐंठे थे तथा उसे जान से मार देने की धमकी दी थी। गजेन्द्र ने करबद्ध प्रार्थना करते हुए कहा था, "आंटी कृपया मेरा नाम मत लीजिए, नहीं तो जलज मुझे अपने पिट्ठुओं से पिटवा देगा और हो सकता है मुझे जीवन से ही हाथ धोना पड़े। ये आगे सदा एक या दो लड़के और किराये पर रखता रहा है। इसने पुनीत का जीवन दुश्वार किया हुआ है, नौकर-जैसा पुनीत इसका तथा इसके लंपट मित्रों का खाना बनाता है, कपड़े धोता है। उसे यह जलन के मारे पढ़ने भी नहीं देता कि कहीं वह इससे आगे न निकल जाए। लड़कियों को उलटे-सीधे फोन स्वयं करता है और नाम लगता है पुनीत का। पुनीत इससे बहुत दुःखी है, उसको इसने जान से मार देने की धमकी दी है। अतः वह भयवश कुछ कह भी नहीं पाता। मेरे साथ इसने मित्रघात किया है। मैं इसका कुछ नहीं बिगाड़ सकता, पर आपको बताकर पुनीत सरीखे निरीह युवक को तो इसके चंगुल से बचा सकता हूँ न। आजकल इसने निनाद नाम के एक धनी

युवक को फँसाया हुआ है। उस बिगड़े शाहजादे के संग रहकर, इसने हम-सरीखे लड़कों का जीना कठिन किया हुआ है।'' अवाक्-सी कल्याणी गजेन्द्र का मुख देखती रह गयी। उसका हृदय असीम व्यथा से भर उठा था।

कल्याणी ने अभी मौन रहना ही श्रेयस्कर समझा। वह तीन दिवस एवं तीन रात्रि जलज के विषय में पूर्ण रूप से जाँच-पड़ताल करती रही। छिप-छिपकर रात्रि के एक बजे उनके कक्ष के बाहर जाकर उनका वार्तालाप सुनती, उनके हर क्रियाकलाप पर दृष्टि रखती। आश्चर्य से कल्याणी के अधर खुले रह गये, जब उसे जलज की वास्तविकता का ज्ञान हुआ। उसने अब कुछ करने का दृढ़ निश्चय कर लिया। उसे क्रोध आ रहा था अपनी अल्प बुद्धि पर कि उसने अभी तक क्यों नेत्र मूँदकर जलज पर विश्वास किया था?

कल्याणी ने पुनीत को विश्वास में ले उससे सम्पूर्ण ब्यौरा चाहा, तो नयनों से नीर बहाते हुए पुनीत ने त्रासचक्र की पूर्ण गाथा कह सुनायी। कल्याणी ने जलज को बहुत समझाया, ''तुम्हारे जनकगण कितनी आकांक्षाओं के साथ तुम्हें कुछ बनने के लिए यहाँ भेजते हैं। तुम लोग कहते हो तुम्हारे शहर में पूर्ण सुरक्षा नहीं है। विद्याध्ययन निमित्त पूर्ण सुविधाएँ नहीं हैं, पर यहाँ तो हैं, यहाँ क्यों अपना अमूल्य समय नष्ट करते हो, व्यर्थ के क्रियाकलापों में? बेटे अनुशासन का चाबुक प्राणी को मानव बनाता है, वास्तविक अर्थ में। यह गया समय कभी भी नहीं आएगा। कल तुम्हें पश्चात्ताप होगा अपने इन मूर्खतापूर्ण कृत्यों पर। आज भी चेत जाओ बेटे, ये इधर-उधर की बेकार व्यस्तता छोड़, भविष्य निर्माण हेतु जुट जाओ।'' पर जलज पर न मीठे बोलों का प्रभाव हुआ, न कठोर अनुशासन का। वह सबकी अवज्ञा कर वही ढाक के तीन पात-तुल्य समय व्यतीत करता रहा। अन्ततः कल्याणी को ही हार माननी पड़ी। उसने जलज से अपना घर खाली करवा लिया।

"पुनीत बेटे, तुम यहाँ रह सकते हो", कल्याणी ने कहा।

"नहीं आंटी मैं तो किसी भी मूल्य पर यहाँ नहीं रह सकता, मुझे तो जलज मार ही डालेगा, यदि उसने मुझे यहाँ देख लिया तो," पुनीत ने विनम्र स्वर में उत्तर दिया। गजेन्द्र जान-बूझकर उत्तरी देहली में रहने लगा है। मैं भी वहीं जाकर रहूँगा। वहाँ मेरा चचेरा भाई भी रहता है," पुनः पुनीत दुःखी स्वर में बोला।

कल्याणी ने पुनीत को बहुत समझाया पर वह भीरु प्रकृति का लड़का वहाँ नहीं ठहरा। उत्तरी देहली में जाकर रहने लगा।

कालचक्र चलायमान था। देखते-ही-देखते बीस बसंत व्यतीत हो गये। पटना के कोलाहलपूर्ण स्टेशन पर चकित-सी खड़ी कल्याणी के चरण स्पर्श कर एक अधेड़ से पुरुष ने उसे अत्यधिक चकित कर दिया था।

''आंटी! अंकल निकास द्वार पर खड़े आपकी प्रतीक्षा कर रहे हैं। मैं उन्हें

देखते ही पहचान गया था। मैं स्टेशन पर अपनी बहन को लेने आया था कि द्वार पर अंकल को खड़े देखा। उन्होंने मुझसे कहा कि आप सम्भवतः बोगी नं. चार के निकट ही खड़ी होंगी।"

"तुम... तुम जलज हो न?" अपनी ऐनक ठीक करते हुए कल्याणी ने कहा।

"हाँ, मैं वही अभागा हूँ।" जलज ने निराशापूर्ण स्वर में उत्तर दिया।

"जाओ, पहले बहन को ले आओ।" कल्याणी ने कहा।

"नहीं मैं आपके साथ निकास द्वार तक जाऊँगा, बहन को लेने मेरा ममेरा भाई पहुँच गया होगा। वह भी मेरे साथ स्टेशन पर आया है"—जलज बोला।

मार्ग में जलज ने अपनी दुर्गति की कथा सुनायी, अपना अमूल्य समय जलज ने व्यर्थ की दादागिरी, कुटिल योजनाएँ बनाने, उन पर कार्य करने में गँवा दिया। जब नयन खुले, तो बहुत देर हो चुकी थी, न किसी प्रतियोगिता में चुनाव हुआ न अच्छी श्रेणी में स्नातक की उपाधि ले सका। शनैः-शनैः सभी संगी-साथी कुछ-न-कुछ बन, उसे छोड़, चले गये। पिता के असमय निधन ने घर को श्री-विहीन कर दिया। भविष्य के सुन्दर स्वप्न लेनेवाला, ऊँचे स्वप्न लेनेवाला जलज धरा की धूल बनकर रह गया। आज वह परचून की एक छोटी-सी दुकान चला, किसी तरह हाड़तोड़ परिश्रम कर दोनों जून का अन्न जुटा पाता है। कल्याणी को दीपक के निकट छोड़ते हुए जलज ने दीर्घ उच्छ्‌वास छोड़ते हुए केवल इतना कहा, "काश, मैंने आपकी सीख का पालन किया होता। आज पुनीत कलेक्टर है और मैं मित्रघात करनेवाला एक अदना-सा दुकानदार हूँ। मैं पातकी हूँ। आंटी, मित्रघ्न हूँ, जिसका दंड मेरे कर्मों ने स्वयं ही मुझे दे दिया है।"

कर्तव्य बोध

दिन भर भीषण गरमी पड़ती रही। तीव्र ज्वाला से लू के झोंके झुलसाते रहे। आकाश पर आरसी सदृश्य मेघखंड भी दृष्टिगोचर नहीं हो रहा था। परन्तु जैसे ही सूर्य ने अपनी नागिन-सी फुंकारती किरणों को समेट कर अस्त होना आरम्भ किया तो एकाएक आकाश मेघाच्छन्न हो गया। देखते-देखते लयबद्ध नृत्य को छोड़ वृष्टि ने तांडव नृत्य करने की ठान ली। गर्जन-तर्जन करती हुई बिजली दूर नितान्त एकाकी वृक्ष को जड़ तक झुलसा गयी। वर्षा रानी मगन मन, जल-थल को एक करने पर तुली थी। निरन्तर तीन घण्टे तक बरस कर वरुण देवता शान्त हो कर बैठ गये। मेघमालाएँ ठुनकती हुई नायिका-सी क्षितिज की ओर चल पड़ीं। नीला आकाश तारागणों से झिलमिलाने लगा। मन्द गति से बहती हुई वायु हृदय को पुलकित कर रही थी, परन्तु कार्तिकेय प्रकृति की इन गतिविधियों से पूर्णरूप से उदासीन, निर्लिप्त भाव से अपने कार्य में व्यस्त था।

"भैया, अब समाप्त भी करो अपना यह कार्य, जानते हो रात के ग्यारह बजने को है। माँ खाना लिए बैठी है।" कामायनी का झुंझलाया हुआ स्वर सुनकर कार्तिकेय ने बहन की ओर देखा।

कामायनी—उसकी छोटी बहना और माँ। केवल तीन प्राणियों का था घर-संसार।

कार्तिकेय ने मधुर स्वर में कहा, "कम्मू, तू माँ के साथ भोजन करना आरम्भ कर, मैं आया।"

"नहीं भैया, अब मैं तुम्हें साथ लेकर ही जाऊँगी।" यह कहते हुए कामायनी ने कार्तिकेय के हाथ से पुस्तक पकड़ ली। विवश हो कार्तिकेय को अपना काम बन्द करना पड़ा।

"भैया, मेरा मन कहता है कि कल तुम्हें नौकरी अवश्य मिल जाएगी।"

"यह तो मैं पिछले तीन वर्ष से सुनता आ रहा हूँ।"

कामायनी ने दार्शनिकता बघारते हुए कहा, "हाँ भैया, आशा पर ही संसार जीवित है।"

माँ ने दोनों को समझाते हुए कहा, "कार्तिकेय, अब तुम दोनों व्यर्थ के विवाद में मत पड़ो। समय बहुत हो चुका है, सो जाओ। सुबह तुम्हें 'इण्टरव्यू' के लिए

जाना है और पुस्तकालय यहाँ से बीसेक किलोमीटर दूर है। बस भी बदलनी होगी।"

कार्तिकेय बिस्तर पर पड़ा था। आँखों में लेशमात्र भी निद्रा न थी। आकाश की नीलिमा उसे रहस्यमयी लग रही थी। मन-मस्तिष्क दोनों पर अन्धकार का साम्राज्य था। इन्द्रधनुषी स्वप्न विलीन होते जा रहे थे। वैराग्य की अनुभूति मनप्राण पर आच्छादित हुई जा रही थी। वह चिंतातुर था कि यदि कल भी उसे नौकरी न मिली तो? 'फेलोशिप' की बैसाखियाँ टेकते हुए उसने लायब्रेरी साइंस के बैचलर की डिग्री प्रथम श्रेणी में विशेष योग्यता के साथ उत्तीर्ण की थी। तत्पश्चात् पत्राचार द्वारा उसी तरह एम.ए. उत्तीर्ण किया था। परन्तु क्योंकि किसी प्रिंसिपल या कमिश्नर के साथ उसके रिश्ते की गिरह न थी और न थी किसी मंत्री महोदय की सिफारिश, अतः उसकी विद्वत्ता का सही मूल्यांकन नहीं हुआ। रिश्ते या सिफारिश का दुमछल्ला लगाए हुए, कई तीसरी श्रेणी में उत्तीर्ण विद्यार्थी सीना ताने स्थायी एवं अस्थायी पद हथियाते हुए चले गये। विद्वत्ता को नतमस्तक देख, उसके अस्तित्व पर ही सन्देह होता था। परन्तु इस पराजय की किसी भी प्रकार की प्रतिक्रिया से कार्तिकेय ने स्वयं को दूर रखा। उसने जिल्द बाँधने का काम सीख लिया। दिन भर साक्षात्कार के लिए या आवेदन-पत्र देने के लिए भटकता और शाम को तीन घंटे दक्षिणी दिल्ली की एक संभ्रांत कालोनी के निजी पुस्तकालय में दैनिक वेतन पर कार्य करता। उसके मित्र तपन सिन्हा के पिता ने उसकी योग्यता पर मुग्ध होकर इस दैनिक वेतन वाले पद की उसके लिए व्यवस्था करवाई थी। इससे अधिक वह सेवानिवृत्त वृद्ध स्नेही उसके लिए कर ही क्या सकते थे।

कार्तिकेय मनोयोग से अपना कार्य करता और रात के समय पुस्तक पर जिल्द बाँधता। एक-दो पुस्तक विक्रेताओं की उस पर विशेष कृपा थी। अतः उनके पास जो भी कार्य आता वह कार्तिकेय को देते।

जैस-तैसे समय व्यतीत हो रहा था फिर भी कभी-कभी अनिश्चित भविष्य की असहनीय पीड़ा उसके मन-प्राण व्याकुल कर देती। क्या कभी उसका भविष्य उज्ज्वल भी हो पाएगा? अब तो इस वर्ष कामायनी भी महाविद्यालय में चली जाएगी। फिर उसका विवाह? क्या सोचती होगी? माँ को कितना गर्व था कि उसका बेटा सदा प्रथम श्रेणी में उत्तीर्ण होता है। सब को यह बताते हुए कैसे माँ की आँखें दप-से जल उठती थीं।

कार्तिकेय की अपनी माँ पर अगाध श्रद्धा थी। माँ की दुर्बल देह-लता ने हर झंझावात के थपेड़े धैर्य से सहन करते हुए बीस वर्ष का अल्प आयु से ही पितृहीन सन्तान का लालन-पालन इस प्रकार किया था कि जीवन-संग्राम में वे हर चुनौती का सामना योग्यतापूर्वक कर सके। अब तो चट्टान जैसा अडिग माँ के नेत्रों में

भी उसके अनिश्चित भविष्य को लेकर क्षणिक सन्देह तैर जाता था।

सुबह नीरज शीघ्रतापूर्वक तैयार हो रहा था। आज उसे साक्षात्कार के लिए जाना था।

"मेघा, जल्दी से चाय दो।" नीरज ने कहा।

"सुनो जी, आज साक्षात्कार के लिए जाना हो तो किसी असहाय की सहायता अवश्य करना। जिसे आवश्यकता हो, उसे नौकरी देना।" मेघा ने अपने पति नीरज कुमार को जलपान करवाते हुए कहा।

"मेघा, नौकरी उसी को मिलेगी, जो उसके योग्य होगा, उसे नहीं, जिसे उसकी आवश्यकता होगी। आवश्यकता तो हर व्यक्ति को होती है, परन्तु कर्त्तव्य तो यही कहता है कि अधिकार योग्य अधिकारी को ही मिलना चाहिए," नीरज ने पराँठा खाते हुए कहा। इतने में फोन की घंटी बज उठी। जब नीरज फोन सुनकर चाय पीने बैठा तो वह कुछ परेशान-सा था।

मेघा ने जिज्ञासु स्वर में पूछा, "क्यों क्या हुआ? किस का फोन था?"

नीरज ने बुझे स्वर में उत्तर दिया, "हमारे चेयरमैन का।"

"क्यों किया था फोन?"

"कहते हैं किसी विजय कुमार सक्सेना नामक लड़के को नौकरी में रखना है। वह उनकी पत्नी की बहन का लड़का है।" नीरज ने उत्तर दिया।

"अब क्या करोगे?"

"केवल योग्य को ही चुनूँगा।" नीरज बोला।

"निगम साहब कुपित नहीं हो जाएँगे? तुम्हें नौकरी से निकाल दिया तो?" मेघा ने घबराए स्वर से कहा। वह अपने पति को बीस वर्ष से जानती थी कि वह किस मिट्टी का बना हुआ है।

"मेघा, भयभीत होने से जीवन नहीं चलता। अवश्यंभावी घटित हो कर रहता है। जीवन-संघर्ष में कायरता दिखाना मुझे अच्छा नहीं लगता। जो उचित होगा, वही करूँगा।" नीरज ने दो–टूक उत्तर दिया।

नीरज कुमार एक बहुत बड़े पुस्तकालय में मुख्य पुस्तकाध्यक्ष के पद पर आसीन था। आज भी बाईस वर्ष पूर्व का वह दृश्य चलचित्र सा उसके नयनों के सम्मुख प्रस्तुत हो जाता, जब टेक्निकल असिस्टेंट पद के लिए उसने अपने पुस्तकालय में आवेदन-पत्र दिया था और फिर दिया था साक्षात्कार। यह तो सात वर्ष पश्चात स्वयं उस सज्जन पुरुष ने ही नीरज कुमार को बताया कि उसका चुनाव उन्होंने किया था, अन्यथा नीरज कुमार के स्थान पर एक अयोग्य तृतीय श्रेणी में स्नातक 'डायरेक्टर' के साले को इस पद के लिए चुना गया था। परन्तु मिस्टर डिसूजा ने जिन्हें एक्सपर्ट के रूप में साक्षात्कार के लिए बुलाया गया था,

जब डायरेक्टर पुस्तकाध्यक्ष इत्यादि को सर्वदा अयोग्य प्रार्थी को चुनते हुए देखा तो डिसूजा ने स्पष्ट शब्दों में कह दिया, केवल डिजर्विंग कंडीडेट को ही जॉब मिलेगा।

और उस पद के योग्य नीरज से अधिक और कोई न था, अतः अन्य अधिकारियों को डिसूजा की बात माननी पड़ी। मिस्टर डिसूजा के व्यक्तित्व से नीरज कुमार प्रभावित हुआ और उसने उसी दिन यह दृढ़ निश्चय कर लिया कि उसी पथ पर चलेगा जो सत्य के आलोक से अवलोकित हो।

भारतीय शिक्षा सदन के अधिकारीगण कार्तिकेय से प्रश्न पूछ चुके थे। अब नीरज कुमार उससे प्रश्न पूछ रहा था। प्रार्थी हर तरह से योग्य था यद्यपि कार्तिकेय पूर्ण विश्वास के साथ उत्तर दे रहा था, परन्तु एक शूल-सी हृदय में चुभन पैदा कर रही थी। वेदना की अस्पष्ट छाप उसके मुखमंडल पर अंकित होते-होते विलीन हो जाती थी।

नीरज कुमार ने कार्तिकेय से पूछा, "क्या कारण है मिस्टर कार्तिकेय प्रथम श्रेणी में उत्तीर्ण होने के पश्चात भी आप अभी तक सर्विस न पा सके?"

"सर, इस विषय में मैं क्या कह सकता हूँ? शायद रिश्तों की मान्यताओं के आगे योग्यता को नतमस्तक होना ही पड़ता है।" कार्तिकेय ने शिष्ट स्वर में उत्तर दिया।

"आप कहना क्या चाहते हैं? क्या सब स्थानों पर भाई भतीजावाद ही जीतता है? क्या योग्यता का संसार में कोई स्थान नहीं?" नीरज ने उत्तेजित स्वर में कहा।

"सर, धृष्टता के लिए क्षमा करें, आज तक यही देखता आया हूँ और आज भी यही होना है। मिस्टर विजय कुमार सक्सेना ने अभी-अभी कैंटीन में यही घोषणा की है कि यह साक्षात्कार तो एक नाटक है। उनका चुनाव तो पहले से ही हो चुका है।"

कार्तिकेय का स्वर आवेश से काँपने लगा और सबको नमस्कार कर तीव्रगति से बाहर चला गया। साक्षात्कार-कक्ष में नीरवता व्याप्त थी।

नीरज ने गुरु-गम्भीर स्वर में कहा, "मैं कार्तिकेय के सेलेक्शन के पक्ष में हूँ, प्रार्थी हर तरह से इस पद के योग्य है।"

पुस्तकाध्यक्ष ने खिसियायी हँसी हँसते हुए कहा, परन्तु मिस्टर नीरज ने पुस्तकाध्यक्ष को बीच में ही टोकते हुए कहा, "देखिए, कार्तिकेय हर तरह से योग्य लड़का है और इस पद का अधिकारी वही है। वही अकेला है जो हर दृष्टि से इस पद का कार्यभार सँभालने योग्य है। अतः मैं उसके सेलेक्शन के पक्ष में हूँ।" उसे अन्य अधिकारीगणों की मानसिकता पर अत्यधिक दुःख हो रहा था। कुछ समय तक विचार-विमर्श चलता रहा। तत्पश्चात विवश हो कर अन्य सदस्यों को भी कार्तिकेय को चुनना पड़ा।

उधर कार्तिकेय उदास सा एक उपवन में अमलतास के वृक्ष के नीचे बैठा था। रह-रह कर विजय कुमार सक्सेना के साथ हुआ वार्तालाप उसके हृदय को अशान्त किए जा रहा था। कार्तिकेय के साक्षात्कार में अभी समय शेष था, इसलिए कुछ खाने के लिए कैंटीन में जा बैठा। वहाँ कई और प्रार्थी भी बैठे थे। इतने में काली पैंट और लाल रंग की छापेदार कमीज पहने गले में पीताभ रूमाल बाँधे एक युवक ने प्रवेश किया। स्थानाभाव देख कर वह कार्तिकेय के पास जा बैठा और काकदृष्टि से उसे निहारने लगा। कुछ क्षण पश्चात् वह निर्लज्जता से अपनी दंतपंक्ति दर्शाते हुए उद्दण्ड स्वर में बोला, "श्रीमानजी, क्या आप इंटरव्यू देने आये हैं?"

कार्तिकेय ने अनिच्छापूर्वक कहा, "हाँ।"

"तो बेटा भूल जाओ इस नौकरी को। इसको तो हम साले विजय कुमार सक्सेना पहले ही हथिया चुके हैं। बड़े आये नौकरी करने वाले?" वक्र भृकुटी डालते हुए सक्सेना ने उत्तर दिया और फिर चारों ओर अपनी संधान दृष्टि से देख लोमड़ी-सी आँखें घुमाते हुए दम्भपूर्ण स्वर में हर प्रार्थी पर शिलावृष्टि करते हुए कहा, "अजी, ये इंटर-विंटरव्यू तो सब दिखावा है। नौकरी तो हमें मिलनी थी, सो मिल गयी। क्या समझे।"

इतना कहकर सब पर उपेक्षापूर्ण दृष्टिपात करते हुए सक्सेना धूमकेतु-सा कैंटीन से बाहर चला गया। कल्पतरु तो विद्युतवाहिनी के अकस्मात वज्रपात से जड़ तक झुलस चुका था। कार्तिकेय का फिर कुछ खाने को मन नहीं हुआ और भी कई प्रार्थी सूखा मुख लिए कैंटीन से बाहर चले गये।

कार्तिकेय की स्वाभाविक प्रेरणा लुप्त होती जा रही थी। ऐसा कब तक चलेगा? वह मेहँदी की झाड़ी के पास बैठा सोच रहा था।

स्नान आदि से निवृत्त हो कर जैसे ही कार्तिकेय ने माँ से नैवेद्य लिया तो अपराधी की सी दृष्टि से माँ की मंजुलमूर्ति को निहारा और फिर वहाँ से निःशब्द दूसरे कमरे में चला गया। परन्तु उज्ज्वल भविष्य स्मित हास्य लिए उसके द्वार को खटखटाने आ रहा है, वह क्या यह जानता था?

इस नौकरी को तो उसने अलभ्य ही समझा था, परन्तु अब वह चार महीने से नौकरी कर रहा था, अपने चुनाव का क्या रहस्य है, उसे समझ में नहीं आ रहा था और एक दिन स्वयं पुस्तकालयाध्यक्ष महोदय ने अपने इस 'असिस्टेंट' की योग्यता पर मुग्ध हो कर उस रहस्य को अनावृत कर दिया। कैसे नीरज के चेयरमैन उससे कुपित थे। वह तो हमारे डायरेक्टर को उनके योग्य रिश्तेदार सक्सेना के पूर्णवार्तालाप का पता, कैंटीन के एक नौकर से चला, तो वह इतने क्षुब्ध हुए कि उन्होंने मिस्टर निगम से नीरज और कार्तिकेय के विषय में स्वयं बात की। निगम तथा डायरेक्टर बचपन के मित्र थे। डायरेक्टर ने निगम से नीरज की उन्नति के विषय में कहा।

निगम तू भाग्यशाली है जो तेरी संस्था में एक इतना सच्चा-सीधा कर्त्तव्यनिष्ठ अधिकारी है। और वह कर्त्तव्यनिष्ठ पन्द्रह वर्ष से एक पद पर पड़ा है क्यों? किसलिए? क्यों यही उसकी कर्त्तव्यनिष्ठा न्यायप्रियता का पुरस्कार है? क्यों उपेक्षित रहा उसका भविष्य? क्या किया तेरी संस्था ने उसकी उन्नति के लिए? आज हमारे योग्य डाक्टर, इंजीनियर तथा अन्य अधिकारी इसलिए तो विदेश की ओर दौड़ते हैं क्योंकि स्वयं उनकी मिट्टी उनकी योग्यता का मूल्यांकन नहीं करना चाहती। कितनी पुस्तकें लिखी हैं, नीरज ने? कितने सेमिनार वर्कशाप करवाए, सदा तन-मन से अपनी संस्था की सेवा निमित्त समर्पित रहा। घर में तुम नहीं, हमारे क्षेत्र का हर प्राणी जानता है। क्या मूल्यांकन हुआ उसकी योग्यता का? कितना अन्याय होता रहा है उसके साथ? कितना समय व्यतीत हो गया उसकी उन्नति के लिए विचार-विमर्श करते हुए? और जहाँ तक कार्तिकेय का प्रश्न है नीरज ने हीरा ही चुना है, जिसे समय तथा अनुभव तराश डालेंगे।

निगम साहब को कुछ कर्त्तव्य बोध हुआ कि उन्होंने नीरज को डिप्टी डायरेक्टर बना दिया और मुझे यह सारी सूचना स्वयं विजय कुमार सक्सेना मलिन मुँह दे गया।

पिया बावरी

सावन के मास में नृत्यांगनी बरखा रानी के नृत्य की मधुर रिमझिम के साथ बौछार भरे शीतल पवन के झोंके तन-मन को एक अनुपम अनुभूति से अभिभूत कर रहे थे। सुनहरे रुपहले स्वप्नों की छाँव में मन मयूरा भी झूम-झूमकर नृत्य कर रहा था। जब रंग भरे, उमंग भरे मेघादल को देख प्रकृति प्रिया ही पुलक-पुलक कर जा रही थी तो साधारण मानव की क्या बिसात। सम्भवतः यह प्रीत की जुदाई की घड़ी का ही चमत्कार था जो वर्षा को सावन इतना सौन्दर्यमय प्रतीत हो रहा था। अकस्मात् ही उसके मुख से निकल पड़ा, "सौरभ सावन इतना सुखद सुहावना तो कभी न था।"

"हाँ, सम्भवतः तुम ठीक ही कह रही हो। पर वर्षा, जब मन में खुशी होती है तो आदमी को अपने चहुँओर ही हर चीज़ सुन्दर सुहावनी लगती है।" अपनी धवल दन्त पंक्तियों की छटा बिखेरते हुए सौरभ ने कहा।

"सौरभ, आज का सावन मैं कभी भी न भूलूँगी। मैं तुम्हारे साथ रिमझिम-रिमझिम बरसते सावन में हर पत्ते हर बूटे को खिला-खिला देखती हूँ। कलियाँ तो मानो अपनी महक से ही मह-मह करके महकी जा रही हैं। मदमस्त हो झूम रही हैं। देखो जीवन कितना सुन्दर है। कितने रंगों से भरा हुआ है।" वर्षा का स्वर किसी स्वप्न लोक से आता हुआ प्रतीत हो रहा था।

आज का दिन सौरभ व वर्षा ने घूमने के लिए रखा था। दो दिवस पश्चात् सौरभ कम्प्यूटर में एम.एस. करने यू.एस.ए. जा रहा था। जहाँ वर्षा के हृदय में एक शल्य की सी चुभन भी थी सौरभ से बिछड़ने के कारण। वहाँ यह परम सन्तोष भी था कि वह जीवन बनाने जा रहा था। सौरभ ने वर्षा को वचन दिया था कि वह एम.एस. करके भारत लौट आएगा और फिर वह दोनों मिलकर अपना नीड़-निर्माण करेंगे, स्वप्न साकार करेंगे। कई बार वर्षा सौरभ को कहती—सौरभ जो सुख अपनी माटी में जुड़े रहने से है वह विदेश के समस्त सुविधापूर्ण विशाल बंगलों में भी नहीं है। जो अपने मन की सुगन्ध स्वदेश में है उसका शतांग भी विदेश में नहीं है। हर प्रतिभा सम्पन्न युवक विदेश के मोह में फँसता है क्यों? केवल धन के लिए ना। क्या अपने देश के उत्थान के लिए कुछ करना हमारा कर्त्तव्य नहीं है? भारत संसार

में ऊँचा रहे, उस हेतु हम कुछ भी योगदान नहीं दे सकते क्या? मैं तो सुभ, अपने देश में ही रहूँगी। हम अपने ही कम्प्यूटर सेंटर खोलेंगे। मिलकर हर काम करेंगे आदि-आदि न जाने कितने रुपहले स्वप्न साकार करने की तीव्राकांक्षा थी वर्षा में। पर आज का दिवस केवल भ्रमण निमित्त ही था ना सो सौरभ और वर्षा मग्न मन घूम रहे थे।

दो दिवस पश्चात् वर्षा ने भीगी पलकों और भीगे हृदय के साथ सौरभ को हवाई अड्डे पर विदाई दी। सौरभ के परिजनों संग वर्षा भी सौरभ को छोड़ने आयी थी। सौरभ के पिता हंसराज ने साइकिलों की मरम्मत करने की एक दुकान खोली हुई थी। दुकान की आय से दोनों समय की रोटी चार प्राणियों के परिवार के लिए किसी तरह निकल ही आती थी। सौरभ बालपन से ही तीव्र बुद्धि व महत्त्वाकांक्षी था। विधाता ने उसे सूरत व सीरत मुक्त करों से प्रदान की थी। अपने परिश्रम के बल पर वह हर कक्षा में प्रथम स्थान प्राप्त कर सफलता के सोपान चढ़ता आ रहा था। किशोरावस्था तक आते-आते वह दो-तीन घण्टे कार्य भी करने लगा था। कुछ धन उसे छात्रवृत्ति से मिल जाता था। अतः वह जीवन नैया आनन्द मग्न हो चला रहा था व सफलता के सोपान चढ़ता जा रहा था। वर्षा को वह तीन वर्ष पूर्व मिला था एक कम्प्यूटर सेंटर में। काले चमकीले विशाल नेत्रों वाली मधुर भाषणी वर्षा उसके कुछ ऐसे मन भायी कि उसने वर्षा संग न केवल मित्रता की अपितु संग-संग स्वप्न साकार करने की सौगन्ध भी खा ली। सामान्य कद की वर्षा के व्यक्तित्व में कुछ ऐसा अनोखा आकर्षण था, विशेषकर उसके नयनों व उसकी दुग्ध धवल दन्त पंक्तियों की हँसते समय की छटा में कि दर्शक मन्त्र मुग्ध सा उसे देखता ही रह जाता। वह वर्षा की जल तरंगी हँसी की ध्वनि में डूब-डूब कर रह जाता। वर्षा की निर्दोष नयनों की चावनी उसे बाँध लेती। अतः सौरभ के मन प्राण भी सदा सर्वदा निमित्त उन नयनों में बसे रहने का वचन दे बैठे। वर्षा एक धनी व्यवसायी की तृतीय कन्या थी। तीन देवियों के धरती पर अवतरित होने के पश्चात् सुन्दर स्वरूप ने सौगन्ध खा ली कि अब पुत्र की कामना कभी नहीं करेगा। लक्ष्मी जी तो सदा से ही उस पर वरदहस्त रखे हुए थीं सो वह अपनी पुत्रियों को अति लाड़ चाव से पाल रहा था। वर्षा की अग्रजा वीना व नीना के विवाह समयानुसार सुपात्रों के साथ सम्पन्न हो चुके थे। वे अपने प्रियतम द्वारे मनचाहा जीवन व्यतीत कर रही थीं। वर्षा व उनकी आयु में क्रमशः दस व पाँच वर्ष का अन्तर था अतः वर्षा अभी विद्या ग्रहण कर रही थी। वह सौरभ जैसे कुशाग्र बुद्धि तो न थी तो भी पढ़ाई के क्षेत्र में वह ठीक-ठाक थी। अन्य धनिकों की पुत्रियों तुल्य वह बिगड़ैल शहज़ादी न थी। उसे भारतीय परिधान साड़ी व सूट अत्यन्त प्रिय थे। जब वह असल रेशम या सूत की बनी साड़ी पहन अपने नितम्ब चुम्बी काले केशों की ढीली ढाली वेणी गूँथ सौन्दर्य प्रसाधन के नाम पर एक छोटी सी जवाकुसुम वर्णिये कुमकुम लगा, हाथ में पुस्तकें पकड़े महाविद्यालय जाती तो

नुचीखुची भौंह वाले यत्नपूर्वक विदेशी महँगे प्रसाधनों से पुते चेहरे धूमिल दिखाई देने लगते। जो बात वर्षा की सादगी में थी वह बनावटी पाउडर पुते चेहरों में कहाँ थी। सहपाठनिये के व्यंग्य बाणों की ओर वह ध्यान ही नही देती थीं। न ही उसको उलटी सीधी आदतें थीं। उसको तो प्रिय था मधुर लोक व सुगम संगीत तथा सुन्दर सुमनों से सुसज्जित उद्यानों में घूमना। प्रकृति की अनुपम छटा निहारना। लम्बा ऊँचा गौरवर्णीय सुदर्शन देहयष्टि वाला सौरभ कब उसके मन प्राणों का स्वामी बन उसके रोम-रोम में समा गया, वर्षा को पता ही न चला। केवल तीन वर्ष पूर्व ही वह सौरभ से मिली थी पर उसे ऐसे लगता था जैसे एक युग से वह उसे जानती पहचानती है। दोनों की इच्छाएँ आकांक्षाएँ एक समान थीं अतः उन्होंने संग-संग जीवन पथ पर चलने की सौगन्ध खा ली। यद्यपि सौरभ विदेश में रहना चाहता था तो भी वर्षा निमित्त उसने अपने ही देश में लौट आने का निर्णय किया।

सौरभ को विदा कर वर्षा भी एकाग्र चित्त हो अपनी पढ़ाई में जुट गयी। वह भी डिप्लोमा कर रही थी कम्प्यूटर में। एक वर्ष तो प्रसन्नतापूर्वक व्यतीत हो गया। अधिकतर वर्षा ही सौरभ के साथ दूरभाष पर बात करती। सौरभ तो बहुधा उसे लम्बे-लम्बे पत्र ही लिखता। शनैः-शनैः दूसरा वर्ष व्यतीत हुआ तो सौरभ के एकाएक पत्र आने बन्द हो गये। न वर्षा का सम्पर्क दूरभाष द्वारा सौरभ से होता और न सौरभ उसके पत्र का कोई उत्तर देता। वर्षा का हृदय अत्यधिक व्याकुल था वह विवश थी कि क्या करे, क्या न करे। उधर सौरभ के जनकगण की स्थिति तो और भी अधिक शोचनीय थी। पिता को दमा मार रहा था और अनुज के पास पढ़ाई को पैसे न थे। साधारण पढ़ी-लिखी सौरभ की जननी मूक बधिर बन डबडबाये नेत्रों से नियति नटी के खेल देख रही थी। ऐसे में लहरों में समाती नैया की खेवट बनी वर्षा।

''माँ, मैं इस घर की होने वाली बहू हूँ। सौरभ के विदेश जाने पर उस घर का सुख-दुःख देखना मेरा कर्त्तव्य है। मैं पापा को अस्पताल लेकर जाऊँगी।" एक दिन जब हंसराज की दशा अधिक शोचनीय हुई तो वर्षा ने अधीर स्वर में कहा।

''पापा को तू अस्पताल ले जाने की बात करती है? पहले यह पत्र पढ़, देख, उस नासपीटे ने क्या लिखा है?" सौरभ की जननी ने एक पत्र वर्षा की ओर बढ़ाया और स्वयं धरा पर बैठ करुण-क्रन्दन करने लगी।

माँ पिताजी,

सादर प्रणाम!

न आप मेरी चिन्ता करें ना ही वर्षा को मेरी प्रतीक्षा करनी है। मैंने यहाँ सोफिया से विवाह कर लिया है। सोफिया विदेशी हुई तो कोई अन्तर नहीं पड़ता वह एक समझदार पत्नी व समझदार दोस्त है। मैंने यहीं बसने का निर्णय किया है। वर्षा को कह देना अच्छा-सा लड़का देख शादी कर ले।

आपका बेटा,
सौरभ

पत्र पढ़कर वर्षा का ऊपर का श्वास ऊपर व नीचे का नीचे रह गया। वह विवेकशून्य सी स्तब्ध सी खड़ी रह गयी। उसे चहुँओर अन्धकार ही अन्धकार दिखाई देने लगा। सौरभ के जनक को जानलेवा खाँसी का दौरा पड़ चुका था। गौरव को राह नहीं सूझ रही थी। ऐसे में सम्पूर्ण पीड़ा, सम्पूर्ण व्यथा को अन्तःकरण के अन्तिम कक्ष में दबा, सुदृढ़ता से उसके द्वार बन्द कर वर्षा अडिग चट्टान तुल्य खड़ी हो गयी। ''गौरव, शीघ्र इधर आओ, पापा को अस्पताल लेकर जाना है।'' गौरव की शून्य में विलीन होती चेतना वर्षा का यह कथन सुन वापस लौट आयी। येन-केन उसने जनक को सँभाला व औषधि खिलाई। औषधि के सेवन के पश्चात् हंसराज की दशा में कुछ-कुछ सुधार होने लगा। वर्षा कटिबद्ध थी उसे अस्पताल ले जाने निमित्त पर हंसराज परिवार संकोच कर रहा था उसकी सहायता लेने से।

"क्या इस लड़की को और दुख दें जिसका जीवन हमारे सपूत ने माटी में मिला दिया है। दुष्ट कहीं का। विदेशिनी की नीली आँखों पर ही मर मिटा। कपूत कहीं का। क्या कमी थी इस सुन्दर सुघड़ छोरी में।'' शारदा देवी की तन्द्रा भंग की वर्षा ने ''माँ, क्या विचार कर रही हो? जल्दी अस्पताल चलो। पापा की तबीयत दुबारा न खराब हो जाए।"

"पर बेटी..." सौरभ की जननी को मध्य में ही टोकते हुए वर्षा ने विनीत स्वर में कहा, ''माँ पर वर कुछ नहीं। मुझे मेरा कर्तव्य निभाने दो। चलो, पापा उठो, गौरव पापा को एक ओर से तुम पकड़ो। इन्हें गाड़ी में बिठाना है और हाँ, माँ तुम भी साथ चलो।'' वर्षा के अपनेपन के आगे सौरभ परिवार की एक न चली। पापा को स्वस्थ होने में दो मास लगे। गौरव को सिविल इंजीनियर हेतु रुड़की में प्रवेश मिल गया। उसे येन-केन समझा वर्षा ने स्वव्यय पर रुड़की भेज दिया। स्वयं दोनों समय आकर हंसराज व उसकी पत्नी को देख जाती। विवश हो हंसराज को दुकान बन्द करनी पड़ी क्योंकि नशेड़ी नौकर मंगतू उसको सदा रिक्त कर झटककर दिखला देता था। शनैः-शनैः चार वर्ष व्यतीत हो गये। वर्षा ने हर सम्भव प्रयास से सौरभ का पता करने, उसके साथ सम्पर्क करने का प्रयत्न किया पर परिणाम शून्य निकला। जनक के लाख चिचौरी करने पर भी वर्षा ने अन्यत्र विवाह नहीं किया। धन की कमी तो उसे न थी तो उसकी इच्छा देखते हुए सुन्दर स्वरूप ने उसे एक कम्प्यूटर सेंटर खोल दिया। जिसे अन्य योग्य सहयोगियों की सहायता से वर्षा सुचारु रूप से चलाने लगी। कम्प्यूटर सेंटर का नाम था सौरभ भविष्य निर्माण केन्द्र। गौरव परीक्षा दे लौटकर वापस आ गया था। उसे परिणाम घोषित होने के पश्चात् शीघ्र ही पंजाब में नौकरी मिल गयी। अतः वह जनकगण को लेकर चण्डीगढ़ चला गया। वर्षा ने स्वयं को कार्यक्षेत्र रूपी ताल में आकंठ डुबो दिया तो भी रात्रि में चुपके से धीमे-धीमे पग रखता सौरभ उसके हृदय द्वार तक आ पहुँचता। मग्न हृदय नारी उस समय अंतःकरण से उस जग के रचयिता को

पुकारती कि उसे शीघ्र ही उसके प्रियतम संग मिला दे।

दीपावली वह हंसराज के परिवार संग मनाने चण्डीगढ़ गयी तो गौरव ने एक अनोखा सा प्रश्न उससे पूछा डाला—"वर्षा जी क्या..." गौरव को मध्य में ही टोकते हुए वर्षा बोली, "ओह! गौरव तुम कभी नहीं मानोगे। हज़ारों बार तुमसे कहा है मुझे वर्षा जी, वर्षा जी, मत कहा करो। भाभी कहा करो, भाभी। मैं तुम्हारी भाभी हूँ। मैं सौरभ की पत्नी हूँ। क्या हुआ यदि फेरे नहीं हुए तो? क्या मेरा सौरभ को मन प्राणों से पति मानना ही पर्याप्त नहीं है। बोलो।" एकाएक आवेश से वर्षा का मुख रक्तिम हो उठा।

"मैं आज से ही आपको भाभी कहूँगी। बहुत हो चुका जी, अब इनका और अधिक दिल मत दुखाओ।" गौरव की पत्नी स्नेहा ने पति को मीठी झिड़की देते हुए कहा।

"और मैं तो ताई जी कहता ही हूँ ना, है न ताई जी, ओ ताई जी मेरी ताई जी," गौरव का पुत्र समर्थ प्रसन्नता से नाचते हुए कहने लगा।

"अच्छा भाभी कान पकड़ता हूँ। देवी, क्षमा करें इस अपराधी को। भविष्य में यह अपराध कदापि नहीं करूँगा प्रिय भाभी माँ, लो कान पकड़ता हूँ।" किसी विदूषक की भाँति गौरव कान पकड़कर धरती पर बैठ गया तो मुक्त हास्य से सारा वातावरण महक उठा।

"हाँ तो भाभी, एक बात बतायें। यदि सौरभ भैया अपंग हो जाते तो क्या तब भी तुम उनको इतना ही चाहतीं?"

"क्या अंट-शंट बकते रहते हो। गौरव वह जहाँ भी रहें प्रसन्न रहें, खुश रहें। वह भला अपंग क्यों हों? जगदाता उन पर अपनी सदा दया दृष्टि रखे। भविष्य में कभी ऐसे अंट-शंट प्रश्न मत पूछना। देखते नहीं, मैं माँ पापा तुम्हारे स्नेहा व समर्थ के साथ कितनी प्रसन्न हूँ। तुम सब ही तो मेरी जिन्दगी हो, बन्दगी हो।" वर्षा का आक्रोश भरा स्वर कोमल, अति कोमल हो चला था। अनेक यत्न कर हंसराज परिवार हार गया पर वर्षा तुंग हिमालय तुल्य अडिग रही—नहीं, अन्यत्र विवाह का तो प्रश्न ही नहीं उठता। मैं अपने परिवार के साथ ही हूँ ना। मैं समझती हूँ मेरा पति विदेश में रहता है। आदि आदि न जाने कितने तर्क-वितर्कों द्वारा वह सबको शान्त कर देती। देहली में तो एक कम्प्यूटर सेंटर पहले ही वर्ष खोला हुआ था अब एक वर्ष पूर्व एक चण्डीगढ़ में भी खोल दिया।

कालचक्र चलायमान था अपनी गति से। देखते ही देखते दस वसन्त बीत गये। अल्पाहार ने वर्षा की देहयष्टि को वैसे ही सुडौल रखा। मांस की एक हल्की सी परत भी न चढ़ पायी उस कर्मयोगिनी की काया पर। वसुन्धरा पर और भी व्यथाएँ हैं प्रणय के अतिरिक्त प्रीतम अन्य रूपसी के कुन्तलों की छाँव तले जा बैठा है तो जा बैठे, सारा परिवार तो मेरे साथ है ना। कभी मिलने दो, मैं भी बात

तक नहीं करूँगी—यानी अपने हृदय को कुछ इस प्रकार समझाती।

शरद पूर्णिमा का दिन था। वर्षा को एकाएक शिमला जाना पड़ा किसी आवश्यक कार्य के कारण। सम्पूर्ण दिवस वह अति व्यस्त रही। अत्यन्त कठिनाई से उसे 'कार्ट रोड' पर पार्किंग मिली थी। अपनी गाड़ी वहाँ खड़ी कर वह लिफ्ट से ही चढ़ माल रोड पर आ गयी। उसकी चाय पीने की तीव्र इच्छा हो रही थी। वह शिमला के प्रसिद्ध जलपान गृह 'बालजी' में जा बैठी। सुपरिचित स्वर सुन उसने नयन उठा सामने देखा तो विस्फारित नेत्रों से देखती ही रह गयी। स्वयं को चिकोटी काट उसने देखा कि वह कहीं स्वप्न तो नहीं देख रही। उसे अपने नेत्रों पर, अपने पर विश्वास नहीं हो रहा था—उसके समक्ष सौरभ बैठा हँस-हँस के बतिया रहा था। सौरभ के साथ ही गौरव और पापा बैठे थे। सामने वाली सीट पर सम्भवतः माँ स्नेहा व समर्थ थे। किसी बात पर सौरभ मुक्त कण्ठ से हँस पड़ा। हँसते-हँसते जैसे ही उसकी दृष्टि सामने पड़ी तो मानो वह काठ हो गया और उसकी हँसी मध्य में ही थम गयी। वर्षा उसे विस्फारित नेत्रों से निहार रही थी। सौरभ का मुख काला पड़ गया। उसे अवाक् सामने देखते हुए देख पापा व गौरव ने भी उसकी दृष्टि का अनुसरण किया तो पाया कि सामने वर्षा बैठी अपलक सौरभ को निहार रही थी। उन दोनों की भी वही दशा हुई जो सौरभ की थी। 'हाय इन सबको क्या हो गया है।' ऐसा विचार करते हुए स्नेहा व शारदा ने भी पीछे मुड़कर देखा तो वे भी वर्षा को देखती रह गयीं। उन्हें स्वप्न में भी आशा न थी कि उन्हें 'बालजी' में वर्षा सामने बैठी हुई मिल जाएगी। 'बड़े पापा, एक आइसक्रीम और खाऊँगा।' समर्थ के स्वर ने सबकी तन्द्रा भंग की तो हंसराज चेत उठा। उसने वर्षा को निकट आने का संकेत किया। वर्षा तो मानो कूल कगार तोड़ बाढ़ आयी सरिता सम बहने को आतुर थी। वह जैसे ही बैठी थी वैसे ही तृष्णा लिये वहाँ से उठी व द्वार की ओर बढ़ने लगी। अब इन पाषाण प्रतिमाओं से क्या मिलना है। कितना खिलवाड़ किया इन्होंने मेरे साथ... न जाने क्या-क्या विचार गड्ड-मड्ड हुए जा रहे थे वर्षा के मन में। गौरव शीघ्रतापूर्वक उठा और उसके पीछे चल दिया—भाभी भाभी, रुक जाओ। हमारी बात सुनो। वर्षा तो मानो मूक बधिर हो चुकी थी। हृदय में उमड़ती झंझाझकोर गर्जन तर्जन करतीं मेघ मालाएँ उसे अति व्याकुल किये हुए थीं। कुछ पग चलकर न जाने क्यों धरती आकाश एक दूसरे में विलीन हो गये और वर्षा कटे वृक्ष तुल्य मार्ग मध्य गिर पड़ी। जैसे-तैसे अन्य दर्शकों की सहायता से गौरव ने एक हाथ बगी का प्रबन्ध किया और अचेत वर्षा को बगी में डाल 'सनोडन' अस्पताल ले गया। दस दिवस लगे वर्षा को अस्पताल में। तन तो किसी सीमा तक स्वस्थ हो गया था पर मन, मन तो मानो तीर मार घायल कर दिया हो। तीसरे दिवस जब वर्षा की चेतना लौटी तो उसने गौरव सौरभ व माँ पापा को वहाँ खड़े पाया। सौरभ पर जैसे ही दृष्टिपात किया कि

मन पुनः अवचेतन घाटियों में विलुप्त हो गया। तब चिकित्सक ने स्पष्ट कहा कि कृपया आप लोग सामने न आएँ। इन्हें कोई गहरा शॉक लगा था। स्वस्थ होने में समय लगेगा। हंसराज परिवार मौन रहने के लिए विवश था।

आज वर्षा को अस्पताल छोड़ना था। गौरव प्रातः ही वहाँ आ गया था। वर्षा का शिष्ट पर निर्बल स्वर गूँजा, "सहायता के लिए धन्यवाद गौरव। मैं स्वयं ही कोटेज तक चली जाऊँगी।"

"नहीं भाभी, मैं तुम्हें छोड़कर आऊँगा। तुम अभी पूर्ण स्वस्थ नहीं हो," गौरव ने अधीर स्वर में कहा।

"कौन सी भाभी। किसकी भाभी!! मैं वर्षा हूँ। वर्षा कहो गौरव। मैं स्वप्नों के संसार में जीती थी। स्वप्न स्वप्न ही होता है और सत्य सत्य ही। मैं वर्षा हूँ। केवल वर्षा..." शेष शब्द वर्षा के अवरुद्ध कण्ठ में ही घुमड़ कर रह गये।

"क्यों भाभी न कहूँ? तुम मेरी भाभी हो और भाभी ही कहूँगा। चट्टान सी अडिग रहने वाली भाभी आज अंधड़ का एक बहाव सहन न कर पायी। बिना सत्य जाने ही सब निर्णय ले लिए," गौरव का स्वर अतिशय करुणामय था।

"अब सत्य और क्या हो सकता है। तुम सब तो यह कहते थे कि नीली आँखों वाली के जादू में सौरभ ऐसा खो गया है कि दस वर्षों में एक बार भी तुम लोगों से नहीं मिला। झूठ। कितना बड़ा झूठ। वह महाशय सशरीर तुम लोगों संग शिमला में घूमने आये हुए हैं और तुम झूठ पर झूठ बोलते हो। क्या हवाई जहाज से सीधे मालरोड पर उतरे थे तुम्हारे भ्राता?" वक्र अधर करते हुए तिक्त स्वर में वर्षा आग्नेय नेत्रों से गौरव को देखते हुए बोली।

"यह बात नहीं है। आप असली बात नहीं जानतीं। मैं आपको सब कुछ बताता हूँ।" अधैर्यपूर्वक गौरव बोला।

"अब सुनने को कुछ शेष नहीं है। कृपया मुझे मेरे हाल पर छोड़ दें, डॉ. नर्स प्लीज मेरी मदद करो। इन्हें यहाँ से भेज दो।" तीव्र स्वर में वर्षा कक्ष में प्रवेश करते हुए डॉ. व नर्स से बोली। समय की स्थिति की गम्भीरता देख निराश गौरव वहाँ से चला गया।

उसी दिन संध्या समय गौरव, सौरभ वर्षा की काटेज पर पहुँचे। द्वार सेविका ने खोल उन्हें अतिथि कक्ष में बैठा दिया और वर्षा को सूचित कर दिया। असल मूंगा सिल्क के सलवार सूट में वर्षा का रूप कुछ-कुछ धूमिल लग रहा था। रजत वर्णीय कुछ तार लिये हुए काले कुन्तल क्षीण कटि पर लहरा रहे थे। वह एक मूक दर्शक की भाँति आकर सोफे पर बैठ गयी।

"वर्षा, वर्षा..." सौरभ का नम्र व्याकुल स्वर काँप कर रह गया। वर्षा ने एक दृष्टि तक नहीं डाली उस पर।

"वर्षा, तुम्हारा अपराधी मैं हूँ, केवल मैं। इन लोगों का कोई दोष नहीं। दोष है

तो इतना कि इन्होंने मेरी इच्छानुसार सब काम किया।"

"मुझे कुछ नहीं सुनना। तुम लोग यहाँ से चले जाओ," सप्तम स्वर में चिल्ला पड़ी वर्षा। इतना अनादर। इतना तिरस्कार। गौरव न सहन कर सका।

"चलो भैया, पाषाण नहीं पिघला करते।" गौरव ने सौरभ को उठाते हुए कहा।

"हाँ-हाँ जाओ। अपना धूर्त चेहरा मुझे फिर कभी न दिखाना। कपटी कहीं के," पुनः दहाड़ उठी वर्षा। क्षोभ दुःख व्यथा ने उसे दिग्भ्रान्त कर दिया था।

स्तब्ध सा सौरभ उठा और बैसाखी का सहारा ले चल पड़ा भग्न हृदय लिए अनुज के संग।

बैसाखी की ठक-ठक सुन वर्षा ने एक भरपूर दृष्टि डाली सौरभ पर तो हृदय मानो स्पन्दन हीन हो गया। सौरभ का बायीं ओर का हाथ निर्जीव सा लटका पड़ा था। वह पुकार-पुकार कर अपनी दयनीय दशा दिखा रहा था वर्षा को और दायाँ कृत्रिम पैर बैसाखी के सहारे चल रहा था। नयनों से अविरल निरन्तर नीर बहने लगा वर्षा के। हृदय क्षणांश में सारे उपालम्भ दर्प कटुताएँ भूल गया। वह व्याकुल हो भागी व कातर स्वर में कह उठी, "यह तुम्हें क्या हो गया। सौरभ, सुभा।"

"नर के मन कुछ और है नारायण मन कुछ और। जिस दिन मेरी पढ़ाई समाप्त हो गयी यू.एस.ए. में तो उसी संध्या मैंने एक हाथ व एक पाँव की आहुति चढ़ा दी दुर्घटना को। गाड़ी का बड़ा जबरदस्त एक्सिडेंट हुआ था। मैं ही कैसे बचा आज भी सोचकर आश्चर्य होता है। और फिर चला क्रास चक्र। एक्सिडेंट करने वाला मेरे जीवन के सब स्वप्न धूल में मिला भाग गया। शरीर तो जैसे तैसे स्वस्थ हुआ पर भविष्य व मन दोनों अन्धकारमय हो गये। मैं अपने माँ पापा व गौरव को कष्ट नहीं देना चाहता था। अतः निर्मोही बन झूठे विवाह का समाचार लिख भेजा। अपंग जीवन जीना मुझे रास न आया विदेश में सो देश चला आया। घरवालों को जब सच्चाई पता चली तो आँसू के स्थान पर खून निकला उनकी आँखों से। मैं नहीं चाहता था तुम्हारा जीवन एक अपंग के साथ कटे, अपंग के सहारे कटे। सो इनको अपनी सौगन्ध दे तुम्हें सच बताने से मना कर दिया। मैं शिमला में ही एक छोटी सी नौकरी करता हूँ। गुजारा चल ही जाता है। उस दिन समर्थ का जन्म दिन था सो सब शिमला आये थे और तुम्हें किस्मत ने 'बालजी' में मिला दिया। मुझे अपराधी बनाया मेरी नियति ने। मुझे क्षमा करना। वर्षा, माफ़ करना। वर्षा, तुम्हारे ऋण से तो उऋण मैं मृत्यु पश्चात् भी न हो सकूँगा। अब मैं अपना कपटी चेहरा तुम्हें कभी न दिखाऊँगा।"

"सौरभ, क्षमा माँगने के अधिकारी तुम नहीं अपितु मैं हूँ। मैंने तुम्हें गलत समझा। मुझे क्षमा करो और तुम्हें क्या अपनी वर्षा पर विश्वास नहीं था जो उससे सच छुपाया। मैंने क्या तुम्हारे हाथ पाँव से प्यार किया था। मैंने तुमसे प्यार किया

है सौरभ तुमसे! और तुम मुझे हर रूप में स्वीकार हो। वह प्रेम ही क्या जो तीव्र हवा का झोंका भी न सहन कर सके। अरे! हमारा तो जन्म-जन्म का बन्धन है। यह वह बन्धन है जिसे स्वयं विधाता ने बाँधा है। अब तुम से मुझे केवल मौत ही अलग कर सकती है।'' आँखों से अविरल अश्रु धारा बहाते हुए वर्षा ने अवरुद्ध कण्ठ से कहा और सौरभ का कर थाम लिया।

''नहीं, नहीं वर्षा, मैं तुम्हारे योग्य नहीं हूँ," अधीर स्वर में सौरभ अपना हाथ छुड़ाते हुए बोला।

''तुम्हें मेरी सौगन्ध बेटा, अब बहू का दिल न तोड़ो,'' हंसराज ने भीगे स्वर में कहा। उनके नयनों से भी निरन्तर नीर बह रहा था।

''ताई जी, ताई जी," कहते हुए समर्थ वर्षा के साथ लिपट गया तो स्नेहा मीठे स्वर में बोली, ''समर्थ ताई जी को आज तंग न करो। उन्हें तायाजी के साथ जाना है।"

''कहाँ? मम्मी,'' उत्सुक बालापन ने पूछा।

''मधुयामिनी मनाने,'' गौरव ने धीमे स्वर में कहा पर हंसराज दम्पति ने सब सुन लिया।

''पहले सप्तपदी तो पूर्ण करे फिर जाएँगे मनाने बेटा बहू... वो तुमने क्या कहा गौरव। हाँ, सौरभ तुझे सौगन्ध हम सबकी अब बहू को झूठ न बोलना।'' वर्षा ने लज्जा कर सौरभ की ओर देखा सौरभ उसे ही अनुरागमयी दृष्टि से निहार रहा था मानो चहुँ दिशा छम छम नाचती हुई बहार छा गयी हो।

'पिया बावरी...' गौरव चहक उठा व धरती-अम्बर झूम उठे।

हस्ताक्षर

आज जिस स्थान पर झरना खड़ी थी, कौन उत्तरदायी था उसके लिए? वह स्वयं, बन्धु, समाज या उसके जन्मदाता। अतीत की सुखद स्मृतियाँ कभी की प्राणलेवा सर्पदंश का रूप धारण कर चुकी थीं। विषैली स्मृतियों के दावानल में मन-प्राण भस्म हुए जा रहे थे। हाँ! आज वे स्मृतियाँ अन्तर्मन को किसी भी आनन्दमयी अनुभूति से अभिभूत नहीं करती थीं। देती थीं तो केवल मर्मान्तक पीड़ा। क्यों इतनी अबोध थी वह। क्यों इतनी निरीह थी वह? क्यों न जान पायी वह पितृजनित भाइयों का वास्तविक रूप? क्यों नहीं परामर्श लिया उसने स्वयं के पति तथा शुभचिन्तकों से? आज मानस पटल पर अतीत की एक-एक स्मृति उदित हो, हृदय को असीम व्यथा सागर में डुबो नयनों को लक्ष-लक्ष अश्रु धूल-धूसरित करने पर विवश कर रही थी। कितनी असहाय है अब वह।

आज भी वह श्रीहीन प्रातः झरना के चक्षुओं सम्मुख दामिनी-सा दमक जाता है जब उसके पति एक माह तक घोर यातना सह, इस नश्वर संसार से सर्वदा के लिए विदा हो गये। कैसा हृदयविदारक दृश्य था वह। एक ओर शुभ्र वस्त्र में लिपटी हुई हल्दी-सी पीताभ पिता की मृह देह और दूसरी ओर मूर्च्छित पड़ी दीन हीन माँ। बड़े भैया तो दिग्भ्रान्त से कभी माँ को उठाने की चेष्टा करते तो कभी पिता के मृत शरीर को इतनी सावधानी से ढाँपने का यत्न करते मानो उनकी निद्रा भंग न हो जाए। तीसरा निर्निमेष नेत्रों से हर क्रियाकलाप को देख रहा था। शेष दूसरा, चौथा व पाँचवाँ भाई अपने करुण क्रन्दन से धरती आकाश एक किए हुए थे और वह! वह स्वयं तो अर्धविक्षिप्त हो चुकी थी, कहाँ मृत्यु हुई है, पिता जी की। क्यों तुम सब झूठ बोलते हो? ये देखो। नेत्र खुले हैं इनके। उठो पिता जी, उठो ना, नहीं तो मैं अपने घर चली जाऊँगी। और जब झरना के लाख यत्न करने पर भी पिता निश्चल पड़े रहे तो ना जाने कहाँ से तिमिराच्छादित झंझा-झकोर गर्जन करते हुए आया कि वह चेतना शून्य होकर धरती पर गिर पड़ी और जिस दिन उसकी चेतना लौटी उस दिन केवल बचा था तो पतझड़ रूपी राहु से ग्रसित उष्ण लू के थपेड़े खाता, श्रीहीन उपवन। पथिक तो कभी का जा चुका था। शेष रह गया था अन्तहीन विर्वन्त।

समय सर्वशक्तिमान है आज असीम वेदना की विद्युतवाहिनी हृदय में प्रवाहित नहीं हो रही थी। झरना के भ्रातागण अपने व्यवसाय में व्यस्त हो चुके थे। पिता द्वारा सुव्यवस्थित सुगठित व्यवसाय को वे सुचारु रूप से चला रहे थे। अधीर चिंता थी तो केवल माँ बेटी।

यद्यपि झरना के पिता कृष्णकान्त सेठ लाखों की चल-अचल सम्पत्ति छोड़ कर गये, परन्तु समय रहते वसीयत न कर सके। अतः उनके पाँचों पुत्र, पुत्री व पत्नी सभी उनकी समस्त सम्पत्ति में समान रूप से भागीदार थे। कृष्णकान्त की मृत्यु के दो माह पश्चात ही उनकी अलिखित वसीयत को लेकर उनके पुत्र शंकित रहने लगे। उनके पाँचों पुत्र सुधीर, दिवाकर, अनिल, सुनील व दिनेश में से अनिल अत्यधिक व्यवहारपटु था। भगिनी को जब उसने दीन हीन याचक बन याचना की कि वह स्वयं के अधिकार, पिता द्वारा छोड़ी गयी सम्पत्ति में से, भाइयों के नाम लिख दे तो असीम करुणा से भर उठा झरना का हृदय। अतः उसने स्वयं के अधिकार भृत्य गण के पक्ष में लिखने के लिए थोड़ा समय भी नहीं लिया। काक दृष्टि भाई की कूटनीति को नहीं परख पाई अबोध भगिनी। उस समय तो पितृगृह पर वह अपनी मांस-मज्जा तक न्योछावर कर देती। झरना समझती थी कि भाई-भाभियों का वात्सल्य पूर्ण मधुर व्यवहार आयु पर्यन्त बना रहेगा। जीवन में पुनः इन्द्रधनुषी रंग लहराने लगे थे। नूतन प्रभात स्मित हास्य लिए क्षितिज पर उदित होता प्रतीत हो रहा था। तब क्या झरना जानती थी समय के उस मायावी रूप को।

सात वर्ष के अन्तराल में झरना की माँ भी काल चक्र की परिधि में समा गई। माँ ने मृत्यु से केवल एक माह पूर्व झरना के त्रिया हठ से विवश हो, अनिच्छापूर्वक अपने अधिकार की समस्त सम्पत्ति अपने पुत्रों के नाम लिख दी। क्या कभी माँ की वह करुणा दृष्टि विस्मृत कर सकती थी झरना। ''क्यों मेरे हाथ कटवा रही है झरना? क्यों मुझे स्वयं को सन्तान के सम्मुख करतल फैलाने पर विवश कर रही है?'' पर झरना न तो माँ की मर्मांतक पीड़ा देख सकी और न उसके विवशता के नयन बिन्दु। भाइयों के निरन्तर कान भरने के कारण उसे विश्वास हो गया कि अगर वसीयत किये बिना, माँ संसार से प्रस्थान कर गयी तो भाइयों को अमुक कठिनाइयों का सामना करना पड़ेगा। अतः उनकी इच्छानुसार माँ व बेटी कचहरी गयीं। माँ के अकथनीय वेदना सहन करते हुए हस्ताक्षर कर दिये व कुटिल अनिल ने गवाह के स्थान पर हस्ताक्षर भगिनी के करवा लिये। किसके लिए झरना ने यह सब किया। क्या मूल्यांकन हुआ उसकी निःस्वार्थ भावना का? क्या प्रतिदान दिया गया उसके निःस्वार्थ स्नेह का? हाँ लुप्त हो गयी जननी जनित भ्रातागण के वात्सल्यपूर्ण व्यवहार की मधुर छाया। माँ के अन्तर्मन में जीवित अवस्था में ही स्वयं का अधिकार दूसरों को सौंप कर और स्वयं उनके दयापात्र बन कर जीने के दारुण

दुःख ने उसे मृत्युद्वार पर ला खड़ा किया। मृत्युशैया पर पड़ी हुई स्मृतिभ्रष्टा माँ के मृत्यु पूर्व प्रलाप ने बन्धु-बान्धव, हर प्राण के नयन अश्रुसिक्त कर दिये– "हाय! मैंने अपने जीते जी हाथ काट कर दे दिये। इस छोकरी ने मुझे कहीं का नहीं रहने दिया। अरे! किसी को क्या पता कि बहुओं की दृष्टि में, मैं कितनी दीन हीन और अनावश्यक बोझ हूँ। कितनी उपेक्षा। कोई जानता...." और शेष शब्द अवरुद्ध कण्ठ में घुमड़कर रह गये। मन पंछी पंख फैला अनन्त लोक की ओर उड़ गया। झरना का हृदय तार-तार हो कर रह गया। अविरल अश्रुधार से मानो वह जननी के प्रति किये गये अन्याय का पश्चात्ताप करने का प्रयत्न कर रही थी। क्या उसका करुण क्रन्दन जाने वाली को लौटा कर ला सकता था? और किस महाकाल में विलीन हो गये स्नेही माता-पिता? और आज जब पितृ जनित भ्रातागण के वास्तविक रूप प्रकट हुए तो क्यों क्षमा नहीं कर पा रही स्वयं को झरना? क्यों अटूट विश्वास किया? उसने इस स्वार्थी संसार में धन लोलुप भाइयों पर। माँ के मृत्युशैय्या पर पड़ते ही उनके मुखौटे उतर चुके थे। पितृगृह में मिली निरन्तर उपेक्षा व उदासीनता ने झरना को सातवें आकाश से उठा कर पथरीले पथ पर पटक दिया था। मन प्राण पूर्ण रूप से भग्न हो चुके थे। तो भी झरना भाई बहन के सामान्य सम्बन्ध के लिए प्रयत्नशील रहती थी।

दिवंगत कृष्णकान्त का तृतीय पुत्र अनिल सम्पूर्ण परिवार का मार्ग द्रष्टा बना हुआ था। उसके सम्मुख शेष परिवार जनों का केवल उसकी स्वयं की पत्नी को छोड़कर, सर्वांग व्यक्तित्व अस्तित्वहीन था। उसी के तृतीय आकस्मिक आघात ने कुछ समय के लिए तो झरना को मूक व पंगु बना दिया था। वह आघात था पितृगृह के द्वार सदा के लिए बन्द करना जननी द्वारा जनित भगिनी के लिए। फिर भी झरना का अबोध मन माँ के घर के लिए ललक उठता था। एक बार फिर माँ के घर की स्मृतियों से विभोर हुई झरना पितृगृह जाने को विकल हो उठी। दूरभाष पर बात की अनिल ने।

झरना, "भाई, मैं कुछ दिन के लिए यहाँ आना चाहती हूँ।"

अनिल, "तेरा आना मेरी समझ में नहीं आ रहा।" अनिल ने रोषपूर्ण स्वर में कहा।

"क्यों? क्यों मैं अपनी माँ के घर नहीं आ सकती।" झरना ने व्याकुल स्वर में कहा।

"अब कौन सी माँ बैठी है जिसकी गोद में सर रख कर रोना है? बैठी रह अपने घर में आराम से।" अनिल ने कर्कश स्वर में उत्तर दिया।

"अब तुम सब के मुखौटे उतर गये हैं। माँ को गए अभी सात मास भी नहीं हुए थे मंझली भाभी ने कितना अपमानित किया था मुझे व मेरे बेटे को। विशेष कर उस समय जब मेरे पति विदेश में थे। क्या अब पितृगृह पर मेरा कोई

अधिकार नहीं है?'' झरना ने आहत स्वर में कहा।

''कौन से अधिकार की बात कहती है तू। तूने तो अपने हाथ स्वयं कचहरी में काट कर दे दिए हैं। क्या कर लेगी तू अब हमारा। नहीं आने देते तुझे यहाँ। बड़ी आयी अधिकार की बात करने वाली।" क्रुद्ध नाग सा फुंकारते हुए अनिल ने निर्लज्ज स्वर में कहा।

''यह क्या कह रहा है अनिल?'' झरना ने बुझे स्वर में कहा।

"हाँ, हाँ मैं ठीक कह रहा हूँ। यहाँ कभी मत आना।'' यह कहते हुए अनिल ने वार्तालाप बन्द कर दिया।

आज माँ को गये दो वर्ष व्यतीत हो गये थे। झरना को अब सदा यही स्मरण करवाया गया कि पितृगृह पर उसका कोई अधिकार नहीं। उसे वे दिन विस्मृति के गर्त में नहीं डालने चाहिए जब वह भिखारिन बनी भाइयों से दस-दस रुपये ग्रहण करती थी। कितने बड़े कुटिल जन थे उसके पितृगृह वाले। केवल एक बड़ी भाभी ममता की प्रतिमा थी पर उसकी सुनता ही कौन था उस घर में। आज भाइयों की निर्दोष चावनी लुप्त हो चुकी थी। कितनी बार आहत हुआ झरना का तन व मन। क्या अपराध था उसका? नेत्र मूँद कर अपने अधिकार की सम्पत्ति भाइयों के नाम करने का, क्या बिना पढ़े कचहरी में जाकर कागजों पर हस्ताक्षर करने का। क्यों इतनी अबोध थी वह। आज पिता की सम्पत्ति करोड़ों की है पर हृदयहीन भाइयों की दृष्टि में बहन के निःस्वार्थ त्याग का कोई मूल्य नहीं। झरना को सम्मान देना तो दूर, उसे अपने पितृगृह में प्रवेश करने की अनुमति तक नहीं।

राखी की पूर्व संध्या को म्लान मुख अश्रुसिक्त से निहार रही थी झरना राखियों को। साँकल बजने के स्वर ने उसकी तन्द्रा भंग की। द्वार खोलने पर उसकी एकमात्र अंतरंग सखी विभावरी खड़ी थी उसके सम्मुख। विभावरी ने घर में प्रवेश करते हुए कहा, "क्या झरना? क्या हुआ? तेरा चेहरा क्यों इतना पीला पड़ा हुआ है।"

''नहीं विभा, कोई बात नहीं'' झरना ने क्लान्त स्वर में उत्तर दिया। इतने में विभावरी की दृष्टि राखियों पर पड़ी। ''ओह! तो यह बात है। क्या तेरे भाइयों ने नहीं बुलाया? क्या राखी बाँधने नहीं आओगी।" विभा ने अधीर स्वर में कहा।

''नहीं बुलाया और स्वयं कैसे जाऊँगी। उनकी दृष्टि में जब राखी का महत्त्व इतना ही है कि बहन केवल पैसों के लिए राखी बाँधती है। बहन केवल दस-दस रुपये लेने वाली भिखारिन है उनके लिए।'' झरना के अश्रुकगार टूटी उफनती हुई सरिता सम बह निकले।

''धीरज धर झरना। मेरी बातों को अन्यथा न लेना। आज समस्त स्थिति की तू स्वयं उत्तरदायी है। तेरा आज समस्त अक्षम्य अपराध यह है कि बिना विचारे नेत्र मूँद कर भाइयों के पक्ष में हस्ताक्षर कर दिए। आज तुमने हस्ताक्षर न किए

होते तो भ्रातागण को तेरा मूल्य प्रतीत होता। जिस सम्पत्ति में तू भी लाखों की अधिकारिणी थी उसका अधिकार तुमने एक हस्ताक्षर द्वारा त्याग दिया। कैसे प्रतिदान से अनुगृहीत किया तेरी निःस्वार्थ भावना को तेरे अति बुद्धिमान भाइयों ने। मैं तो कहती हूँ किसी भी भगिनी को कभी भी भाइयों को ऐसे हस्ताक्षर करके नहीं देने चाहिए। केवल मुखाश्वासन देना चाहिए कि समस्त सम्पत्ति उनकी है। और भ्रातागण भगिनी को उचित मान-सम्मान न दे, जैसे कि तेरे पितृगृह में तुझे को धूर्त समझ लिया गया है। तेरे आज उस द्वार पर पत्र रखने के अधिकार से भी वंचित कर दिया गया है। जहाँ एक लड़की की अन्तहीन स्मृतियाँ वास करती हैं। और जब भाई-बहन के सुख-दुःख के साथी न बने जैसा कि तेरे साथ तेरे भाईयों व भाभियों ने तेरी प्राणलेवा शल्य चिकित्सा होने पर किया था। पाँच-पाँच भाईयों में से किसी एक ने भी झूठे मुख अपने घर जाने को नहीं कहा। हाँ स्वयं का सेवक एक सप्ताह के लिए प्रति दिन तीन-चार घंटे के लिए तेरे पास भेज कर तुझे कृतार्थ किया। उस समय तूने जो विवशता का गरलपान किया क्या मैं उसकी साक्षी नहीं हूँ। तेरी अनकही वेदना को तेरे नेत्रों में उस समय भी मैंने दो के पहाड़े सा पढ़ लिया था।

अगर स्नेह ही नहीं, सम्बन्ध नहीं, तो क्या भाइयों का बहनों से सम्पत्ति हथियाने का ही अधिकार शेष है। वह उसी की प्रत्यंचा पर बाण चलाते हैं और व्यधित भी उसी को करते हैं। क्या विडम्बना है। पुरुष प्रधान समाज की। पुत्र करोड़ों की सम्पत्ति हथियाए तो यह उसका अधिकार है। बहन अपना अधिकार जिह्वा पर लाए तो उसे स्वार्थी, धनलोलुप इत्यादि अलंकारों से अलंकृत किया जाता है। अरे! अगर तू धन लोलुप होती तो क्या ऐसे नेत्र मूँदकर बिना बिचारे हस्ताक्षर कर देती। तुम्हारे स्वार्थान्ध भ्रातागण की विलक्षण प्रतिभा क्या इस तथ्य से अनभिज्ञ है? नहीं! नहीं! यह सब उनकी मिली भगत थी। वह मधुरता, वह वात्सल्य माँ के जीवित रहने तक ही क्यों सीमित था? स्पष्ट है कि पहले उन्होंने तेरा अधिकार हथियाया और फिर तुझे मोहरा बना कर माँ का अधिकार हथियाया तत्पश्चात माँ के जाते ही अपना वास्तविक रूप दिखा दिया।" विभा ने आवेश पूर्ण स्वर में कहा।

"समाज क्या कहेगा? पुत्रों के विवाह व शिक्षा-दीक्षा पर भी तो धन व्यय होता है।" झरना ने अपनी आशंका व्यक्त करते हुए कहा।

"समाज किसने बनाया है? यह मूक, बधिर पंगु तो नहीं। उसे सब समझना होगा। क्या पुत्र के विवाह पर धन व्यय नहीं होता? क्या पुत्र को जनने में जननी कोई कष्ट सहन नहीं करती? क्या उसकी शिक्षा-दीक्षा पर ध्यान नहीं दिया जाता? फिर यह पक्षपात क्यों? सर्वप्रथम नारी जाति को ही दृढ़ निश्चय के साथ परिस्थितियों का सामना करना होगा। आज तेरे भाइयों को यह भय है कि बहन

कुछ माँग न ले। अपने अधिकार के लिए उठ खड़ी न हो और अगर तूने भी समान रूप से अपना अधिकार लिया होता तो सम्भवतः तेरे भाई तुझे इतना दीन हीन न समझते। तब वह बहन का आदर-सत्कार करना जानते। भाई समस्त सम्पत्ति हड़प ले तो वह अधिकारी है बहन केवल अपना अधिकार भी जताना चाहे तो वह लोभी है। यह कहाँ का न्याय। तू अपने आप को इतना विवश क्यों समझती है। प्रश्न धन का नहीं सम्मान और अधिकार का है।'' आवेश से विभा का मुख सक्रिय हो उठा।

''अब मैं कैसे अपना अधिकार लूँ?" झरना ने क्लान्त स्वर में कहा।

''क्यों? कैसे! क्या समस्त मार्ग तेरे लिए अवरुद्ध है? अगर तेरे भाई तेरे को यह भय दिखाते हैं कि न्यायालय में उनकी स्थिति सुदृढ़ है तो क्या हुआ? तेरे लिए भी न्याय का कोई न कोई मार्ग खुला होगा। कई समाज सेवी संस्थाएँ हैं– नारी कल्याण केन्द्र है उनकी सहायता लो। नाते-रिश्तेदार को या पिता के इष्ट मित्रों को मध्यस्थ बनाओ नहीं तो न्यायालय के द्वार खटखटाओ। फल की इच्छा से नहीं अधिकार की रक्षा के लिए पग बढ़ा। त्रिभुवन प्रतिपालक तेरी भी सहायता करेंगे।'' विभा ने झरना पर संधानी दृष्टि डालते हुए कहा।

''तू ठीक कहती है विभा, मैं अपने अधिकार के लिए बढ़ूँगी।'' झरना ने निर्णयात्मक स्वर में उत्तर दिया।

दो भ्रान्त

"मम्मी, मुझे तीस रुपये चाहिए," पुनीत ने कर्कश स्वर में कहा।

"किसलिए चाहिए तुझे तीस रुपये?" जलपा के बोलने से पूर्व ही तेजपाल बोल उठा।

"हमारी सारी क्लास को योगी सर पिकनिक पर लेकर जा रहे हैं। उन्होंने ही पैसे मँगवाये हैं।" यद्यपि पुनीत ने कोमल स्वर में बात करने का प्रयत्न किया पर स्वर में छुपी उद्दंडता व उपेक्षा अनुभवी तेजपाल तत्क्षण ही पहचान गया। उसे एकाएक क्रोध आ गया वह सप्तम स्वर में चिल्ला उठा, "जा, नहीं देता रुपये। यहाँ क्या कोई खत्ती गाड़ रखी है? पढ़ना न लिखना आवारा गर्दी करने को पैसे चाहिए हर समय। नालायक पाजी..." न जाने कितने विभूषणों से पुत्र को अलंकृत करते हुए तेजपाल बोले जा रहा था कि पुनीत घर का द्वार खोलते हुए तीव्र स्वर में चिल्ला पड़ा– "हाँ हाँ, मैं तो पहले ही जानता था कि मेरे लिए आपके पास कुछ नहीं है। मैं तो बोझ हूँ आपके लिए जो मुझे गवर्नमेण्ट स्कूल में पढ़ने डाला और अपने लाडले सुनीत को पब्लिक स्कूल में पढ़ा रहे हो। उसके लिए आपके पास सब कुछ होता है। मैं ठहरा अनाथ पता नहीं किस सड़क के किनारे से मुझे उठा कर लाये थे। मैं भी इस..." पुनीत की बातों से मानो अग्नि में घी डलता गया और वह क्रोधाग्नि द्विगुणित वेग से प्रज्वलित होती चली गयी। तेजपाल रौद्ररूप धारण कर पुनीत को मध्य में ही टोकते हुए दहाड़ उठा, "निकल जा मेरे घर से। कभी अपनी ये मनहूस सूरत मुझे न दिखाना। पैदा होतें ही क्यों न मर गया नीच।" ऐसे वाकये पाल परिवार में लगभग हर दूसरे दिन या तीसरे दिन होते थे।

तेजपाल के स्वयं के पिता एक कठोर हृदय के प्राणी थे। क्लर्क से उन्नति करते हुए वह बैंक मैनेजर बने थे। जैसे आवश्यकता से अधिक अमृत विष का काम करता है : वैसे ही आवश्यकता से अधिक अनुशासन सन्तान में आक्रोश व उद्दंडता उपेक्षा पैदा करता है। वह जनक गण को अपना शत्रु समझने लगती है। अन्दर ही अन्दर उबलता लावा एक दिन ज्वालामुखी का रूप धारण कर लेता है। तेजपाल के पिता रामपाल का घर पर एकछत्र राज्य था। अपने दोनों पुत्रों व

पुत्रियों को वह आँख के इशारे से उठाते-बिठाते थे।

पुत्रियों के विवाह उन्होंने केवल मात्र सोलह साल की आयु तक पहुँचते-पहुँचते कर दिये थे। वह स्त्री शिक्षा के पक्ष में नहीं थे। कहते थे—लड़कियों को तो पराये घर जाकर घर ही सँभालना है ना इसलिए चिट्ठी-पत्री लिखना आना चाहिए। नौकरी थोड़ी न करनी है। पुत्रों को भी बारहवीं तक पढ़ा बैंकों में नौकरी लगवा दी।

विवाह होने के पश्चात् पिता को वे भयवश मान देते थे ना कि प्रेमवश। दोनों भाइयों की पत्नियाँ भी घुट-घुट कर जीवन व्यतीत करती थीं। समय-समय पर दोनों भाइयों का स्थानान्तरण विभिन्न नगरों में होने लगा तो उन्होंने भी स्वतन्त्रता का फल चखा। अब वे पिता से इतना भय नहीं खाते थे। कभी-कभार अवकाश ले देहली आते भी तो पिता का भाषण यह सोच मौन हो सुन लेते कि कौन सा यहीं बैठे रहना है। छोटी बहू तनिक तीखे स्वभाव की थी। वह तो अब कई बार प्रतिवाद भी कर बैठती और उसका पति प्रेमपाल भी कह उठता, "पिताजी क्या हर समय भाषण देते रहते हो? अब हम बच्चे थोड़ी न हैं।" तो उसके बच्चे कनखियों से देख मन्द-मन्द मुस्करा उठते। यद्यपि तेजपाल व प्रेमपाल पिता जैसे कठोर हृदय प्राणी नहीं थे तो भी तेजपाल दोनों पुत्रों को एक समान स्नेह नहीं करता था। सम्भवतः पिता के प्रति जो आक्रोश बचपन से उसके अवचेतन मन में उपजा था उसको वह पुनीत पर निकालता था। आरम्भ से ही वह पुनीत के प्रति उदासीन रहता था। उसे पुनीत में बुराइयाँ ही बुराइयाँ दिखाई देती थीं। पुनीत को प्रताड़ित कर के उसे अनोखा आनन्द अनुभव होता था। जबकि प्रेमपाल दोनों पुत्रियों को सम दृष्टि से देखता था तथा उन्हें एक समान सब सुख-सुविधा देता था। पुनीत को तेजपाल एक गवर्नमेण्ट स्कूल में पढ़ा रहा था। जब उसने छोटे पुत्र सुनीत को अति उत्साह के साथ एक पब्लिक स्कूल में पढ़ने डाला तो पुनीत के हृदय में एक शल्य सी चुभ गयी जो पिता के दो तरह व्यवहार के कारण शनैः-शनैः हृदय में धँसती चली गयी। पुनीत उद्दंड होता चला गया। तेजपाल बहुधा कहता रहता, "मेरा बेटा सुनीत मेरा नाम रोशन करेगा। मैं उसे पढ़ा-लिखा कर ऊँची कुर्सी पर बैठाऊँगा।" सुनीत पिता की दुर्बल नस को पकड़ चुका था। जब भी तेजपाल लाड़पूर्वक सुनीत का गुणगान करता तो सुनीत तत्क्षण कह उठता, "पापा, जरा मुझे सौ रुपये देना। मुझे आज अपने दोस्तों को दोसा खिलाना है।" तेजपाल ने तो मानो बड़े पुत्र को दग्ध करने की सौगन्ध खा रखी थी। वह बिना बिचारे कि ये पैसे पुत्र को पथ से भटका भी सकते हैं, सुनीत को आनन्दपूर्वक पैसे दे देता। मौन पुनीत के मन में अंधड़ चल उठते, "हूँ। देखूँगा मैं यह सुनीत का बच्चा क्या तीर मारता है। इसके लिए तो दोस्तों को खिलौने को भी पैसे हैं और मेरे लिए किताबें कापियाँ लाते भी रोते हैं। ये बाप है या बैरी है? जरूर मुझे कहीं से उठा के लाया

होगा। नहीं तो कोई अपना बाप ऐसे करता है। इस पापा को भी मैं देख लूँगा। जब बड़ा होकर कमाऊँगा तो।" ऐसे ही अनगिनत व्यवहार बालमन में शल्य बन धँसते चले गये और जब पुनीत ने यौवानांगन में पदार्पण किया तो जनकगण के प्रति घृणा उपेक्षा उसके संगी साथी बन चुके थे। मानो पिता पुत्र ने अदृश्य रूप से समझौता कर लिया था कि एक भी क्षण नहीं खोएँगे एक दूसरे को नीचा दिखाने का।

"मम्मी आज घड़ी खो गयी है?" शुष्क स्वर में पुनीत ने कहा।

"कहाँ खो गयी है?" जलपा ने कठोर स्वर में पूछा।

"एक लड़का मेरे हाथ से उतारकर भाग गया।" उपेक्षित स्वर में पुनीत बोला।

"कौन सा लड़का उतारकर घड़ी ले गया," व्यग्र स्वर में जलपा बोली।

"अब मुझे उसका नाम मालूम है क्या? मुझे कहने लगा मेरी किताब पकड़ा दे नीचे गिर गयी है। मैं जैसे ही किताब पकड़ाने लगा उसने मेरी घड़ी उतार ली और साइकिल पर बैठ कर भाग गया।" पुनीत ने निर्लेप स्वर में पूरा ब्योरा दे दिया।

"हाय! हाय! नयी घड़ी थी," जलपा ने अधीर स्वर में विलाप-सा किया।

"तो क्या हुआ। रिश्वत की ही थी ना," उद्दंड स्वर में पुनीत बोला तो जलपा अपनी सखी श्रीमती अल्पना अनेजा के सामने कट कर रह गयी।

"यह तू क्या बक रहा है?" जलपा ने कर्कश स्वर में कहा।

"ठीक तो कह रहा हूँ ना आंटी, पापा को घड़ी कोई दीवाली पर दे गया था। वह रिश्वत नहीं तो और क्या था?" वक्र अधर करते हुए उपेक्षित स्वर में पुनीत बोला।

"अरे मूर्ख! तेरे पापा को कोई उपहार दे तो तू उसे रिश्वत कहता है?" जलपा ने व्यथित स्वर में कहा।

"हूँ! बड़ा आया उपहार। जरा रिश्वत के काजू तो दे दे खाने को।" दुष्टता पूर्वक पुनीत ने मुस्कराते हुए जननी से कहा तो श्रीमती अल्पना अनेजा बोल ही पड़ी, "पुनीत ऐसे कहते हैं क्या पिता के लिए।"

"अरे आंटी, तुम्हें नहीं पता, ये लोग मेरे साथ कैसा व्यवहार करते हैं। सुनीत के लिए पब्लिक स्कूल, बढ़िया कपड़े, पैसे, साइकिल सब कुछ। मेरे लिए—मेरे लिए कुछ भी नहीं है। हूँ! ये क्या माँ-बाप कहलाने योग्य हैं।" दुर्वासा-सा क्रोधित हो पुनीत घर से बाहर चला गया।

नेत्रों में नीर भर जलपा बोली, "अब क्या बताऊँ तेरे को अल्पना, ये मानते ही नहीं। मैंने पहले ही कहा था—पुनीत को भी पब्लिक स्कूल में पढ़ाओ या सुनीत को गवर्नमेन्ट स्कूल में डाल दो। दोनों बच्चों को एक सा प्यार दो, एक सी सुख-सुविधा दो। पर इन पर तो ना जाने क्या भूत सवार है। कहते हैं—सुनीत मेरा लायक लड़का है। बड़ा होकर बैंक मैनेजर बनेगा। इसे सब सुविधा दूँगा तो यह

अच्छी तरह पढ़ेगा-लिखेगा और पुनीत, यह तो है ही नालायक कमअक्ल कहीं का। कुन्द बुद्धि क्लर्क ही बन जाए तो गनीमत समझो।'' दीर्घ श्वास छोड़ते हुए जलपा ने अल्पना को बताया।

''जलपा, पाल साहब यह ठीक नहीं कर रहे। भला कभी कोई स्वयं की सन्तान के साथ भी ऐसे करता है। सब बच्चों को एक समान सुख-सुविधा स्नेह देना चाहिए।'' अल्पना ने जलपा को समझाते हुए कहा।

''मैं सब समझती हूँ अल्पना, पर ये कुछ सुनने को तैयार ही नहीं हैं।'' निराशा पूर्ण स्वर में जलपा बोली।

ऋतुओं का रथ आगे बढ़ता ही चला गया। दिवस सप्ताह में, सप्ताह मासों में व मास वर्षों में परिवर्तित होते चले गये। बारहवीं तक की शिक्षा पूर्ण कर पुनीत थल सेना में चला गया। कभी-कभार माँ को तो वह फिर भी पत्र लिख देता पर पिता का वर्णन तो वह कभी भूल वश भी न करता। समय आने पर उसने स्वयं ही विवाह भी कर लिया। एक बार पत्नी जननी से मिलाने अवश्य ले आया। जैसे ही बहू ने पैर छुए तो जलपा के नयन भर आये बहू को आशीर्वाद देते हुए उसने बेटे से कहा, ''पुनीत रात का खाना खा कर जाना अब। तेरे पापा भी तो बहू से मिल लें। सुनीत भी तो भाभी देखे।''

''इसकी कोई जरूरत नहीं। मम्मी, मुझे दोस्त के घर जाना है।'' शुष्क स्वर में पुनीत ने उत्तर दिया और उपेक्षा से कन्धे झटकारते हुए वह पत्नी को लेकर चला गया।

इधर सुनीत को अधिक सुख-सुविधा ने बिगाड़ कर रख दिया। उसका उठना-बैठना बिगड़ैल शहज़ादों में हो गया था। वे धनिक व्यापारियों के धनिक पुत्र थे। ऐश्वर्य के साथ उनका चोली दामन का साथ था। शनैः-शनैः रंगत रंग लाने लगी। सुनीत दुर्व्यसनों में पड़ गया। परिणामतः दसवीं में दो बार अनुत्तीर्ण हुआ। अब तेजपाल उसके प्रति भी अत्यधिक कठोर हो चला था। एक दिन पिता पुत्र में वाक् युद्ध हुआ तो सुनीत दहाड़ उठा, ''हाँ-हाँ मैं जानता हूँ तुम किसी को प्यार नहीं करते। पहले भैया के पीछे पड़े रहते थे अब मेरे पीछे पड़े रहते हो। अरे! तुम क्या जानो बच्चों को पढ़ाना-लिखाना। उनके खर्चे उठाना। तुम्हारे बाप ने तुम्हें पढ़ाया होता तो तुम भी आगे बच्चों को पढ़ाते ना। मैं भी घर छोड़ के जा रहा हूँ भैया की तरह। साले कंजूसों के हजूम में कौन रहे। छाती पर पैसे रख के मरना बूढ़े खूसट कहीं के।" आग्नेय नेत्रों से जनकगण को भस्म करते हुए धड़ाम से द्वार बन्द कर सुनीत वहाँ से चला गया। स्तब्ध से पाल दम्पति जाते हुए पुत्र को देखते रहे। आज तेजपाल का हृदय पश्चात्ताप की अग्नि में जल रहा था। जलपा के नयनों से निरन्तर नीर बह रहा था। अवरुद्ध कण्ठ से तेजपाल बोला, "जलपा सारा कसूर मेरा है। मैंने अपने पुत्रों के साथ एक समान व्यवहार नहीं किया। एक को अधिक सुख-सुविधा देकर उद्दंड, अविवेकी बनाया तो दूसरे को हर सुविधा से

वंचित कर अपने प्रति घृणा के बीज बोये। आज मैंने दोनों पुत्रों को खोया। अब मैं क्या करूँ? देखो प्रेमपाल ने कैसे स्नेहपूर्वक सब सुख-सुविधा दे दोनों पुत्रियों को पाला। आज वे दोनों अच्छी-अच्छी नौकरियाँ भी कर रही हैं तथा अच्छे घरानों में ब्याहता जीवन सुखपूर्वक बिता रही हैं और माँ-बाप का भी पूरा-पूरा आदर करती हैं, उनका ध्यान रखती हैं। एक हमने कपूत जने हाय! हाय! कपूत तो उन्हें मैंने खुद ही बनाया ना दो भान्त करके।'' तेजपाल बिलखता ही जा रहा था। जलपा ने येन-केन पति को धीरज बँधा सुझाव दिया कि बड़े पुत्र व पुत्रवधू को पहले घर ले आये। यदि अब भी वह पुत्र को इतना कह दे कि उन्होंने उसके साथ अच्छा व्यवहार नहीं किया था, उसे दोनों पुत्रों को एक समान देखना चाहिए था तथा एक समान सुख-सुविधा देनी चाहिए थी तो वह उनको क्षमा कर देगा। फिर पुनीत ही छोटे भाई को समझा-बुझाकर ले आएगा और घर घर सा लगने लगेगा।

जनकगण के बारम्बार कहने सुनने से पुनीत पत्नी को लेकर पिता के घर आ गया। पुनीत के बाल मन में जनकगण के प्रति जो विष बीज रोप गया था उसने अब विशाल वृक्ष का रूप धारण कर लिया था। वह माता-पिता के हर क्रिया-कलाप को सन्देह की दृष्टि से देखता था।

जलपा अत्यधिक प्रयत्न करती पुत्र के मन रूपी ताल पर जमी हुई कड़ी काई कट-फट जाए पर उसकी हर चेष्टा व्यर्थ जाती। पुनीत की अविवेकी कर्कशा कौतुकप्रिया पत्नी रम्भा भी सास-श्वसुर को अपदस्थ करने का एक भी अवसर न चूकती। पाल गृह में अशान्ति ने निश्चिन्त होकर पाँव पसार लिए। पुनीत तो हर समय पिता को ही व्यंग्य बाणों से छेदता रहता—आपने अलां समय मेरे को यह दुःख दिया फलां समय पैसे नहीं दिए। सुनीत को वापस कौन लौटाता, क्योंकर लौटाता? पुनीत के समक्ष तो सुनीत सबसे बड़ा प्रतिद्वन्द्वी था ना। उसी के कारण उसकी बाल्यावस्था व कैशोर्य कलपा, अभावग्रस्त रहा। पिता के अविवेकी ने दोनों भाइयों के मध्य सदा सर्वदा के लिए खाई पैदा कर दी। यदि कभी भूल वश जलपा बेटे से घर में कुछ सामान लाने को या कुछ पैसे देने को कह देती तो पुनीत उत्तर कुछ इस प्रकार देता लाओ पैसे दो सामान ला देता हूँ। मेरे पास क्या पैसे रखे हैं तुम्हें देने को? क्या किराया नहीं आता? क्या पापा कमाते नहीं हैं? जो मुझसे पैसे माँगती हो? सुनीत क्या पैसे देकर घर में रहता था? उसकी पढ़ाई पर खर्च करते तो कुछ नहीं होता था। हमसे पैसे माँगते हैं रोटी खिलाने के, रहने के। अगर खिला नहीं सकते थे तो यहाँ क्यों लाये? एक बार जलपा ने अपने कानों से सुना मधुर भाषणी बहू रम्भा को मधुर वचन कहते हुए—बुढ़िया खुद तो एक-एक लीटर दूध डचकती है और चार-चार रोटी भकोसती है। हमें खिलाते हुए नानी मरती है। हूँ! बड़ी आयी पैसे लेने वाली। भकोसू कहीं की। जलपा विवशता के अश्रु पी रह गयी। साम-दाम-दण्ड-भेद नीति किसी से भी पुनीत न समझा। सुनीत तो कुपथ पर चल ही निकला था। वह कभी भी लौट कर न आया। पति के व्यथित हृदय

को जलपा अधिक व्यथित नहीं करना चाहती थी अतः वह हर परिस्थिति से समझौता करती चली गयी। एक दिवस पाल गृह जलपा की सखी अल्पना आयी। जलपा बाजार गयी हुई थी। पुनीत आँगन में बैठा धूप सेंक रहा था और रम्भा स्नानगृह में थी। अल्पना ने सोचा—यह उचित अवसर है पुनीत को समझाने का। पुनीत अल्पना का बाल्यावस्था से ही आदर करता था क्योंकि अल्पना सदा उसके साथ सहानुभूति पूर्ण व्यवहार करती थी। अल्पना ने साहस कर एक बार पाल साहब से सन्तान के प्रति दो भान्त व्यवहार करने के विषय में भी बात करनी चाही तो पाल साहब ने दो टूक उत्तर दे दिया। मुझे इतनी समझ है कि कैसे अपनी सन्तान का पालन-पोषण करना है। अल्पना जी आप क्यों परेशान होती हैं इस नालायक के लिए? अल्पना विवश थी मौन रहने के लिए। पर आज वह पुनीत को समझाना चाहती थी कि उसका पिता अब उसे अत्यधिक स्नेह करता था। वह अब सन्तान की पीड़ा व आवश्यकताओं को भली प्रकार समझता था। उसको पश्चात्ताप था दो भान्त व्यवहार करने का अपनी सन्तान के साथ।

अल्पना ने मिश्री मंडित स्वर में कहा, "बेटे पुनीत, मैं तुमसे कुछ कहना चाहती हूँ।"

"अरे आंटी, कहो क्या कहना चाहती हो?" चहकते हुए पुनीत ने उत्तर दिया।

"बेटे, तेरे पापा-मम्मी तुझे बहुत प्यार करते हैं। तू उनका दिल न दुखाया कर। तू तो उनका बड़ा बेटा है न।"

"अल्पना आंटी, आप ये कहती हैं कि मुझे पापा-मम्मी बहुत प्यार करते हैं आप तो बचपन से मेरा हाल जानती हैं। बचपन से पापा ने जो मेरे साथ किया है उसे मैं कभी भी नहीं भूल सकता। ये दोनों सही नहीं हैं। यदि मुझे कल को इनको रोटी खिलानी पड़ जाए तो 'ठुड' पे रख कर दूँगा। हूँ! पापा बहुत प्यार करते हैं और तोतचश्म मम्मी बहुत प्यार करती है।" अतीव घृणा से पुनीत का स्वर विकृत हो चला था। क्रोधाग्नि के कारण उसके नेत्र जवाकुसम से रक्तिम हो रहे थे। दीर्घ श्वास छोड़ते हुए जलपा धम से धरती पर बैठ गयी। जैसे ही जलपा का हाथ द्वार खटखटाने को उठा था कि पुत्र का क्रोधित स्वर सुन वहीं रुक गया। 'काश! ये बचपन से ही सन्तान के साथ दो भान्त न करते। दोनों पुत्रों को एक समान स्नेह सुख-सुविधाएँ देते तो आज स्वजाया पुत्र 'ठुड' पर रोटी रख कर तो न देता। उसके मन में हमारे लिए घृणा है केवल घृणा है। सदा के लिए आगा खराब हो चुका...' न जाने आहत ममत्व पुत्र की अपार घृणा की बाढ़ में बहता-बहता कहाँ से कहाँ तक पहुँच गया। अल्पना और पुनीत का स्वर अब जलपा को सुनाई नहीं दे रहा था। वह मूक बधिर बन चुकी थी। उसकी क्लान्त अशान्त देह चेतना शून्य हो वहीं धरा पर पसर गयी।

❖❖❖